Da Erótica

∽∽∽∽∽∽∽

bocage

∽∽∽∽∽∽∽

manuel maria
de barbosa du bocage

Da Erótica

MUITO ALÉM DO OBSCENO

josé paulo netto

SELEÇÃO, ORGANIZAÇÃO E APRESENTAÇÃO

© Boitempo, 2022
© José Paulo Netto, 2022

Direção-geral	Ivana Jinkings
Edição	Frank de Oliveira
Coordenação de produção	Livia Campos
Assistência editorial	João Cândido Maia
Preparação e revisão	Trisco Comunicação
Projeto gráfico e capa	Maikon Nery
	(sobre ilustração de Tinus van Doorn)
Ilustrações dos poemas	Tinus van Doorn, Rijksmuseum, Holanda
Diagramação	Antonio Kehl

Equipe de apoio Elaine Ramos, Erica Imolene, Frederico Indiani, Higor Alves, Isabella Meucci, Ivam Oliveira, Kim Doria, Lígia Colares, Luciana Capelli, Marcos Duarte, Marina Valeriano, Marissol Robles, Maurício Barbosa, Pedro Davoglio, Raí Alves, Thais Rimkus, Tulio Candiotto, Uva Costriuba

---

CIP-BRASIL. CATALOGAÇÃO NA PUBLICAÇÃO
SINDICATO NACIONAL DOS EDITORES DE LIVROS, RJ

B64e

    Bocage, Manuel Maria Barbosa du, 1765-1805
    Da erótica : muito além do obsceno / Manuel Maria Barbosa du Bocage ; seleção, organização e apresentação José Paulo Netto. - 1. ed. - São Paulo : Boitempo, 2022.

    ISBN 978-65-5717-200-1

    1. Bocage, Manuel Maria Barbosa du, 1765-1805 - Crítica e interpretação. 2. Literatura portuguesa - História e crítica. I. Paulo Netto, José. II. Título.

22-81022   CDD: P869.09
                                 CDU: 821.134.3(469)

Gabriela Faray Ferreira Lopes - Bibliotecária - CRB-7/6643

É vedada a reprodução de qualquer parte deste livro
sem a expressa autorização da editora.

1ª edição: novembro de 2022

BOITEMPO
Jinkings Editores Associados Ltda.
Rua Pereira Leite, 373
05442-000 São Paulo SP
Tel.: (11) 3875-7250 / 3875-7285
editor@boitempoeditorial.com.br
boitempoeditorial.com.br | blogdaboitempo.com.br
facebook.com/boitempo | twitter.com/editoraboitempo
youtube.com/tvboitempo | instagram.com/boitempo

Sumário

7 Prefácio: Bocage e a ilusão da eternidade, por *Francisco Louçã*

21 Nota do organizador

23 Apresentação: Para uma introdução a Bocage – De Camões ao espírito libertino, por *José Paulo Netto*

67 Poemas

69   1. Autorretrato sem censura

71   2. A caminho da sensualidade emancipada (a concepção ilustrada de Bocage)

71   Epístola a Marília

79   Epístolas de Olinda e Alzira

117   Sonetos

121   Fragmento de Alceu, poeta grego

125   3. A irrupção da sensualidade reprimida (o Bocage obsceno e libertino)

125   Sonetos de Bocage

128   Sonetos atribuídos a Bocage, de autoria duvidosa ou de outrem

140   Ribeirada. Poema em um só canto

152   A Manteigui. Poema em um só canto

160   A empresa noturna

167   4. Epitáfio

169 Índice dos primeiros versos

171 Notas

255 Bocage: Breve cronologia da vida e da obra

261 Referências bibliográficas

265 Índice onomástico

271 Sobre o organizador

Prefácio
Bocage e a ilusão da eternidade

Francisco Louçã[1]

Sabemos pouco sobre o amor e, no entanto, perguntamo-nos muito sobre ele. Não haverá outra experiência humana tão intensa, tão generalizada e ainda assim tão única e tão diversa, em qualquer caso tão misteriosa. E, paradoxalmente, quanto mais o inquirimos, mais se agiganta esse mistério.

Imagine então uma sala de banquete – estamos na Grécia, há 2.400 anos. Os convivas serão poucos, é Agatão quem os recebe, festejam sua vitória no grande concurso teatral de Atenas e, como é usual, escolhem um tema para discussão. Vão dirimir razões sobre Eros, cada um discursará e, no final, um deles – são só homens, a tocadora de flauta que os entretinha foi posta fora da sala, "ela que toque para si ou para as mulheres da casa, o que lhe aprouver"[2] – terá feito valer seus argumentos. Toma a palavra Fedro e prossegue seu vizinho de mesa, Pausânias. Chega a vez de Aristófanes, dramaturgo de sucesso, comediante, que uma dúzia e meia de anos depois desse hipotético banquete influenciará a condenação de Sócrates. Começa mal, é acometido de uma crise de soluços, interrompe-se, um médico o substitui enquanto espera que faça efeito o tratamento que recomenda, os outros poderão ter suspeitado que era uma artimanha divertida. Aristófanes recomeça e expõe uma teoria sobre o amor: originariamente, haveria três gêneros, os homens, nascidos do Sol, as mulheres, da Terra, e os andróginos, da Lua. Seriam seres estranhos, com quatro pernas e braços e duas cabeças. Poderosos e arrogantes, os andróginos começaram a conspirar contra os deuses, pelo que Zeus os castigou com duas imposições: separou suas metades e diferenciou seus sexos, condenando-os então a procurarem a metade perdida[3]. Dessa tragédia resultaram os homens e as mulheres que procuram o acasalamento com o outro sexo, permitindo a procriação, mas ficaram ainda os homens que se amam entre si, garantindo a "plenitude da união", e mesmo as mulheres que se amam entre si, o que faz aparecerem "as comadrinhas"[4]. O amor seria essa rede complexa de buscas eróticas. Aristófanes assim fantasiava para ridicularizar os discípulos do misticismo dionisíaco, troça a que dedicara uma peça, *As aves*[5]; Sócrates, que se proclama sabedor do amor ("eu que faço profissão de nada mais saber a não ser do amor") acrescentará que ridícula é a noção de "andar à procura da sua própria metade"[6].

Esse fascinante banquete não ocorreu, mesmo que nos pareça termos ouvido sua fala. Toda a cena foi concebida por Platão, que apresenta sua própria teoria no discurso e no diálogo socrático: o erotismo permite "ascender", "como que por degraus", do mundo sensível até o conhecimento puro[7]. Perdidos os andróginos nas brumas da lenda, castigados pelos deuses e extintos pela separação das duas metades, restarão duas formas de união, as dos homens "fecundos segundo o corpo", os que geram os filhos com as mulheres, e as dos "fecundos segundo a alma", com "laços bem mais fundos" que os dos filhos, e esses serão os destinados à coisa política e à grandeza do Estado[8]. Da ambiguidade dos andróginos não nos livramos de todo, chegarão à ficção científica contemporânea[9]. São esses os mundos encantados da imaginação e das suas perplexidades.

De uns e de outros, da virtude homoerótica e da ambivalência de um terceiro gênero para explicar a estranheza da atração sexual, nascem diferentes narrações desses surpreendentes mapas do amor. Fica o mistério, aliás adensado por estas excursões: o que é então essa pulsão erótica que vivemos tão ardentemente e mal sabemos explicar? Platão, como se viu, descobria um caminho ascendente para a perfeição, o erotismo mais nobre seria um impulso para o conhecimento e para a imortalidade da obra feita, que perduraria para todo o sempre na memória dos homens, pois aqui se trata só de homens. O erotismo seria por isso a porta para a eternidade e não o momento fugaz e apetecível dos sentidos, esse amor "popular" descrito por Pausânias, comparável ao enlevo gastronômico[10]. Ao contrário, a cultura, pelo menos a ocidental, construiu-se contra tal ideia de um amor platônico e por dois movimentos poderosos: o do próprio erotismo como desejo sexual e pulsão amorosa e o da sua repressão. Não vivemos sem esse amor carnal e "popular", e somos sempre condicionados pelas normas que o vigiam e o punem.

***

Freud dissecou essa história, a que chamou civilização, como um processo de construção de tabus. A cultura, diz-nos ele, é o processo de repressão da ânsia libidinal; as religiões, os Estados e a ordem social encarregaram-se de criar uma teia de restrições para constranger a sexualidade que está na base da vida humana e para conduzir a renúncia aos instintos[11]. No banquete na casa de Agatão, esse calabouço nem foi considerado, outros ventos sopravam naqueles canapés em que se debruçavam os convivas. Nem era só a saborosa conversa, que já terminara quando chegou Alcibíades, comandante militar e político, sobrinho de Péricles, que vinha bem bebido e contou seu amor por Sócrates, de quem se queixou que seduziria os jovens com suas palavras, mas que só lhe tolerou um abraço casto; desencontradas que tinham sido suas homenagens a Eros, os convivas apreciaram a noite de farra. Todos brindaram, foram adormecendo e, no final da noite, quando os galos começaram a cantar, Sócrates, o único que se manteria acordado, saiu de casa e foi para o ginásio onde se reunia habitualmente com amigos. Outro dia nascia. Essa liberdade dos senhores gregos será esquecida, o mundo mudou quando, como Freud sublinhou, a disponibilidade e a diversidade erótica foram sendo ameaçadas pelas convenções. Apesar delas, Freud revela a sexualidade e o erotismo como desejo vivo, a poderosa realidade, que não está reduzida a uma espiritualidade transcendente em que Platão acreditava encontrar o sentido do corpo, o que era muito para não ser nada. Na vida real, o erotismo como paixão segue o curso da sua inibição.

José Paulo Netto, uma voz essencial do pensamento crítico brasileiro e cuja fascinante versatilidade não deixa de surpreender, propõe-se irromper nessa bifurcação entre erotismo e ordem social, Platão ou Freud, com o recurso à herança de um poeta popular, porventura o primeiro poeta português bem-sucedido nas tabernas e nas noites de boêmia da cidade que o acolhia – vivia-se então o final do século XVIII e o fantasma da revolução começava a sacudir a Europa. No seu detalhado estudo sobre Bocage, que se vai abrir nas páginas que se seguem neste livro, Netto cita Adelto Gonçalves, que situa o poeta na sua época: "Ao retornar da Índia e de Macau, Bocage encontrou o café Nicola e o botequim das Parras, ao Rossio, transformados em centros de discussão política. Por lá, tudo cheirava a jacobinismo, maçonaria e outros nomes com os quais o Intendente [Pina Manique] batizava a movimentação daqueles que considerava inimigos do Estado". Era 1790 quando Bocage iniciou sua segunda estadia em Lisboa, era o primeiro ano da Revolução Francesa, acompanhava-se com ansiedade as notícias do dia a dia da Convenção e, como o organizador desta compilação bem lembra, a ideia da liberdade tremulava e abanava o absolutismo, "sistema de política opressora", que era amparado pela "peste do implacável fanatismo", a do "terror dos vivos, cárcere do mortos", um "Freio que a mão dos déspotas, dos bonzos/ Forjou para a boçal credulidade" (Bocage, "Epístola a Marília"). Bocage, então, inimigo de bonzos e tiranos, protesta por "um Deus de paz, Deus de piedade", em nome da razão ("O que a Razão desnega, não existe", como escreve nas "Epístolas de Olinda e Alzira") e, como Netto demonstra, aponta um caminho, cultivando a "sensualidade emancipada" e até a "sensualidade reprimida", a libertina e a obscena, aquela que o tornaria famoso entre os pares e para a posteridade.

 A compilação que José Paulo Netto organizou oferece os textos quiçá mais relevantes desse caminho, incluindo obras maiores da poética bocagiana, também alguns dos seus atrevimentos pícaros, discutindo nuns casos a autoria, noutros garantindo a origem, sempre comentando e ilustrando aqueles versos com notas detalhadas, sem as quais nos perderíamos no labirinto de alusões e diversões do poeta. De uma página a outra, ouve-se uma aspiração emancipatória, a do tal "rebelde sem revolução", que se afirma de vários modos, mas principalmente pelo discurso amoroso e pela enunciação erótica. Essa rebeldia é antiautoritária e iluminista, é anticlerical, mas é sobretudo um jogo de sedução: em "Epístola a Marília", talvez o mais político de seus poemas, o protagonista procura convencer sua amada a dedicar-se-lhe, mesmo que o casamento não seja possível: "Se obter não podes a união solene/ Que alucina os mortais, porque te esquivas/ Da natural prisão, do terno laço/ Que com lágrimas e ais te estou pedindo?/ Reclama o teu poder, os teus direitos,/ Da justiça despótica extorquidos;/ [...]/ De amor há precisão, há liberdade".

Noutros textos, os mais glosados entre os boêmios em cuja companhia se destacou, Bocage usou da liberdade que reclamava para explorar os corpos do amor. E é aí que o temos atrevido, desbragado, tremendo. Por isso pagou o preço da perseguição pelo intendente Pina Manique[12], guardião do absolutismo e chefe das polícias, sendo preso em 1797 na Cadeia do Limoeiro e depois nos cárceres da Inquisição, de onde saiu no final de 1798, forçado ainda a alguns meses de reeducação entre os frades beneditinos e depois oratorianos, como detalhadamente nos conta a seguinte "Apresentação" da antologia, o que aqui dispensa mais detalhe. Com esse estudo, Netto toma posição na velha polêmica entre quem considerou que Bocage foi a voz da crítica à hipocrisia religiosa e autoritária, como Jorge de Sena[13], ou quem sugeriu que o poeta, mesmo promovendo uma libertinagem "no sentido conexamente erótico e revolucionário", se ficaria por um "erotismo rococó enlanguescente", como Óscar Lopes e Antônio José Saraiva[14], ou "encara(ndo) o amor quase como um "fado", como Jacinto do Prado Coelho[15], ou ainda quem, como Natália Correia, não só o exaltou como seguiu seu exemplo[16].

***

Uma década antes da prisão de Bocage, estava Sade na Bastilha (1787), onde escreveu rapidamente a primeira e mais cordata versão de *Justine*, a partir de então sujeita a sucessivas revisões que foram acentuando a descrição sexual e "sádica", incluindo ilustrações com gravuras alusivas que tornariam o livro um apetecido objeto de circulação clandestina e de coleção. Não era então Bocage um caso único de exploração do erotismo como modo de expressão nem de vítima do policiamento dos costumes e da escrita, mesmo que fosse o mais falado na sua própria pátria, tendo sido contemporâneo de um vendaval de publicações eróticas, muitas vezes anônimas, que corriam pela penumbra do secretismo.

Também não eram os primeiros. Textos fundamentais da cultura oriental, nomeadamente a das cidades árabes, as mais importantes da época medieval, celebraram o erotismo com uma liberalidade que seria invejada no Ocidente[17]. Os folhetins das *Mil e uma noites* tinham começado a ser publicados na França a partir de 1704 e o *Kama Sutra*, escrito por um asceta, Vatsyayana, que quase um milênio e meio antes disso recolhera uma vasta influência de múltiplos escritos, passaria a estar acessível em inglês algo mais tarde, em 1883. Como lembra Netto, "um *componente erótico* – em geral e originalmente conectado a elementos de culto e/ou religiosos – é integrante da cultura literária da Antiguidade, seja a ocidental (pense-se, por exemplo, em Safo), seja a médio-oriental (veja-se, na Bíblia hebraica, o *Cântico dos Cânticos*), seja a oriental (por exemplo, o *Kama Sutra*). Esse componente, como tal, atravessa a Idade Média do Ocidente até o Renascimento". De um modo e de outro, falava-se de amor e sexo por enigmas, por sugestões, como também por descrições mais gráficas e até por imagens impressas. Essa linguagem era procurada, era até obsessivamente procurada, comentada, repetida. Os poemas de Bocage liam-se no café e na taberna, gerando pleitos literários em que se arremessavam escritores uns contra os outros, enquanto, inspirados pelos versos, os sedutores procuravam seus amores e os bonzos clamavam pelos esbirros do intendente.

Netto discute essa cultura e suas formas de ação e, em particular, a ponte entre a sensualidade emancipada e a obscena, a reprimida. Ambas são libertinas, se como tal se pode entender o que há de comum entre Bocage e Sade, ou outras penas desse virar do século, pois procuram afirmar uma liberdade de ação amorosa contra as convenções, fazendo-o da forma mais escandalosa[18]. Ora, na tese do editor da compilação, existem diferenças fundamentais entre o erotismo e a pornografia e, se bem que Bocage use frequentemente um vocabulário obsceno, não será por isso pornográfico. A pornografia, diz-nos Netto, consolida-se como gênero a partir da mecanização da reprodução de objetos e da sua mercantilização, aí adquirindo "todas as potencialidades". É o capitalismo que acentua a transformação da atração em objeto, fetichiza o erotismo e comercializa sua necessidade. A reprodutibilidade em larga escala[19] e sua transformação em mercadoria à procura de um mercado é o que definirá, pós-Bocage, a indústria pornográfica como um poder contemporâneo. A pornografia, assim sendo, é também estipulada como uma característica exterior à análise estética, se não como uma manipulação que pode ser alheia à imagem originária. Essas duas teses, a da ambivalência da linguagem obscena e a do impulso industrial da pornografia, serão brevemente consideradas nas linhas que se seguem.

**

Em 1905, com uma carreira ainda por se consolidar plenamente, Freud publicou um curioso estudo sobre os chistes, *O chiste e sua relação com o inconsciente*. Cinco anos antes, tinha publicado seu *A interpretação dos sonhos* e, logo em seguida, *A psicopatologia da vida cotidiana*, mas desviou-se do tema dos sonhos para tratar as anedotas, que revelariam processos similares. No entanto, ao contrário dos sonhos, os chistes são proferidos perante uma audiência e têm uma função de afirmação pública. São, nesse sentido, diz Freud, um investimento psíquico, pois procuram criar prazer por meio da explicitação do reprimido e, em particular, da insinuação sexual[20]. Nesse caso, a tensão libidinal torna-se uma forma de comunicação.

A obscenidade, como manifestação de atividade em comunidade, ou seja, quando é representada em escritos, dizeres ou imagens, codifica e amplia a função desse investimento erótico do chiste, transformando-o numa linguagem. Sua significação depende, então, da interpretação que a cultura prevalecente dela propõe, variando portanto ao longo dos tempos. De fato, os tabus, que são pilares da organização social a que se chama civilização, foram sempre sendo transformados, seja pelos processos de laicização e pelo Iluminismo, seja pelos renascimentos de identidades religiosas ou outras, seja pela mercantilização generalizada das formas eróticas. Essas fronteiras foram se deslocando[21].

Um notável exemplo é o de *Ulisses*, de James Joyce. O livro, inicialmente publicado em 1922, foi recusado por Virginia Woolf e, entre muita celeuma, D. H. Lawrence acusou-o de "obsceno". Os tribunais que julgaram o pedido de interdição nos Estados Unidos hesitaram sobre como decidir e, quando em 1933 um juiz encerrou o segundo processo, concluiu que, em relação à emergência recente do tema do sexo na mente dos personagens, "deve ser sempre lembrado que o local era céltico e sua estação a primavera". O próprio advogado de Joyce argumentara que o livro era demasiado obscuro e incompreensível para ter qualquer impacto perverso sobre quem o leria[22]. Para usar o exemplo mais controverso, pode o monólogo de Molly Bloom, na conclusão do livro, ser acusado de "obsceno"? Diz ela, por exemplo: "Acaçapando-se daquela maneira em cima de mim o tempo todo com os seus grandes ossos das ancas ele é pesado também com o seu peito peludo neste calor temos sempre de ficar deitadas para eles melhor que ele mo metesse dentro por trás daquela maneira que a Sra. Mastiasky me ensinou ou marido dela fazia-lhe como fazem os cães e ficava com a língua de fora o mais que podia"[23]. Lawrence, que abominara o livro, publicou seis anos depois *O amante de Lady Chatterley*, também proibido em tribunal pela mesma denúncia de "obscenidade" e que, na comparação com *Ulisses*, será unicamente um anúncio de autocentramento: "E teve de a penetrar imediatamente, penetrar na paz da terra que era o corpo dela, macio e imóvel. Para ele, penetrar o corpo de uma mulher era um tempo de paz absoluta. Ela continuava imóvel como se estivesse adormecida. Foram dele a atividade e o orgasmo"[24]. Ou seja, a acusação de Lawrence a Joyce era leviana e sua definição de obscenidade era caprichosa, se não fútil e incoerente. É difícil evitar que o mesmo se repita em todos os casos em que o erotismo entra em conflito com o padrão conservador de uma ordem tradicional.

* * *

As agruras sofridas por Joyce (e Lawrence) foram somente outros casos de repressão à literatura acusada de obscena. Sade e Bocage estiveram presos, a Baudelaire foi proibido que incluísse poemas sobre amor lésbico em As flores do mal (1861), muitas outras pessoas purgaram pelos mesmos motivos em épocas diferentes e nenhum livro as poderia lembrar a todas. O mesmo se dirá da pintura: quando, no Salão de 1853, em Paris, foi exibido *Les baigneuses*, de Courbet, o imperador Napoleão III, exaltado, chicoteou o quadro – a nudez de uma mulher não era desconhecida naquelas paredes, mas o realismo da imagem chocou-o (e à imperatriz). Dez anos depois, o *Déjeuner sur l'herbe*, de Manet, foi simplesmente recusado na exposição, por imoralidade. O autor tinha pintado duas mulheres, uma despida e que olha confiantemente para nós, outra em vestes transparentes (a primeira era sua modelo preferida, a outra veio a casar-se com Zola), ao lado de dois homens irrepreensivelmente de terno, num piquenique no campo. O contraste entre umas e outros é realçado pela sensualidade tranquila da mulher que nos fita. Curiosamente, as versões posteriores e divertidas de Cézanne (que a pintou com mais figuras, todas enroupadas) e de Picasso (que pintou duas centenas de esboços a partir desse quadro, quarenta telas entre 1959 e 1962, incluindo algumas em que todas as figuras estão nuas) não transmitem a mesma força de sugestão. A obscenidade de que então Manet foi acusado, como o fora Courbet, parecer-nos-á hoje uma simples zombaria.

Esse será também o argumento de Netto na sua "Apresentação" de Bocage: a designação da obscenidade pode ser um ato adversarial de alguma forma de poder que teme ou pretende interditar o reconhecimento erótico. A dificuldade maior do estudo do poeta chega então, dado que a linguagem obscena pode também ser a expressão da pornografia e essa ponte não é necessariamente delimitada pelo valor estético, também movediço, mas sê-lo-á pela certa pela leitura cultural predominante e, portanto, política. O próprio conceito de pornografia é contextualmente marcado e decerto volátil. Incluindo formas de divulgação, de tal modo que para algumas pessoas será a primeira forma de informação sexual, corresponde em regra a uma padronização patriarcal e ela própria repressiva, e é na sua comunicação que se tem centrado a atenção crítica. Mas admita-se, por um instante e para ladear para já essas ambiguidades de terminologia, que a pornografia seja no essencial a difusão mercantil de conteúdos sobre a função sexual.

Assim sendo, e se a comunicação formata a linguagem, haverá uma industrialização pornográfica onipresente. É esse o protesto de Byung-Chul Han, na sua *Agonia do Eros*: passando em revista diversos objetos culturais, desde o *Tristão e Isolda* de Wagner até os filmes *Melancolia*, de Lars von Trier, e *50 tons de cinza*, de Sam Taylor--Johnson, reclama que vivemos numa época da "pornografização", que profana o erotismo e ameaça o desejo amoroso. Essa profanação mobilizaria o fetichismo individualista, a base da ordem civilizacional, e multiplicaria seus espelhos, ao passo que o amor exigiria uma autonegação ao encontro de alguma Outra pessoa e, portanto, a unicidade dessa descoberta. Baudrillard tomou uma posição ainda mais radical, designando nossa época como a "era da obscenidade", sugerindo que o predomínio da visibilidade das referências sexuais dissiparia o erotismo[25]. Eis como ele descreve o procedimento da obscenidade, que no seu entender constitui a pornografia:

> A própria obscenidade queima e consome o seu objeto. Vemos de perto o que nunca tinha sido visto antes; para nossa felicidade, nunca tínhamos visto o funcionamento dos próprios genitais de tão perto, nem, de fato, numa perspectiva tão geral. É tudo demasiado verdade, demasiado perto para ser verdade. E é isto que é fascinante, este excesso de realidade, esta hiper-realidade das coisas. A única fantasia na pornografia, se há alguma, é portanto não a fantasia do sexo mas a sua absorção em qualquer coisa diferente do real, o hiper-real. O voyeurismo pornográfico não é voyeurismo sexual, mas um voyeurismo da representação e a sua perdição, uma tontura nascida da perda da cena e da irrupção do obsceno. Em consequência do *zoom* anatômico, a dimensão do real é abolida, a distância implicada no olhar cede à representação instantânea e exacerbada, ou sexo no seu estado puro, retirada não só toda a sedução, mas também a própria potencialidade da sua imagem. Sexo tão próximo que se funde com a sua própria representação: o fim do espaço da

perspectiva e, assim, do imaginário e da fantasia – fim da cena, fim de uma ilusão.[26]

Haveria porventura duas formas de representação erótica, uma real e outra virtual, sendo que esta se imporia construindo uma hiper-realidade, um ficcionamento do desejo por meio do voyeurismo pornográfico, ou da abolição da imaginação amorosa. A obscenidade seria esse espaço de virtualidade, que anteciparia e dissolveria o erotismo, como que um mapa que inventasse seu território. Deixaria de haver distância, passando a impor-se a crueza de imagens obsessionais:

> *Cena* e *obsceno* não têm, por certo, a mesma etimologia, mas é tentador relacionar os dois. Pois desde que há uma cena ou um palco, há olhar e distância, representação e alteridade. O espetáculo é limitado pela cena. Por outro lado, quando estamos na obscenidade, já não existe cena ou palco, nenhuma representação, e a distância é abolida. Tomemos a esfera pornográfica: é claro que na pornografia o corpo é inteiramente afirmado. Talvez a definição de obscenidade deva ser, então, a transformação em real, a transformação em absolutamente real de algo que era até então tratado metaforicamente e tinha uma dimensão metafórica.[27]

Aqui está a dificuldade: o erotismo não é, ou não é só, uma metáfora da nossa ansiedade, não é só uma ilusão, é sua carnalidade, seu ato, sua busca, é sedução e perda e vida. Duvido mesmo da interpretação que o designa como um espetáculo: não só o imaginamos como o sentimos, não só o representamos como o apresentamos. Entre o que imaginamos e o que fazemos pode não haver perda de sensualidade, mas antes o ganho do imprevisto e da realidade. Em todo o caso, as visões que reduzem o amor a um reflexo de si próprio ignoram que, se o obsceno for a transformação de Eros em ação, ou a concretização da imaginação do desejo em realidade, seria então nessa linguagem que falaríamos durante toda a nossa existência. As fronteiras entre o erotismo e a linguagem obscena, ou a pornografia, serão então tão tênues que resistem a uma classificação. Suponho mesmo que é isso que mantém Bocage ainda atual e que por essa razão leremos esta antologia com um sorriso, mesmo quando nos enfastie sua crueza, um interesse que nos pode levar a desconfiar dos discursos que, a cada momento, estabelecem novas delimitações entre erotismo e obscenidade, ou pornografia, como sendo romantizações ideais do sexo. Há algo que nesse discurso resiste à abstração celebratória do amor: é mesmo a diversidade e essa volúpia do erotismo que nos une, seres humanos.

***

A literatura obscena, ou libertina, para usar os termos de então, foi uma revolta contra a hipocrisia social e religiosa e, portanto, um manifesto pela liberdade, que correspondia à reivindicação da ação imediata e de rebeldia amorosa, que excedia as normas tradicionais. No entanto, havia uma barreira nessa liberdade: as mulheres, como a tocadora de flauta no banquete de Agatão, foram arredadas da sala ou só nela permaneceram como objeto de satisfação, impondo uma diferença que se manteve ao longo da história. Nem sempre no mesmo tom, como se viu nos exemplos contrapostos os diálogos imaginados por Joyce e Lawrence, atrás citados, em que duas vozes de mulheres exprimem formas de sexualidade distintas. Mas, no mais das vezes, é a voz masculina que se ouve, é ela quem domina a hiper-realidade, a representação, incluindo, ou até sobretudo, a pornografia. A fetichização do erotismo é patriarcal.

O fato de Bocage ter querido escapar a esse condicionamento não é fruto do acaso. É uma escolha, pois em tantos dos seus poemas satíricos e obscenos é o homem que inventa, que se impõe e reduz a mulher a um objeto de manuseio e de prazer. No entanto, essa facilidade é recusada em "Epístolas de Olinda a Alzira", em que se revela a correspondência entre duas mulheres, que conversam sobre a iniciação amorosa e seus píncaros. Sua cumplicidade é desenvolvida por meio da escrita, e uma e outra determinam o contexto: é uma mulher que introduz a outra no prazer sexual ("Revela à tua amiga este mistério"). E o poema transborda de atrevimento: a mulher deve ser ativa ("Sobre ele me arrojei, toda ansiosa"), igual ao homem em poder erótico ("Inovamos a ação, eu e Belino,/ E iguais em forças, sem perder coragem"), buscando o orgasmo na sua vez própria ("Cheguei ao cume do prazer celeste,/ Ardente emanação de íntimos membros,/ Que eletrizavam fogos insofríveis") e descrevendo o prazer clitoriano ("Um dedo seu, que um raio parecia,/ Tocou o sítio onde os deleites moram,/ Súbito alvorotados, uns com outros/ Travando estranha luta, me levaram"), ou explorando a diversidade do movimento amoroso ("nos gostos de amor sempre há mudança,/ Amor sempre varia os seus deleites"). O poema, mais reproduzido do que muitos – milhares de cópias circulariam deste, como da "Epístola a Marília" –, será obsceno, como alguma da obra bocagiana mais repentista? Ou, sendo tão gráfico, será pornográfico? Será simplesmente erótico, e será lido a cada instante pelos preconceitos e conceitos da cultura.

***

Na sua esplêndida "Epístola a Marília", Bocage condena a religião, que cultiva uma "pavorosa ilusão da Eternidade", um veneno que se instala nas almas e leva ao medo e à submissão. Descobrimos com esta introdução de José Paulo Netto que porventura sua poesia, mesmo a obscena, trata de outro modo de eternidade, aquela que nem mesmo as normas repressivas ou os poderes asfixiantes conseguem domesticar – a pulsão erótica, o amor como liberdade essencial –, aquilo que não é uma ilusão, mesmo que possa iludir. Talvez isso seja eternidade.

*Lisboa, Portugal,
outubro de 2022.*

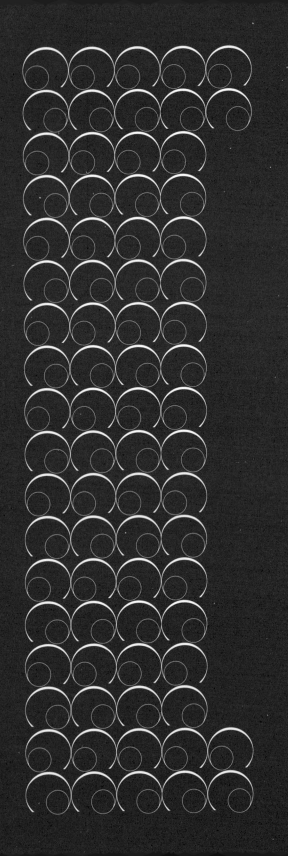

Nota do organizador

Somente em 1854, depois de circularem por décadas na forma de manuscritos passados clandestinamente de mão em mão ou de toscos impressos, reuniram-se as *Poesias eróticas, burlescas e satíricas* de Bocage sob forma confiável – graças aos esforços de Inocêncio Francisco da Silva (1810-1876), que então manteve no anonimato seu trabalho. Em seguida, quase de imediato, saíram delas edições clandestinas, frequentemente dadas como impressas no exterior, artifício para ludibriar as autoridades censórias portuguesas[1]. De fins do século XIX até hoje, multiplicaram-se – inclusive no Brasil – reproduções, nem sempre fiéis, das suas páginas.

Para este volume, coligi peças relativas apenas à erótica bocagiana – com algumas poucas extraídas das *Rimas* do poeta e da sua satírica. A sempre difícil recuperação da textualidade original obedeceu especialmente a lições hauridas em dois dos estudiosos de Bocage que reputo entre seus mais qualificados analistas: Hernâni Cidade e Daniel Pires; para informações estritamente biográficas, recorri principalmente ao indispensável e rigoroso trabalho de Adelto Gonçalves; no que toca às contextualizações histórico-econômicas e socioculturais, minhas fontes básicas foram, respectivamente, Armando de Castro, Manuel Villaverde Cabral, Victor de Sá, Antônio José Saraiva e Óscar Lopes, Francisco Falcon e José-Augusto França[2].

Na seleção do material, cuidei de distinguir a literatura erótica de Bocage da meramente dita pornográfica que, em muitas edições, comparece debitada, em geral sem comprovação, ao clássico bardo de Setúbal[3].

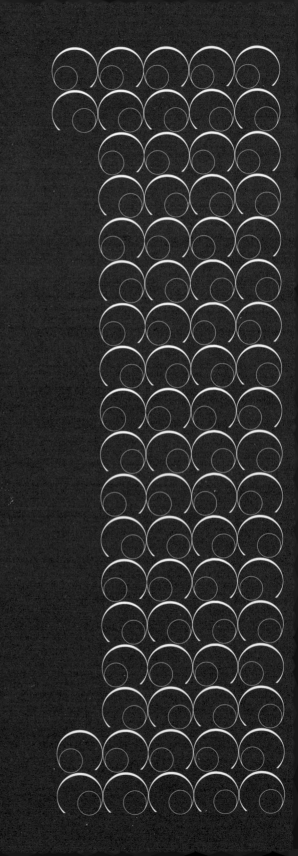

Apresentação
Para uma introdução a Bocage[1]
De Camões ao espírito libertino

José Paulo Netto

Para a Duquesa de Potengy

"*Não tremo de que os séculos me ultrajem:
[...] Meu nome viverá, e a minha imagem.*"

"*Zoilos! Tremei. Posteridade! És minha.*"[2]

Entre historiadores e estudiosos credibilizados da literatura portuguesa, por mais diversas que sejam suas perspectivas analíticas, constata-se, há muito, uma quase unanimidade em relação a Bocage: ele é o poeta que expressa exemplarmente em sua obra – mas também em seu percurso existencial – o momento histórico de um complexo processo de transição econômico-social, política e cultural da nação lusitana. A imensa maioria deles reconhece Bocage, no plano literário, como o máximo artífice do neoclassicismo que está a se exaurir e, simultaneamente, um notável antecipador do emergente romantismo[3].

Nessa condição de partícipe de uma tensa e dupla transição – social e cultural – reside um componente do *drama* intelectual e pessoal de Bocage[4]. O drama bocagiano, aliás, foi bem sinalizado, sob uma luz original, pelo jovem (à época) crítico José Guilherme Merquior ao caracterizar, em lúcido ensaio, o poeta como um "rebelde iluminista" – porém, um "rebelde sem revolução"[5].

A grandeza de Bocage adquiriu ressonância acadêmica ainda na segunda metade do século XIX, quando o respeitado Teófilo Braga o considerou "o representante mais completo do século XVIII em Portugal"[6] – e, desde então, avaliações muito diversas corroboram esse juízo de modo específico e inequívoco[7] (ademais, vários poetas portugueses exprimiram, em sua produção, ao longo do século XX e nos últimos anos, sua admiração por Bocage e mesmo a reivindicação de pertencer à sua linhagem[8]). Outra notação de Teófilo Braga, datada de 1876, é hoje decerto anacrônica[9]: ele afirmou, junto às palavras que aqui reproduzi, acerca da inegável popularidade do poeta de Setúbal, que "o povo português só conhece o nome de dois poetas: Camões e Bocage, não porque repita os seus versos [...], mas porque de Camões sabe a lenda [...] e de Bocage repete uma ou outra anedota picaresca"[10]. Mais adiante, haverei de tangenciar essas duas questões – as "anedotas" de Bocage e sua relação com Camões – a que alude Teófilo Braga.

Antes disso procurarei, nesta breve "Apresentação", expor sinteticamente os suportes econômico-políticos do período de transição supramencionado – *passagem da ordem feudal à ordem burguesa* – e a ambiência sociocultural no interior da qual Bocage se moveu[11].

I. SOBRE A LITERATURA PORTUGUESA: DA PRECOCE REVOLUÇÃO DA BURGUESIA MERCANTIL À ERA DE POMBAL

São conhecidas as polêmicas referentes à transição econômica do feudalismo ao capitalismo no Ocidente, bem como suas implicações na estrutura de classes das sociedades e sistemas de poder em que ela se operou; sabe-se ainda que é tema de debate a conexão entre a constituição dos Estados nacionais, o absolutismo e o mercantilismo. Discussões sobre essa transição, e inclusive acerca da própria existência do feudalismo em Portugal, marcam também a historiografia lusitana do século XIX ao final do século XX[12].

A mim me parece fora de dúvida que, já às vésperas do fim da chamada "primeira dinastia portuguesa", a dinastia afonsina[13] – instaurada por Afonso Henriques (1106?-1185), nominado Afonso I, rei de 1143 ao final dos seus dias, e que teve um expoente em D. Diniz (1261-1325, reinando de 1279 à sua morte) –, o segmento de mercadores enriquecidos de Lisboa se contrapunha à nobreza "de sangue" (vinculada à propriedade fundiária). Esse segmento, que pode ser identificado como a emergente burguesia mercantil, lidera o movimento revolucionário que, com o apoio de artesãos urbanos e camponeses, eclode em 1383; sua resultante imediata é a precoce centralização política que conferirá, por quase dois séculos, ao Estado nacional português – de fato, o primeiro a constituir-se como tal no Ocidente – um notável protagonismo na expansão marítimo-comercial europeia. A revolução de 1383[14] deu à nascente burguesia mercantil influência no poder estatal, às custas de privilégios aristocráticos – porém a burguesia não se tornou a classe dominante nem a nobreza fundiária foi alijada do centro político decisório[15]; em Portugal, as relações interclasses, a partir de 1383 e por séculos, configuraram ainda e claramente, no plano político, conflitos, arranjos e compromissos entre a burguesia ascendente e a nobreza fundiária.

Sob a segunda dinastia – destacadamente sob D. João II (1455--1495), que reinou de 1481 a 1495, D. Manuel I (1469-1521), nominado "o Venturoso", rei de 1495 até sua morte, e D. João III (1502-1557), rei de 1521 até falecer –, o poder do Estado português consolidou-se à base do absolutismo, que haveria de ser a forma política da transição do feudalismo ao capitalismo na maior parte da Europa ocidental[16]. Ao tempo dessa segunda dinastia, Portugal experimentou, até o último quartel do século XVI (tome-se como marco 1580, quando se impõe a dinastia filipina), a ascensão e o apogeu da sua transitória condição de potência marítimo-comercial.

É nesse período que o país expande sua presença para além do território continental: 1415, Ceuta; 1418, ilha da Madeira; 1431, primeira das ilhas dos Açores[17]; e entre 1498 e 1550, na sequência das viagens de Vasco da Gama e Pedro Álvares Cabral, os portugueses chegam ao Oriente, da Índia e da China ao Japão, e ao Brasil[18]. Tal expansão se refrata em modificações no país: em cerca de uma centúria, Lisboa torna-se um grande empório de mercadorias caras, destinadas ao consumo de privilegiados em Portugal e no exterior, centro comercial nacional e internacional de intensa atividade; há mudanças na distribuição espacial da população – o campo sofre, em várias zonas, um esvaziamento, com a deslocação de muitos cultivos para além-mar e a introdução de outros; a estrutura da burguesia mercantil se torna complexa; a própria nobreza, muito diferenciada internamente (e que não excede a 2% da população total[19]), registra alterações na sua composição; quanto à massa do povo (a *arraia-miúda*, nas cidades e nos campos), esta continua arcando com todos os custos sociais e humanos[20].

De fato, a burguesia mercantil portuguesa não derruiu senão no muito longo prazo as bases do regime feudal, que prosseguiu dominante pelo menos até a entrada do século XIX: a estrutura da propriedade não foi logo afetada e a aristocracia permaneceu extraindo a renda feudal dos trabalhadores diretos, especialmente camponeses, com a atividade econômica burguesa permanecendo no âmbito da circulação mercantil[21]. Nessa conjuntura, a derrota em Alcácer-Quibir e o desaparecimento de D. Sebastião (agosto de 1578) puseram o problema da sucessão dinástica e sobreveio o período filipino: o trono viu-se ocupado por estrangeiros de 1580 a 1640, quando se abriu o processo da Restauração – e Portugal viveu, por sessenta anos, a perda da sua independência[22].

O Renascimento, já emerso no século XV e adensado na centúria seguinte, teve seu berço em cidades italianas e logo difundiu-se pela Europa ocidental, promovido pelos humanistas, adversários da escolástica medieval[23]. Trata-se, como é sabido, de um "espírito do tempo" (*Zeitgeist*) conectado ao processo da chamada "revolução comercial"[24] e que, chegando a Portugal com sua coorte de intercorrências científicas (a fundação da ciência moderna – por exemplo, a ultrapassagem da concepção geocêntrica do mundo), técnicas (como avanços na navegação e na impressão), ideológicas (como a Reforma) –, operou para erodir o terreno das raízes da cultura e da arte medievais e colocar na ordem do dia uma nova racionalidade e um novo ideal de homem[25]. Ora, as manifestações culturais e artísticas que se constituem em Portugal ao tempo da segunda dinastia – em especial durante os reinados de D. Manuel I e D. João III, bem emblemáticos do transitório apogeu lusitano na condição de potência marítimo-comercial – serão marcadas pelo *Zeitgeist* renascentista. Mesmo com a cautela de não relacionar e conectar imediata e diretamente desenvolvimento econômico-social (e também político) a florescimento cultural e artístico[26], quer-me parecer que essa quadra histórica propiciou a Portugal, até por volta de 1580 (significativamente o ano da morte de Camões), uma florescência cultural e artística (sobretudo literária) absolutamente ímpar em toda a sua história. Trata-se, na análise de Saraiva e Lopes, da "3ª época" do processo histórico da literatura portuguesa, que os dois autores designam de modo preciso como Renascimento e que é possível considerar um *momento decisivo* dela – momento em que *manifestações literárias* começam a conformar uma literatura como *sistema*[27].

Há indicações de que D. Manuel I foi o primeiro rei a fomentar estágios de formação de portugueses em outros países e que essa prática foi consolidada por D. João III, que criou, em 1527, bolsas para estudantes (André de Resende, Damião de Góis) no exterior; o mesmo monarca promoveu uma reforma da universidade, fundada em 1290 em Lisboa, mas sediada definitivamente em Coimbra (1537). E, em 1548, ele instalou em Coimbra, mas fora da universidade e sob seu controle direto, um novo Colégio Real, onde pontifica de início André de Gouveia, humanista de méritos reconhecidos internacionalmente. A atividade dos humanistas lusos constituiu a base para a elaboração das primeiras gramáticas do latim clássico (Jerônimo Cardoso, 1572, e Estêvão Cavaleiro, 1576) e do português moderno (Fernão de Oliveira, 1536, João de Barros, 1540)[28]. Também nessa primeira metade do século XVI verificam-se avanços científicos com os trabalhos de Duarte Pacheco Pereira (náutica), Garcia de Orta (flora medicinal do Oriente) e Amato Lusitano (medicina experimental). A Lisboa manuelina vê nascer planos urbanísticos e medidas de administração municipal – ademais das maravilhas arquitetônicas do Mosteiro dos Jerônimos (iniciado em 1501-1502) e da Torre de Belém (edificada entre 1514 e 1520); e o reinado de D. João III marcou-se por construções palacianas e eclesiásticas em Lisboa e noutros burgos, com a utilização de mais técnicas decorativas (com o interesse pelo emprego da azulejaria e de novo mobiliário) e a valorização da pintura interior (Antônio Campelo, Lourenço de Salzedo – provavelmente um espanhol –, Cristóvão de Morais)[29].

Há que observar que, já na abertura da segunda metade do século XVI, nos anos finais do reinado de D. João III, os ventos de oxigenação cultural peculiares ao Renascimento perdem força em Portugal: a partir de 1555, os jesuítas – representantes do espírito da Contrarreforma – passam a dominar a universidade e, inclusive, o Colégio Real criado poucos anos antes e, de fato, avançam rapidamente para exercer o controle do essencial da educação portuguesa, instaurando praticamente um monopólio que só será afetado mesmo com o ato pombalino da sua expulsão em 1759; e, a partir daquela quinta década do século XVI, a sanha persecutória da Inquisição ganha abrangência crescente[30]. Não é casual, pois, que as mais altas manifestações culturais do quinhentismo português provenham de intelectuais cuja formação básica tenha se realizado antes de 1550.

Foi o desenvolvimento literário – nele naturalmente compreendido o teatro –, contudo, a expressão cultural maior dos três primeiros quartos do Portugal quinhentista, cujo público se concentrava na corte lisboeta[31]. No século XVI, antes de Camões – o clássico lusitano por excelência[32] –, o nome de maior significação é o de Gil Vicente (1465?-1536). Sua obra, extensa (mais de quarenta peças) e diferenciada, produzida ao longo de 34 anos[33], começa tomando muito do teatro medieval português e das referências de Espanha trazidas por Juan del Encina (como no *Auto da visitação*, 1502); porém, já a partir do que escreve após 1508, desloca-se para o terreno da crítica social, mediante um exercício satírico de que serão textos os mais representativos, entre tantos, o *Auto da Barca do Inferno* (1517), a *Farsa de Inês Pereira* (1524) e a *Farsa dos almocreves* (1527).

A vasta obra de Gil Vicente, que faz dele "o pai do teatro português", foi, em vida do autor, parcialmente publicada em folhetos de cordel, alguns dos quais depois censurados pela Inquisição; nos seus inícios, ela traz as marcas do castelhanismo – a corte lisboeta era, então, bilíngue (e lembram Saraiva e Lopes que, no século XVI, todas as esposas dos reis portugueses eram castelhanas)[34]. Não cabe aqui, decerto, mais que ressaltar o traço – para além de outras dimensões relevantes, suficientemente destacadas nos estudos de Saraiva e Lopes, Berardinelli, Bernardes e J. Camões – que confere ao teatro vicentino uma duradoura importância: a *sátira social*. É no âmbito da sátira que a obra de Gil Vicente, ela mesma todavia carregada de marcas transicionais, conservando ainda elementos pré-renascentistas, se revela mais afinada com o humanismo próprio do Renascimento, inclusive sensível a polêmicas contemporâneas de caráter religioso[35]. Trata-se de uma sátira impiedosa, com inequívoco tom plebeu, que fustiga fidalgos, juízes, meirinhos, frades, usurários – isto é, que vergasta os "parasitas e ociosos"; porém, curiosamente, não toca o núcleo da burguesia mercantil[36].

Não cumpre a esta "Apresentação" sumariar sequer minimamente a história da literatura portuguesa, mas apenas a consideração de pontos nevrálgicos de alguns de seus momentos decisivos – no caso em tela, o do Renascimento; por isso, impõe-se a mim, ainda que de modo tangencial, cuidar da figura de Camões. No entanto, antes de passar a ela, seja-me permitido, muito sucintamente, frisar a relevância de Gil Vicente e sublinhar a abrangência literária do momento renascentista português.

Autor cujo público era primariamente a corte lisboeta, a audiência de Gil Vicente foi muito além dela (recorde-se a já aludida impressão de folhetos de cordel), ressoando significativamente também em meios burgueses e populares – e não pairam dúvidas de que sua obra satírica não repercutiu mais amplamente dada a intervenção da censura[37]. Não é de esquecer o aparecimento de uma chamada "escola vicentina", de que é obrigatório lembrar, dentre vários, Antônio Ribeiro, conhecido como "Chiado", franciscano que preferiu a boêmia à atmosfera conventual e nos legou preciosos flagrantes da vida do povo, e Antônio Prestes, mais letrado que o "Chiado", contudo de menor impacto entre seus contemporâneos; ademais, até mesmo o teatro de Camões (em especial *El-Rei Seleuco* e *Filodemo*) recebeu influxos vicentinos, indicando a efetiva e profunda incidência de Gil Vicente[38].

Como salientei, a expressão cultural maior do quinhentismo português se processou no âmbito literário, aí se inserindo, para além do teatro, privilegiadamente a poesia[39] – esta ganhou relevo especial contando, além de Camões, com o labor de Sá de Miranda e de Antônio Ferreira. Mas também a prosa lusitana se alçou a novo patamar: veja-se a historiografia de João de Barros (e a de seu continuador, Diogo do Couto), a "novela da psicologia amorosa" – com as páginas de *Saudades* (ou *Menina e moça*), de Bernardim Ribeiro –, a "literatura de viagens" – da qual o grande artífice foi Fernão Mendes Pinto[40] – e o florescimento das "novelas de cavalaria" (modeladas pelo castelhano *Amadís de Gaula*, coligido e editado por Rodríguez de Montalvo em 1508, logo seguido, em 1511, pelo igualmente castelhano *Palmeirim de Oliva*[41]). E, num tratamento detalhado da prosa quinhentista, haveria ainda que sinalizar, mesmo que de pouco interesse literário, o que já se nominou "prosa doutrinária", seja de caráter laico, seja de caráter religioso[42].

Parágrafos acima, aludi à atividade dos humanistas lusos e logo me referi ao português *moderno* – ainda que sua constituição seja objeto de discussões[43], parece claro que ela é, segundo analistas qualificados, também (mas, obviamente, não só) resultante da ação dos humanistas e caracterizadora do século XVI. Em sendo assim, fica patente a abrangência do momento renascentista em Portugal, cujo impacto não somente envolveu o campo estrito da literatura (e outras manifestações artísticas), mas afetou o curso do próprio idioma. E não são poucos os estudiosos que atribuem à obra de Camões um papel estruturante e constitutivo desse português moderno – por isso, faz-se necessária desde já uma palavra acerca desse ponto: é inquestionável a conexão entre a obra de Camões, em especial seu poema épico, e o curso do nosso idioma; entretanto, é tão exagerado quanto equivocado dá-lo como criador (ou fundador) do português moderno – antes, justo se me afigura considerar sua obra um notável contributo à *normatização* do português moderno[44].

Enfim, já estamos tangenciando Camões – o Camões que, conforme F. Schlegel, "vale por uma literatura inteira"[45], avaliação que parece exagerada, mas a que não faltam certos fundamentos. Para os dois insignes historiadores aos quais venho apelando sistematicamente, tal avaliação dispõe de algum suporte devido ao fato de

> a obra multifacetada de Camões abranger diversas correntes artísticas e ideológicas do século XVI em Portugal, ser elaborada sobre uma experiência pessoal múltipla que nenhum outro escritor realizou sozinho na sua época e de, enfim, este poeta ter sido capaz de dar forma lapidar e definitiva a um conjunto de ideias, valores e tópicos característicos da sua época. *Quase tudo o que se manifestou na literatura portuguesa de Quinhentos [...] encontra um reflexo na lírica ou na épica de Camões.* Comparado com ele, qualquer dos mais notáveis escritores quinhentistas

nos aparece incompleto, embora por vezes mais profundo neste ou naquele aspecto particular[46].

Não é casual que, nesse passo da sua *História da literatura portuguesa*[47] com o qual abrem o tratamento que oferecem a Camões, Saraiva e Lopes remetam expressamente à sua lírica e à sua épica. Não creio que, com essa remissão muito precisa, eles tenham pretendido subestimar o teatro camoniano, mas apenas ponderá-lo com objetividade[48] – penso que, com ela, tão somente buscaram sublinhar a primazia do que, ademais e para além da lírica, desde sempre constituiu o componente da obra de Camões a que praticamente todos os analistas atribuíram (e atribuem) o maior significado, a épica. Realmente, a *valoração estética* de Os *Lusíadas* é, no geral, extremamente positiva e parece consensual, ainda que as condições e as possibilidades históricas para a elaboração exitosa de uma epopeia à moda homérica ou virgiliana na segunda metade do século XVI já tenham sido suficientemente problematizadas – o anacronismo aí implicado foi objeto da atenção dos melhores teóricos e historiadores da literatura[49].

Na lírica, a maestria técnica de Camões revela-se superior à de todos os seus contemporâneos, mostrando-se até hoje exemplar e admirável[50]. É impressionante a riqueza e a profundidade da substância anímica do seu lirismo[51]: se nele há uma recorrência temática nucleada pelo sentido do amor, sob formas que resgatam a tradição pretérita, medieval, de fato o lirismo camoniano segrega uma confessionalidade, uma angústia individualizada e sobretudo uma complexa contraditoriedade que conferem um novo tônus à expressão lírica do sentimento amoroso, apreendendo nele uma dialética insolúvel nos marcos da idealização petrarquiana (sua inspiração original)[52]. Na lírica de Camões, comparece, inseparável da temática amorosa (e colada à sua angústia individualizada), a questão (como querem Saraiva e Lopes[53]) "da desconformidade ou desajuste entre as exigências íntimas da vida pessoal e os meios que lhe são dados para as satisfazer" – em suma, a questão do "desconcerto do mundo"[54]. As tensões da poesia lírica de Camões e algumas das suas notas específicas destoam nitidamente da ambiência quinhentista e a ultrapassam, antecipando modulações que só posteriormente viriam a ser registradas no lirismo lusitano[55] – e são tantos os indicadores de que a lírica de Camões tem resistido ao correr do tempo que aos estudiosos só cumpre chancelar a assertiva de Helder Macedo[56], segundo a qual foi Camões um "dos primeiros poetas europeus que pode apropriadamente ser descrito como *moderno*"[57].

Quanto à épica de Camões, ela se converteu, principalmente desde os últimos lustros de século XIX, em privilegiado objeto de pesquisa, acumulando um acervo bibliográfico de formidável dimensão[58]. Concluindo este brevíssimo excurso sobre Camões, limitar-me-ei a extrair dos historiadores que norteiam a minha leitura da história literária portuguesa uns poucos elementos relativos a *Os Lusíadas*, o monumento linguístico erguido pelo poeta. Como outros estudiosos do texto, Saraiva e Lopes assinalam que a força do lirismo camoniano perpassa a pretensão épica de *Os Lusíadas*[59]. Também eles louvam a grandeza e a classicidade da obra, destacando vários dos seus traços pertinentes em procedimentos analíticos e judicativos que me parecem extremamente persuasivos – sem nunca descair na retórica grandiloquente e patrioteira, antes operando com rara lucidez e senso crítico[60]. Mas é notável como desvelam, sem tergiversar, "o peso morto ideológico de *Os Lusíadas*" – "a ideologia da nobreza guerreira, é certo que também letrada, dentro da qual ele próprio [Camões] se inclui"[61] –, o desassombro do poeta na denúncia social e a componente progressista do poema[62]. E com a mesma objetividade crítica rendem-se ao peso da realista, amarga e dolorosa verificação final de Camões, de conformidade com a qual a pátria "está metida/no gosto da cobiça e na rudeza/ duma austera, apagada e vil tristeza"[63]. Sob essa "austera, apagada e vil tristeza" faleceu Camões em 1580, oito anos depois da publicação de *Os Lusíadas* – coincidentemente, com sua morte e a instauração da dominação filipina, exauria-se a florescência cultural absolutamente ímpar (sobretudo literária) aludida páginas atrás. E começa, então, a *decadência dos povos peninsulares*, como disse Antero de Quental[64].

No século XVII, Portugal experimentará a Restauração, processo ao fim do qual a autonomia nacional será recuperada e a dinastia bragantina se alçará ao poder de que desfrutará até a proclamação da República, na abertura do século XX (1910)[65]. Nessa centúria – o século do *seiscentismo* –, os *povos peninsulares* haverão de sofrer transformações econômico-políticas e socioculturais que marcarão seu desenvolvimento histórico até meados do século XIX e, de fato, comprometerão substantivamente o protagonismo exercitado durante boa parte do século XVI.

Vimos que, sob o domínio filipino, o segmento burguês lusitano (mas também o castelhano) desenvolveu-se operando basicamente no circuito da circulação mercantil. A dominância filipina – que se manteve do período de Filipe II (1556-1598) até quase o fim da Guerra dos Trinta Anos (1618-1648) – assegurou aos povos ibéricos um estatuto em que as instituições feudais entre eles vigentes não se viram postas em questão. Entretanto, quando a hegemonia política da Espanha entra em crise, em meados do século XVII, aquelas instituições feudais já não resistem à erosão que os novos dispositivos da dinâmica capitalista deflagram – na Europa ocidental, o evolver do capitalismo na Holanda, na Inglaterra e, em menor escala, na França adquire traços novos: no curso do século XVII, o grande capitalismo mercantil triunfará, com a intervenção burguesa indo muito além dos circuitos da mera circulação; agora, companhias de capitalistas privados (as célebres "Companhias das Índias") passam a utilizar Estados nacionais como asseguradores dos seus monopólios. As garantias de que a ordem feudal ibérica se beneficiara até o desfecho da Guerra dos Trinta Anos se esfumam: constitui-se, já a partir de 1600, uma nova economia-mundo europeia (Wallerstein)[66], que deslocará para uma periferia excêntrica os núcleos dos empórios comerciais do século XVI. O esplendor lisboeta do quinhentismo não ganhará nenhum acréscimo novo e a burguesia mercantil lusitana ver-se-á reduzida à condição de simples acólita das suas sócias mais ativas e empreendedoras de Amsterdã e de Londres.

Para ser breve: a Restauração, possibilitando a recuperação da autonomia política nacional lusa, não deixou nenhum espaço para um protagonismo histórico da burguesia portuguesa que lhe permitisse um papel de vanguarda econômica e social. Ao longo de todo o século XVII, seu desenvolvimento esteve subordinado ao estímulo da colonização brasileira e ao reforço tardio do absolutismo e do feudalismo decadente[67]. Vale dizer: posto o resgate da *autonomia política* propiciado pela Restauração, a burguesia mercantil lusitana não se demonstrou capaz de criar as condições necessárias para superar a *heteronomia econômica* em que se viu enredada depois de 1640 e que se estendeu pelo menos até a segunda década do século XIX. Entre meados do século XVII e a abertura do século XIX, a burguesia mercantil lusitana moveu-se nos marcos de uma não ultrapassada *dependência econômica estrutural* – como verificou Manuel Villaverde Cabral[68], a reconquista da autonomia política teve para a burguesia portuguesa o custo da subordinação econômica à Inglaterra[69].

A pesquisa histórica dos séculos XVII e XVIII revela as dificuldades econômicas então experimentadas pela sociedade portuguesa. Na realidade, durante o século XVII registrou-se uma crise geral de âmbito internacional que se prolongou e rebateu na centúria seguinte e cujas incidências sobre o evolver do império lusitano foram cruciais. A partir da Restauração, uma forte instabilidade econômica afetou o país e, sob o impacto de duas grandes crises – evidenciadas em 1688 e 1770[70] –, em Portugal o Antigo Regime entrou em flagrante decadência e provocou, na segunda metade do século XVIII, um conjunto de mudanças e reformas econômico-políticas e institucionais que constituiu a breve, porém sob todos os aspectos ímpar, "era de Pombal"[71]. No que toca mais diretamente ao século XVIII na Europa ocidental, essa centúria foi palco de transformações econômico-políticas e sociais profundas que, na sua segunda metade, tiveram impactos culturais evidentes (repercutindo, todas elas com força, nas colônias inglesas da América do Norte). Então, o processo da revolução burguesa em curso alcançará o momento em que a burguesia, conquistando a hegemonia político-ideológica, acabará por concluir a marcha para o erguimento do *seu* Estado e inaugurar a *sua* dominação política – será o fim do Antigo Regime. Com ele, ruirão também as bases materiais e sociais que subjaziam às expressões artísticas e culturais do século XVII, e um novo *espírito do tempo* logo se afirmará: haverá de ser o *Iluminismo* – e o século XVIII será conhecido como *o Século das Luzes*[72].

Os dois historiadores da literatura portuguesa que tomo como referência central nesta "Apresentação", Saraiva e Lopes, sinalizam claramente os avanços da burguesia lisboeta e portuense durante os séculos XVII e XVIII; porém, explicitam também nitidamente os limites estruturais em que elas se movem, em especial suas demandas, que somente em casos episódicos vão além da natureza estritamente mercantil[73]. Tais avanços, assim como seus constrangimentos, designadamente os de ordem cultural, estão consignados na obra seminal de José-Augusto França que repetidamente tenho citado[74] e que indicam transformações que envolvem, nesses dois séculos, de alterações populacionais a novas formas de sociabilidade e de gosto estético[75] e dispositivos de mobilidade social[76]. Saraiva e Lopes nos apresentam traços da vida portuguesa da primeira metade do século XVIII:

> A descoberta do ouro e diamantes do Brasil, o incremento das exportações de vinho (estabilizadas pelo tratado de Methuen em 1703) adiam de novo o problema econômico e social [...]. No tempo de D. João V [que reinou entre 1706 e 1750], com efeito, o ouro brasileiro repete os efeitos das especiarias de Quinhentos: a indústria, ainda mesteiral, definha (exceto em certos ramos suntuários); no movimento comercial externo destaca-se a exportação visível ou invisível do ouro, como moeda cunhada ou por contrabando; emigram massas enormes de artífices e camponeses, sobretudo nortenhos; a burguesia prefere dedicar-se ao contrabando, aos contratos fiscais, ao comércio externo, ao funcionalismo e às profissões liberais; o orgulho de classe da aristocracia exacerba-se, enchendo os conventos de mulheres sem casamento condigno, o que relaxa e mundaniza a disciplina monástica; enchem-se as rodas de "expostos" (enjeitados) e as portarias conventuais ou senhoriais nos dias de esmolas ou do caldo [sopa para os pobres]; a Inquisição reanima-se; a escolástica jesuítica repele transigências que ainda tinha em 1600 [...] e torna-se sebenteira.[77]

Deixo de lado agora a contextualidade econômico-política dos séculos XVII e XVIII e volto a vista para o quadro literário seiscentista, do qual cuidarei de modo igualmente sumário[78].

Cultural e literariamente, o século XVII português haverá de caracterizar-se como o *século do barroco*[79]. Na sua *História da literatura portuguesa*, Saraiva e Lopes vão a fundo no exame literário do século: partem das raízes e condições da emergência do barroco na Holanda, na Inglaterra e na França e mostram, minuciosamente, a variedade das suas expressões portuguesas, bem como suas tensões e contradições. O tratamento que conferem ao barroco português é exemplar: reconhecendo sua "orgânica ligação com a Contrarreforma tridentina" e sua conexão com "o absolutismo"[80], referem-se aos traços que o debilitam literariamente[81] – sem, de modo simplista e esquemático, cancelar o que nele houve de valioso, fruto da elaboração de uns poucos intelectuais. Mas se dão ao trabalho de abordar a quase totalidade dos autores do barroco português, quando se detêm com cuidado na obra de Francisco Rodrigues Lobo, que tomam como elo de transição entre o classicismo e o barroco, e conferem importância ao teatro de Antônio José da Silva (o "Judeu", aliás nascido no Brasil e produzindo já sob o reinado de D. João V – sobre este, ver *infra*). Saraiva e Lopes, todavia, no específico trato do movimento barroco em Portugal, consideram como autores maiores D. Francisco Manuel de Melo e Antônio Vieira. Para os dois historiadores, D. Francisco Manuel de Melo é, no seu país, "a personificação mais acabada da cultura aristocrática peninsular na época da Restauração, tal como Vieira personifica a ação e a cultura jesuítas da mesma época"[82]. A ambos, os limites desta "Apresentação" não me permitem dedicar mais que uns poucos parágrafos.

D. Francisco Manuel, bilíngue (escreveu em português e castelhano), lídimo filho da nobreza, de vida aventurosa e agitada, membro de academia[83] dividido entre a literatura, a política, a diplomacia e feitos militares[84], produziu uma obra quantitativamente enorme: polígrafo, exercitou seus dotes na poesia, no teatro, na biografia, na epistolografia e na historiografia[85]. D. Francisco Manuel é consensualmente tomado – mesmo por aqueles que pensam o período barroco como expressão da "decadência" – como um grande escritor, que ao longo de sua acidentada carreira transitou do gongorismo ao conceptismo[86]. Sua obra é objeto altamente avaliado em praticamente todas as histórias da literatura portuguesa publicadas nos últimos cinquenta anos (algumas mencionadas neste livro); também, no mesmo período, um diversificado ensaísmo crítico (divulgado em coletâneas e revistas acadêmicas) ocupou-se, ademais da sua historiografia, de diferentes dimensões dos seus escritos, incluindo aspectos da sua moralizante *Carta de guia de casados* (1651 – texto muitíssimo lido, com 14 edições apenas até o início do século XX)[87] –, das suas *Cartas familiares* (1664) e do seu *Tratado da ciência cabala* (só editado em 1724)[88]. E há que destacar, da prosa de D. Francisco Manuel, nos seus *Apólogos dialogais* (editados em 1721), o "Hospital das letras", texto que apresenta "a primeira revisão crítica geral de autores literários e antigos e modernos que se conhece na nossa língua"[89].

Para Saraiva e Lopes, em D. Francisco Manuel, "aristocrata cosmopolita", tem-se um notável "conservador que, no fundo, sente a nostalgia de um passado anterior ao absolutismo régio" e que se demonstrou "excepcionalmente dotado para as funções sociais e literárias que exerceu"[90]. Quanto a estas últimas, Hernâni Cidade viu nele "o elegante escritor", senhor de "um espírito reflexivo, uma inteligência aguda e ágil" e, sobretudo, de uma "rara independência do espírito"[91]. Na literatura portuguesa seiscentista, tais atributos – então muito raros enquanto se plasmando e condensando na obra de um só escritor – fazem de D. Francisco Manuel, de fato, um autor que não se pode ladear.

Quanto ao jesuíta Antônio Vieira, é decerto impossível oferecer dele, nos limites de uma "Apresentação" como esta, uma imagem que minimamente lhe faça justiça – o espólio do padre é monumental[92], quase tanto como a massa de páginas que há muito lhe vem sendo dedicada[93].

Como orador sacro – intervindo corajosamente em Lisboa, em Roma e no Maranhão –, nenhum outro clérigo, e talvez mesmo nenhuma figura do laicato católico, em qualquer tempo da história luso-brasileira, com ele se ombreou; seus sermões, objetos de análise rigorosa por muitos estudiosos (veja-se alguns dos vários dos títulos mencionados na nota 93, *supra*), revelam um religioso que não perde de vista a ação social. Esse é um dos traços peculiares do jesuíta: sua "entranhada ligação com a vida pública: o escritor e o homem de ação são indissociáveis em Vieira"[94]. O exame da sua vida e dos seus escritos demonstra que ele se posicionou inequivocamente frente às questões mais candentes da vida luso-brasileira na segunda metade do século XVII – provam-no, por exemplo, suas propostas político-econômicas[95] (com a viabilização de algumas delas, propiciada pelas suas relações com D. João IV, a quem serviu lealmente), sua atitude frente à escravização dos indígenas brasileiros (sem embargo, essa atitude não o conduziu à condenação de princípio da escravatura), sua firmeza diante do Santo Ofício.

As palavras de Vieira, nos seus sermões com frequência marcados por uma "construção fantasista",

> nunca nos parecem gratuitas ou vazias. Pelo contrário, sentimo-las cheias de intenção, de força aplicada, que se nos comunicam e que arrancam a nossa adesão ou a nossa reprovação, apesar da sua falta evidente de senso comum. Este efeito, que era certamente muito maior junto dos seus contemporâneos, resulta porventura da convicção que Vieira põe nas suas palavras, da solicitude sedutora com que persegue o leitor, para lhe impor a verdade da ocasião[96, 97].

Esses traços das alocuções de Vieira não se limitam, todavia, a seus sermões – estão expressos, ainda que com intensidade variável, no conjunto de seus escritos, em suas cartas e em materiais publicados postumamente (como *Esperanças de Portugal*, *História do futuro* e *Chaves dos profetas*[98]).

Trezentos anos depois da sua morte, o legado de Vieira é objeto de exames exaustivos, tratamentos polêmicos e juízos diferenciados; mas há, em toda a massa crítica qualificada que sobre ele se produziu no século XX e nas duas primeiras décadas do presente século, algo que a mim me parece indiscutível, provavelmente a única dimensão inquestionável desse legado: a *qualidade de Vieira como escritor* – dimensão que, para a avaliação literária, é *decisiva*[99]. E não foi por acaso ou mera idiossincrasia que dois grandes referenciais da literatura portuguesa no século XX – aquele que marcou fundamente a prática poética, o outro o romancista que subverteu a prosa ficcional – exaltaram em Vieira a *excelência* do seu trato com o idioma: Fernando Pessoa chamou-o "imperador da língua portuguesa" e José Saramago afirmou que "a nossa [língua] nunca foi mais bela do que quando a escreveu esse jesuíta"[100].

Deixo agora a literatura seiscentista e cuido de abordar a "era de Pombal"[101], expressão maior do que se chamou "despotismo ilustrado" (ou "despotismo iluminado") em Portugal e que constituiu o solo histórico imediato sobre o qual decorreu a vida e a obra de Bocage.

O regime político que muitos qualificam como "a ditadura de Pombal", Sebastião José de Carvalho e Melo, tornado marquês em 1769[102], teve seu ápice entre o terremoto de Lisboa (1755) – quando, já membro do governo de D. José I, rei de 1750 a 1777, ele assume o comando do processo de reconstrução da cidade após a tragédia[103], afirmando nacionalmente sua autoridade – e sua demissão em 1777, a que se sucede a "viradeira" conduzida sob o governo de D. Maria I[104].

Pombal, bem informado sobre o que se passava no Ocidente europeu, devotado a um projeto de recuperação da grandeza lusitana pretérita, foi político com estatura de autêntico estadista. Compreendeu lucidamente, melhor que qualquer outro português de seu tempo, que, para Portugal, não havia mais que uma alternativa excludente: ou avançava mediante um profundo processo de reformas econômico-sociais e culturais capaz de induzir a modernização agrícola e implementar a via da industrialização ou teria cronificada sua persistente subalternidade entre as nações ocidentais. Por uma parte, encontrou vigente – como logo veremos – um clima cultural que abrigava tendências reformistas: toda uma série de pensadores e intelectuais, ideólogos marcados por influxos iluministas, dava substância a projetos reformistas – eram sobretudo os "estrangeirados", com destaque, entre outros, para Francisco Xavier de Meneses (o quarto conde de Ericeira), Luís Antônio Verney, Ribeiro Sanches, Pina e Mendonça e Francisco Xavier de Oliveira (o "Cavaleiro de Oliveira")[105]. Por outra parte, o horizonte próprio à sua posição de classe condicionava o alcance e a profundidade do seu projeto; como acertadamente assinalaram Saraiva e Lopes, "*não estava [...] nos objetivos do marquês de Pombal a extinção da aristocracia como grupo social dirigente*" (itálicos meus). Praticamente o que visou e se esforçou por fazer "foi adaptá-la [a aristocracia] às suas novas condições de sobrevivência, por meio de uma política que já inspirara aos condes de Ericeira várias medidas e iniciativas de fomento industrial e de reforma cultural durante os reinados de D. Pedro II [1683-1706] e de D. João V [1706-1750]"[106].

Pombal, vê-se, é um estadista que atua na fronteira entre dois mundos: entre a agonia do Antigo Regime português, ainda com força de resiliência, e a configuração do mundo burguês, que só emergirá em Portugal, tardia e factualmente, com a revolução liberal de 1820[107]. As franjas mais ativas da nobreza – com apoio do grosso do clero – resistiam a seu projeto reformista; os vetores burgueses, mesmo avançando na segunda metade do século XVIII, não dispunham das necessárias firmeza e coragem políticas para respaldá-lo com eficácia. Na realidade, o projeto pombalino, em essência, foi uma das várias formas europeias "mais ou menos precárias de compromisso entre a aristocracia feudal em decadência e o capitalismo em ascensão"[108]. Daí duas implicações de monta: as limitações do reformismo pombalino (expressas também, em boa medida, no caráter do Iluminismo português) e a recorrência do marquês ao emprego de meios e modos de intervenção claramente autocráticos[109].

Já referi que a crise de 1688 foi, de algum modo e temporariamente, amenizada nos inícios do reinado de D. João V; também a crise de 1770, ao final da década, teve seus impactos transitoriamente reduzidos – redução propiciada, aliás, pela política econômica conduzida por Pombal[110]. Contudo, o marquês viu-se a braços não só com os impactos imediatos do terremoto[111], mas também e ainda com a sensível diminuição dos recursos extraídos da colônia brasileira, então extremamente importantes para o Estado português[112]. E, de fato, nenhuma solução de fundo, até o final do século XVIII, foi encontrada para as questões estruturais da economia lusitana (recordemos que foi secular a duração da sua heteronomia).

Importa-me remarcar que o reformismo pombalino, limitado pelos já aludidos condicionalismos e circunstâncias, teve *três indiscutíveis e positivos* impactos na sociedade portuguesa (ademais do fomento a atividades industriais, favorecedor de uns poucos grupos da grande burguesia): o primeiro deles, sem dúvidas, foi a transformação do sistema educacional: as progressistas modificações introduzidas pelo marquês (dos "estudos menores" à universidade) não puderam, no curto prazo, ser substancialmente revertidas[113]; o segundo diz respeito à urbanística portuguesa, que não reverberou somente na reconstrução de Lisboa; e o terceiro (e esse, certamente, não era um propósito consciente do marquês) relaciona-se às mudanças na sociabilidade lisboeta, a que me referirei na próxima seção.

Isso posto, tangencio rapidamente a mencionada questão dos ventos culturais já vigentes antes da ascensão de Pombal e que abrigavam tendências reformistas – eles remontam sobretudo ao reinado de D. João V (1706-1750), na abertura do qual se reduziram as dificuldades resultantes da crise de 1688 sem, todavia, que sua complexa multicausalidade fosse superada. O desafogo econômico então ocorrente não só possibilitou ao rei investir em obras importantes (como o Palácio-Convento de Mafra, hoje Palácio Nacional de Mafra, construído entre 1717 e 1735[114], e o Aqueduto das Águas Livres, erguido entre 1729 e 1748); permitiu ainda a D. João V (que teve por secretário o brasileiro Alexandre de Gusmão, irmão do cientista Bartolomeu de Gusmão) facilitar a recepção, por segmentos de uma nova intelectualidade portuguesa, de ideias progressistas emergentes na primeira metade do século XVIII, mediante a concessão de bolsas de estudos no exterior – bem se compreende, pois, o surgimento de *estrangeirados* – e a contratação de artistas, cientistas e técnicos para trabalhar em Lisboa. O arejamento cultural propiciado por essa orientação do governo de D. João V incidiu sobre as artes plásticas, sobre o debate da educação e em vários ramos do conhecimento (engenharia militar, cartografia, medicina, matemática e ciências experimentais) – e o rei não deixou de se interessar pela melhoria das bibliotecas, com destaque para a criação, na Universidade de Coimbra, da "casa da livraria", a belíssima Biblioteca Joanina[115].

Na primeira metade do século XVIII e nas circunstâncias próprias desse chamado *período joanino*[116], experimentou-se em Portugal a "fase crítica na luta entre a Escolástica e as *Luzes*, que vão conquistando sempre novas posições"; trata-se, em suma, da cinquentenária quadra histórica que anuncia "a dissolução da literatura barroca"[117] e que então impactou a cultura literária. Assinalam os dois historiadores reiteradamente citados aqui que, sob D. João V, assistiu-se especialmente a uma "notável floração de obras sobre matéria linguística e estilística, ou discutindo normas e padrões literários, nomeadamente as de comentário, crítica ou apologia de *Os Lusíadas*"[118]. Aquela "luta entre a Escolástica e as *Luzes*" expressa, no plano literário, o confronto entre a estética barroca já em curso de exaustão e a emergência do que enfim se denominou *neoclassicismo* ou *arcadismo*[119], que se afirmou especialmente mediante a ação dos escritores que fundaram a Arcádia Lusitana (1756). Diga-se de passagem que entre os estudiosos da literatura portuguesa parece predominar a ideia de que é a partir da criação da Arcádia Lusitana, de algum modo inspirada na experiência da Arcádia criada em Roma (1690), que cabe falar do neoclassicismo em Portugal[120].

Saraiva e Lopes[121] observam que já em 1748, antecedendo em oito anos a fundação da Arcádia Lusitana, o padre oratoriano Francisco José Freire (na Arcádia, Cândido Lusitano), publicou, sob pseudônimo, sua *Arte poética ou regras da verdadeira poesia*, que se pode considerar o manifesto do arcadismo português. E os mesmos historiadores informam:

> Em março de 1756, quatro meses depois do terramoto, três bacharéis em Direito, recentemente formados, Antônio Diniz da Cruz e Silva, Teotônio Gomes de Carvalho e Manuel Nicolau Esteves Negrão, fundavam a *Arcádia Lusitana* ou *Ulissiponense*, em que iriam culminar as tendências neoclássicas e preparar-se a evolução literária no sentido do realismo burguês setecentista. É significativa a circunstância de tal iniciativa partir não da corte nem da nobreza de sangue, mas de filhos da burguesia em fase de se candidatarem ao alto funcionalismo judicial. [...] De fato, os árcades lusitanos vieram a recrutar-se predominantemente entre magistrados e outros funcionários, com um complemento de Oratorianos e outros clérigos e um ou outro nobre de sangue. [...] O drama mais profundo da Arcádia consistirá no conflito interno que

rasga as suas principais personagens: a força que leva ao apagamento das origens e relações burguesas, atrás da imitação dos Antigos, atrás do convencionalismo pastoril da decadência greco-romana e a força que conduz à afirmação dos gostos e ideias quotidianas, ao realismo burguês, à imitação da realidade imediata. [...] A vida social da Arcádia foi intensa e prestigiosa desde o juramento dos Estatutos, em julho de 1757, até cerca de 1760. [...] A partir de 1760 as sessões vão-se espaçando e [Correia] Garção [seu principal animador e figura mais prestigiosa] luta impotentemente contra a negligência que paralisa a consecução dos objetivos [...]. Um esforço de restauração, que certos sócios muito enalteceram em 1764, não conseguiu reativar duradoiramente a sua vitalidade.[122]

O legado da Arcádia Lusitana (bem como de outras academias que vicejaram à época, como a Arcádia Portuense, em que pontificaram o abade de Jazente e João Xavier de Matos) não é dos mais ricos e o essencial dele reside em questões de estética literária, cujos tópicos mais relevantes foram suficientemente destacados por Saraiva e Lopes[123]. Suas principais figuras – os poetas Correia Garção, Reis Quita e Cruz e Silva – pouco acrescentaram à poesia portuguesa; outro árcade, Manuel de Figueiredo, autor de tragédias e tradutor de Corneille e de Addison, contribuiu esforçando-se para reativar o teatro português[124]. Todavia, no domínio da criação poética, o saldo da Arcádia é, de fato, pouco significativo – decerto porque, como afirmou um especialista, ela foi "um esforço de reflexão, portanto um fenômeno essencialmente crítico e, como tal, *mais característico para a história da crítica do que para a história da criação literária*"[125]. De qualquer modo, porém, ela configurou uma experiência que seria retomada, sem sucesso, trinta anos depois, com a *Nova Arcádia* (ou *Academia das Belas Letras*), a que terei de me referir mais adiante.

Agora, a esta altura da minha exposição, tendo me demorado em cuidar sinteticamente de momentos determinantes da literatura portuguesa, *todos estes bem conhecidos por Bocage*, julgo estar minimamente esboçado o que em parágrafo precedente designei como o solo histórico imediato sobre o qual decorreu a vida do nosso poeta e se constituiu sua obra – obra que, embora com notória hipoteca a elementos arcádicos e, ao mesmo tempo, espartilhada pela camisa de força neoclássica[126], rompe com frequência, no que tem de melhor, suas convenções e antecipa o vindouro romantismo (muitos são os analistas que veem Bocage como um pré-romântico)[127].

Falta-me, ainda, considerar a sociabilidade emergente na Lisboa pombalina e sobre ela me deterei rapidamente, de modo a compreender, mais de imediato, por que, na expressão do sóbrio Alexandre Herculano, com Bocage *a poesia desceu do salão à praça* – ou porque ele é, aos olhos do maior historiador romântico português, "*o nosso primeiro poeta popular*"[128].

2. BOCAGE NA LISBOA POMBALINA: ENTRE A REALIDADE E A LENDA, A POESIA

Carece-se de documentos probatórios acerca da data precisa em que Bocage deslocou-se de Setúbal para Lisboa, após o período de seu engajamento no Regimento de Infantaria sediado em sua cidade natal (1781-1782/1783), para frequentar o curso de formação de guardas-marinhas – mas parece certo que, em 1783, já está residindo na capital[129]. Nela permaneceu até abril de 1786, quando, depois de ser dado como desertor da Companhia dos Guardas-Marinhas, é nomeado para a corporação e embarca para servir em Goa[130]. No Oriente, envolvido em mil peripécias e nova deserção (mas também onde teria se provado, em terras goenses, um soldado de méritos[131]), permanece até o fim do primeiro semestre de 1790 – em agosto desse ano, regressa à Lisboa. Até 1805, ano de sua morte, faz breves excursões a localidades relativamente próximas à capital (entre elas, Óbidos e Santarém) e não viaja ao exterior do país. Assim, pois, Bocage viveu a maior parte da sua vida adulta na Lisboa pombalina, mesmo que com Pombal derrotado e sob os ares da "viradeira"[132].

A capital reconstruída pelo marquês, ainda que o estadista tivesse caído em desgraça, trazia sem dúvidas a marca da sua intervenção[133]. Precedendo, prosseguindo e sucedendo de pouco à ação global do marquês, operaram-se profundas transformações na sociabilidade lisboeta[134] – e intensas experiências vitais de Bocage, entre 1783 e 1786 e fundamentalmente entre 1790 e 1805, se processaram no marco dessas transformações. Na Lisboa pombalina, o poeta ergueu laboriosamente sua obra (publicando os três volumes das suas *Rimas* – 1791, 1798 e 1804 –, suas traduções e outros escritos) e é nela que surgiram e se espalharam narrativas que, sobrepostas à dinâmica real e efetiva do seu trabalho intelectual, obscurecendo-a e empanando-a, formaram a imensa teia de representações que haverá de alimentar de Bocage uma memória lendária, mistificada e, em suma, falseada.

Esclareça-se, antes de mais, que essa memória não parece resultar de uma conspiração previamente ideada contra o poeta (mesmo que tenha sido fomentada por vários contemporâneos seus, a que muitos ele designou por *zoilos* – ver a nota 2, *supra*). Um componente objetivo e outro, de caráter subjetivo e singular, propiciaram o surgimento daquelas narrativas. O componente objetivo foram as transformações da sociabilidade lisboeta que, a partir da capital, acabaram por afetar desigualmente outras áreas de Portugal, em especial as urbanizadas – transformações que se processaram sobretudo após o terremoto de 1755 e na ambiência das quais a poesia de Bocage se constituiu e se desenvolveu[135]; do componente subjetivo, adiante cuidarei brevemente.

No ensaio que citei na nota 135, Maria A. Lousada oferece um expressivo quadro da sociabilidade que então fervilha em Lisboa: na *rua*, um espaço público, lugar privilegiado das camadas populares, e no espaço privado dos *salões*, próprio de figuras da aristocracia mais letrada – com os *cafés* situados na fronteira entre o público e o privado[136]. Nas ruas, segundo a autora, forma-se uma *sociabilidade política*, verdadeira opinião pública popular: nas portas de cafés e tabernas, gesta-se uma *nova cultura política*: ali são afixados editais, avisos, pasquins e são divulgadas e comentadas notícias e opiniões[137] – e, por isso mesmo, os mil olhos de Pina Manique mostram-se vigilantes (os *moscas*, seus agentes de espionagem, se multiplicam em busca de *bota-fogos*, os críticos do regime)[138]. Nos salões, poetas e literatos encontram-se em autênticas academias informais, com o dado inédito de muitas serem organizadas por mulheres (ficaram famosos os salões da marquesa de Alorna e de

Francisca Possolo); neles, a conversação envolve não apenas questões literárias, mas um largo elenco de temas filosóficos e políticos – e, como destacou Vanda Anastácio, estudiosa também já citada na nota referida, ali se apresentavam, por meio de recitação e leitura em voz alta, textos todavia não impressos. Essa pesquisadora salienta que, então, mulheres de talento reconhecido operam, com seus salões, também como *aglutinadoras* de intelectuais e personalidades de relevo e rompem com a clausura doméstica imperante até por volta de 1750: tais mulheres acedem, enfim, ao mundo das letras, mesmo que seu papel na sociedade ainda se visse ponderavelmente obstaculizado[139]. (Não é por acaso que, para indicar a emergente sociabilidade lisboeta na segunda metade do século XVIII e na entrada do século XIX, recorro à situação feminina – a experiência histórica e a sua análise demonstram suficientemente que mudanças nas condições da vida feminina sempre sinalizam transformações que, embora pouco visíveis de imediato, estão em concreto processo de desenvolvimento[140].) E essa nova sociabilidade aqui referida permeou ainda mais rapidamente o universo masculino urbano.

Já se viu, linhas acima, que Bocage viveu em Lisboa em dois períodos. No primeiro deles (1783-1786), decerto que respirou a atmosfera dessa nova e emergente sociabilidade. Escreve Hernâni Cidade:

> Até a partida para a Índia, decorrer-lhe-ia o tempo, certamente, na dissipação e na dicacidade ou lírica exaltação das tertúlias de café, nas estroinices de feiras e praças públicas, doestando frades *que só amava nos altares*, nas vitoriosas competições dos outeiros, enfeitiçando freiras, com suas facilidades de improvisador – e também, não é preciso dizê-lo, nas práticas, morais e imorais de
> Devoto incensador de mil deidades,
> (Digo de moças mil) num só momento.[141, 142]

Da sua segunda e mais relevante estância em Lisboa, iniciada em 1790, diz Adelto Gonçalves[143]:

> Ao retornar da Índia e de Macau, Bocage encontrou o café Nicola e o botequim das Parras, ao Rossio, transformados em centros de discussão

política. Por lá, tudo cheirava a jacobinismo, maçonaria e outros nomes com os quais o Intendente [Pina Manique] batizava a movimentação daqueles que considerava inimigos do Estado [...].
Na taverna que ficava na Travessa da Rua Direita dos Remolares, estrangeiros cantavam cantigas revolucionárias [...] e, no intervalo das músicas, comentavam em voz alta em francês os procedimentos da Convenção [...].
Nos cafés, liam-se jornais proibidos, poesias e até cartas e textos que vinham de fora do país. De Paris, por exemplo, Filinto Elísio mandava poemas em que amaldiçoava os *bonzos* e *naires*. Esses versos passavam de mão em mão e eram lidos em voz alta nas rodas em torno das mesas.[144]

A Lisboa noturna dos fins do século XVIII – em que as más condições de higiene[145] nem sequer eram disfarçadas pela ausência de iluminação pública, que só começou a existir pontualmente em 1780, com lampiões a azeite, e ampliou-se em poucos locais do centro a partir de 1792, com o gás sendo utilizado apenas depois de 1848 – era, como a reconhecia a própria polícia de Pina Manique, "a Lisboa dos aristocratas, dos libertinos e dos vadios"[146]. Decerto que Bocage não fazia parte do segmento aristocrático: estava bem mais próximo, nos anos anteriores à sua prisão (1797), às duas outras "categorias" elencadas pela polícia de Lisboa[147]. E a sua inserção entre os "libertinos" e os "vadios" propiciou objetivamente a atmosfera favorável à criação, em torno do poeta, da memória lendária a que fiz referência há pouco – na atmosfera dos "outeiros freiráticos", "a sátira pessoal, a invectivação recíproca de indivíduos ou grupos tendiam a prevalecer sobre a expressão mais ordenada e desinteressada de um conceito ou sentimento de vida"[148].

Contudo, não foi somente a emersão e a vigência, entre estratos da intelectualidade, da nova sociabilidade estudada por Lousada que condicionou o roteiro singular de Bocage, pelo menos até o divisor de águas – que referirei adiante – que foi seu encarceramento (1797) por ordem de Pina Manique. No mesmo sentido pesou a forte personalidade do poeta, uma subjetividade em revolta e em crispação no vate que, no quadro traçado por Hernâni Cidade (ver a nota 147, *supra*), vivenciou a "boêmia miserável" debatendo-se em face da "prezada domesticidade" – *rebelde iluminista sem revolução* (como o caracterizou, já se viu na abertura desta "Apresentação", José Guilherme Merquior). Contradições do seu tempo que se refletiram parcialmente nas suas vida e obra – por isso, vale retomar as sábias considerações de Hernâni Cidade:

> Bocage aceitou jantares, hospedagem de favor, proteções de ocasião, mas era demasiado irrequieto e orgulhoso para as complacências da domesticidade. Às vezes, era mesmo a ingratidão e a insolência a forma da sua altivez mal regulada. Mas, se, em suas preferências de estoira-vergas, mais do que a antecâmara fidalga, buscava os botequins e os ajuntamentos populares, a sua lira, ganhando embora em independência, não poderia elevar-se a um nível de nobreza moral e intelectual superior a público que a não tinha – e que de melhor grado lhe festejaria os improvisos da maledicência ou da procacidade do que as nobres criações dos momentos mais graves.[149]

Antes, porém, de voltar à memória lendária de Bocage, procurarei reunir os elementos de realidade subjacentes às suas vivências lisboetas.

Tudo indica que foi a partir de 1783 (aos 18 anos, quando, segundo parâmetros atuais, a sua adolescência está a concluir-se), em Lisboa, que Bocage desenvolveu intensa e expressamente sua forte relação com a poesia e a trajetória de Camões – de então aos seus últimos dias, Bocage manterá com o clássico quinhentista um diálogo intelectual profundo (versos dele são a epígrafe da primeira edição das *Rimas* bocagianas, de 1791)[150]. São inúmeras suas demonstrações de admiração por Camões – admiração que extravasa nos seus sonetos; por exemplo:

> Invejo-te, Camões, o nome honroso,
> Da mente criadora o sacro lume
> Que exprime as fúrias de Lieu raivoso,
>
> Os ais de Inês, de Vênus o queixume,
> As pragas do Gigante proceloso,
> O Céu do Amor, o Inferno do Ciúme;[151]

e ainda:

> Camões, grande Camões, quão semelhante
> Acho teu fado ao meu, quando os cotejo!
> Igual causa nos fez perder o Tejo,
> Arrostar co'o sacrílego Gigante;
>
> Como tu, junto ao Ganges sussurrante,
> Da penúria cruel no horror me vejo;
> Como tu, gostos vãos, que em vão desejo;
> Também carpindo estou, saudoso amante;
>
> Ludíbrio, como tu, da Sorte dura,
> Meu fim demando ao Céu, pela certeza
> De que só terei paz na sepultura.
>
> Modelo meu tu és, mas... oh tristeza!
> Se te imito nos transes da Ventura,
> Não te imito nos dons da Natureza.[152]

E, numa ode, prescreve:

> Lê Camões, lê Camões, com ele a mente
>   Fertiliza, afervora,
> Povoa, fortalece, apura, eleva [...].[153]

Igualmente se inscreve de fato na experiência lisboeta de Bocage sua vinculação à Nova Arcádia (ou Academia das Belas Letras), já aludida (ver, *supra*, a p. 43). Criada em 1790, ela visava retomar o papel da finada Academia Lusitana; sob o patrocínio de um dos condes de Pombeiro, contou com a mais ativa participação de Domingos Caldas Barbosa (criptônimo: *Lereno Selinuntino*)[154] e reuniu, no curso da sua breve existência, nomes – além dos mais destacados, Bocage e Macedo – como os de Belchior Manuel Curvo Semedo, Nuno Álvares Pereira Pato Moniz (um fiel amigo de Bocage), Francisco J. Bingre e Nicolau Tolentino de Almeida. Parece que foi por intermédio de José Agostinho de Macedo[155], de quem se aproximou quando do seu retorno do Oriente (agosto de 1790), que Bocage acabou por ingressar na Nova Arcádia. Foram poucos os anos de convívio na academia: entre 1793 e 1794, em meio a dissensões com seus pares – que ele satiriza e fustiga em versos que, conhecidos por meio de cópias manuscritas, caem no gosto popular –, o poeta abandona a instituição, que, por seu turno, não vacila em expulsá-lo e que realmente deixa de funcionar em 1794-1795.

Quando Bocage filiou-se à Nova Arcádia, a primeira edição das suas *Rimas* (depois identificada como o volume inicial de uma série de três) já saíra a público em novembro de 1791, tornando-o conhecido; logo em seguida, em dezembro, o poeta começa a participar das atividades do novo grêmio. As reuniões da academia, presididas pelo brasileiro Domingos Caldas Barbosa (poeta, mestiço e apreciado violeiro), sempre às quartas-feiras, eram pouco mais que passatempo de intelectuais sem preocupações políticas, e Pina Manique não se interessou muito por elas[156]; a Bocage, então imerso na vida boêmia, com seu prestígio na noite de Lisboa já luzindo, aquele passatempo e seus pares áulicos e medíocres logo lhe provocaram a veia satírica e ele envolveu-se intensamente no que alguns críticos chamam de *guerra dos vates*, deflagrada por volta dos fins de 1793[157].

Parece que a *guerra* – no curso da qual nosso poeta feriu com a sua pena irônica vários acadêmicos – começou com um soneto atribuído a Bocage:

> Preside o neto da rainha Ginga
> À corja vil, aduladora, insana,
> Traz sujo moço amostras de chanfana,
> Em copos desiguais se esgota a pinga;
>
> Vem pão, manteiga e chá, tudo à catinga,
> Masca farinha a turba americana,
> E o orangotango a corda à banza abana,
> Com gestos e visagens de mandinga.

Um bando de comparsas logo acode
Do fofo Conde ao novo Talaveiras,
Improvisa berrando o rouco bode;

Aplaudem de contínuo as frioleiras
Belmiro em ditirambo, o ex-frade em ode;
Eis aqui de Lereno as quartas-feiras.[158]

A esse soneto, mais que ácido, antes ofensivo e portador de um viés discriminador contra afrodescendentes[159], membros da Nova Arcádia e intelectuais dela próximos reagiram com textos igualmente satíricos contra Bocage e réplicas e tréplicas circularam largamente em manuscritos, tendo depois algumas delas saído no *Almanaque das Musas*, produzido pela própria Nova Arcádia, agitando tertúlias, sendo tema de discussão em tabernas e cafés e, sobretudo, azedando a vida de muita gente[160]. A beligerância foi tal que o conde de Pombeiro, José Luís de Vasconcelos e Sousa, atingido pelo soneto e então regedor da Justiça, teria chegado a pedir a prisão de Bocage, obrigando-o a ocultar-se na casa de alguns protetores em Santarém[161].

No saldo dessa *guerra dos vates* não se contaram mortos – exceto a própria Nova Arcádia, que não sobreviveu ativa ao ano de 1794 (ainda que alguns de seus árcades continuassem a reunir-se até pelo final de 1801 – segundo Adelto Gonçalves[162]). Vale notar que, nos anos seguintes, várias das personalidades que foram objeto das sátiras bocagianas, ou que o atacaram, se reconciliaram com ele (ou ele com elas); o caso mais emblemático é o da relação de Bocage com José Agostinho de Macedo – este, "na Nova Arcádia, abriu hostilidades com Bocage, com quem se reconciliou quando ele estava no leito de morte, para voltar a atacá-lo mais tarde"[163].

Desde 1790, quando Bocage se aproximou de Macedo, a relação entre ambos foi sempre sinuosa e acidentada, alternando momentos de aparente comunhão literária com períodos de intensa animosidade. Um clima de flagrante competição reinou entre eles durante a existência da Nova Arcádia, claramente explicitado na *guerra dos vates* – o que não basta para sustentar a equivocada tese que atribui às suas disputas a causa do fim da academia. Tais disputas não se restringiram ao pequeno círculo acadêmico, mas chegaram ao conhecimento público porque cópias de manuscritos e panfletos redigidos por eles circulavam e porque ambos concorriam entre si[164] e se manifestavam com malevolência também na vida boêmia em que estavam continuamente mergulhados (no caso de Bocage, até 1797)[165]. Os dois protagonistas se provocaram seguidamente ao longo de anos, mas o documento mais irônico e áspero dessa guerrilha intelectual foi a última sátira de Bocage expressamente dirigida contra Macedo[166], que o atacara em dois manuscritos, provavelmente de 1801-1802, também de caráter satírico – à sua réplica, quase imediata, em que nosso poeta voltou a alfinetar figuras da Nova Arcádia, intitulou *Pena de Talião*[167]. Como se verá adiante, entre 1799 e 1801, Bocage dedicou-se a traduções, na condição de assalariado da Oficina Tipográfica, Calcográfica, Tipoplástica e Literária do Arco do Cego; revelou-se um tradutor de grande talento e criatividade, ademais de extremamente produtivo e reconhecido como tal[168]. Incapaz de suportar qualquer êxito do rival, Macedo tomou as traduções de Bocage como pretexto para infamá-lo e à sua obra. Deu-se mal: com a *Pena de Talião*, de que cópias manuscritas logo circularam por Lisboa, embora só tivesse versão impressa após a morte do autor (1812), Bocage acertou definitivamente as contas com seu detrator.

Cumpre reiterar que a vida boêmia de Bocage se estendeu do seu regresso do Oriente (1790) à sua prisão (1797) – a esta, considero o marco inicial do momento mais alto na sua maturação humana, sobre o que algo será dito adiante. Nesses cerca de sete anos, na sua frequência mais a bares e cafés que a saraus em casas senhoriais, Bocage ganhou uma enorme popularidade – popularidade que se revelou uma faca de dois gumes: se, por uma parte, com ele *a poesia desceu do salão à praça*, ao mesmo tempo foi-se estabelecendo a sua memória feita de meias-verdades e lendas. De sua contumaz presença no botequim das Parras, no Nicola e em algumas tabernas – assim como que repetindo sua vivência dos anos 1783-1786 –, ergue-se e se cristaliza a imagem de um repentista chocarreiro e desabusado, um piadista que se socorre especialmente de linguagem chula, um tipo insolente que festeja o que ofende a moralidade convencional, um panfletário vadio que se esbalda na companhia de gente da sua laia e se satisfaz no trato e na convivência com a escória da sociedade. E eis que se constrói a representação lendária de Bocage, desqualificadora, beirando quase o folclore, que haverá de se transmitir entre gerações e de se generalizar entre estratos incultos do povo.

É inegável que a vida de Bocage, nos seus tempos de boêmia, favoreceu a constituição dessa representação lendária – quer, de um lado, pelo seu comportamento em episódios testemunhados por contemporâneos (mas cujas lembranças, recolhidas anos depois, nem sempre correspondem à verdade), quer, de outro, pelo desconhecimento de partes da sua biografia e/ou pela inexistência de documentação credível; quer, ainda, tanto pela sua reconhecida veia libertina quanto pela atribuição a ele de materiais que lhe são estranhos[169]. Por demais, informações insuficientemente comprovadas, e/ou equívocas, são incorporadas até mesmo em análises de estudiosos acadêmicos – por exemplo, referências à sua vida amorosa[170]. O pior dessa representação lendária que, mesmo reunindo pontual e inescrupulosamente uns poucos aspectos verazes da biografia de Bocage, compromete a justa apreciação do trabalho do poeta, o pior é o fato de trazê-lo à memória dos pósteros sobretudo como um mero repentista só incidentalmente voltado para a criação literária. Ora, a verdade histórica e biográfica é bem outra: *Bocage foi um profícuo trabalhador intelectual.* Ouçamos, quanto a essa caracterização, um conhecedor rigoroso do seu trabalho, aliás editor das suas *Obras completas*:

> De 1790 a 1805, o escritor [...] publicou 17 obras originais, colaborou em *Quadras glosadas* de Antônio Bersane Leite, participou em duas coletâneas e numa revista; acresce que verteu para o nosso idioma, tendo como línguas de partida o latim e o francês, múltiplos textos poéticos, dramáticos e ficcionais.[171]

Das mãos de um boêmio ocioso, versejador e repentista a flanar por cafés e botequins, nunca sairia obra de tal porte.

A segunda metade da década de 1790, que será decisiva para o rumo da vida de Bocage nos poucos anos que lhe haverão de restar, registra a radicalização político-ideológica do poeta, exemplarmente tipificada na "Epístola a Marília" – conhecida também pelo seu primeiro verso, "Pavorosa ilusão da Eternidade". Sobre essa importantíssima peça bocagiana, provavelmente de meados de 1797 e coligida na presente antologia, cabe reproduzir o juízo – que subscrevo inteiramente – de um dos maiores conhecedores da obra bocagiana:

> A "Pavorosa ilusão da Eternidade" é um manifesto que está em franca sintonia com os princípios que norteiam o Iluminismo. Racionalista por excelência, nele são verberados, em versos lapidares, o preconceito, a hipocrisia clerical, o despotismo, a educação da juventude, a religião punitiva e ultramontana, a moral sexual vigente, que inculcava um angustiante sentimento de culpa, e o medo infligido às pessoas, fragilizadas pela possibilidade de serem denunciadas e de responderem perante o Tribunal do Santo Ofício, ou perante a Intendência-Geral da Polícia, dirigida por Pina Manique. Nesse grito de revolta, o eu poético faz apelo à celebração dos rituais de Eros, à entrega recíproca, sem amarras, sem sujeições, num exercício de liberdade individual, inusitado à época, em Portugal.[172]

A radicalização de Bocage, que se verifica em vários textos de então, ocorre num momento em que a atividade da máquina repressora de Pina Manique se acentua em função da ressonância que o processo revolucionário francês alcança em Portugal[173]. A "Epístola a Marília", como um dos muitos escritos bocagianos, circulou clandestina e profusamente não só em Lisboa, mas por todo o reino (parece, mesmo, que se divulgou até no Brasil[174]) – e tudo indica que a denúncia que levou Pina Manique a ordenar a ação policial contra o poeta teve como pretexto essa epístola.

Soou então a hora de Bocage, que vivia na Praça da Alegria, dividindo uma habitação com o açoriano André da Ponte Quental e Câmara, cadete do Regimento da Armada, que também comungava com ideais revolucionários. A casa foi varejada pela polícia[175], encontraram-se vários manuscritos de Bocage, confiscados como "papéis ímpios, sediciosos e críticos", mas os beleguins não se depararam com o poeta, detendo apenas seu camarada[176] – é que, alertado por amigos, Bocage conseguira escapar e refugiar-se numa corveta que regularmente transportava correspondência para o Brasil. Foi nela que, a 7 de agosto de 1797, os esbirros de Pina Manique o localizaram e logo o levaram para a prisão do Limoeiro. No temido Limoeiro, à época o maior estabelecimento prisional do país, esteve por longos dias em isolamento (o chamado "segredo") e passou pelos vexames que desde sempre infernizam a existência de presos políticos – que ele registra emotivamente no já referido "Trabalhos da vida humana" (ver a nota 127, *supra*). Somente quando foi transferido para celas comuns pôde obter, por meio de copiosa correspondência vazada principalmente sob forma poética, a atenção de personalidades, algumas investidas em cargos de influência, que se dispuseram a amenizar seus sofrimentos.

Dentre os admiradores e amigos bem situados social e politicamente – e Bocage os tinha – que ouviram os rogos do poeta e de fato se moveram no sentido de livrá-lo de Pina Manique e de seus sicários destacou-se José de Seabra da Silva[177]. Este, por meio de pressões sobre o intendente de polícia e manobras legais, conseguiu substituir a acusação de que Bocage cometera delitos contra o Estado pela de que incorrera em erros atentatórios à religião (ver o prefácio de Hernâni Cidade a Bocage, *Obras escolhidas*, cit., p. XXXI). Com esse recurso legal, o processo do poeta saía das mãos do intendente da polícia para cair nas da Inquisição (que, em Portugal, desde 1774, vira em princípio interditado seu poder de torturar fisicamente os denunciados[178].) Assim, a 14 de novembro de 1797, Bocage deixa o Limoeiro, indo para os cárceres da Inquisição de Lisboa; presta o depoimento usual aos inquisidores (10 de dezembro), que o declaram "confesso", sendo condenado a um período de "reeducação". Logo se inicia sua doutrinação – primeiro, entre beneditinos, depois entre oratorianos. Bocage só se viu libertado no último dia do ano de 1798[179]. Posto na rua, para continuar garantindo sua autonomia pessoal – carente que era de recursos e bens –, não contava mais que com seu talento, seu orgulho e o senso de sua dignidade[180].

Os meses passados entre beneditinos e sobretudo entre oratorianos foram-lhe extremamente úteis. Discutiu ideias com alguns religiosos cultos, teve à mão o acervo de boas bibliotecas e pôde, em ambientes severos e tranquilos, sistematizar suas leituras e hábitos de estudo –

tornou mais amplo e profundo seu conhecimento do latim[181] e afinou seus dotes de tradutor. Todavia, o que de mais importante lhe proporcionou a traumática experiência do cárcere e as reflexões que sobre ela processou foi a perda das suas ilusões juvenis em face da vida e da sociedade[182]: desenvolveu, a partir de então, uma forma precisa de "reconciliação com a realidade" – sem renunciar a seus princípios e convicções iluministas, apreendeu a significação da circunstância de ser um *rebelde sem revolução*. Não saiu *outro homem* da sua "reeducação"[183]: saiu o *Bocage maduro*, consciente dos limites da sua intervenção na cena pública – sabiamente, compreendeu que a temeridade e/ou a covardia só se superam no exercício da prudência. Nessa compreensão tem-se – como há pouco observei – a abertura do momento mais alto na maturação humana de Bocage, com incidências, obviamente, na sua produção literária: se se afasta das noitadas em cafés e bares, não foge das polêmicas necessárias (recorde-se a *Pena de Talião*), reaproxima-se com generosidade de antigos desafetos e os recebe em casa (Macedo foi apenas um dentre vários) e trabalha intensa e produtivamente – completa as *Rimas* (saído o tomo II em 1798, prepara o tomo III, publicado em 1804), escreve um monólogo declamado pelo ator Antônio José de Paula (1802) e muitos outros textos menos expressivos e realiza, de 1799 a 1804, o mais substantivo da sua grande obra de tradutor[184].

O Bocage que emerge da dura perseguição que o afetou em 1797-1798 ganhará a chance de vivenciar prudentemente os breves anos de vida que ainda lhe restarão. Com o apoio do frade e naturalista brasileiro José Mariano da Conceição Veloso[185], membro da direção da recém-criada Oficina Tipográfica, Calcográfica, Tipoplástica e Literária do Arco do Cego[186], pela primeira vez em sua existência de homem adulto Bocage teve condições de levar por algum tempo (na verdade, pouco tempo) uma vida modesta, porém livre do comando/controle de hierarcas de caserna e sem sobressaltos – o frade empregou-o na *Oficina*:

> Em troca de um trabalho exaustivo que envolvia traduções, revisões de provas e o aperfeiçoamento de textos alheios, Veloso estabeleceu um ordenado de 24 mil réis mensais, quantia significativa para a época,

pois o salário de um mês seria suficiente para saldar o pagamento de um ano de aluguel de um andar num prédio do Bairro Alto.[187]

No Bairro Alto, Bocage viveu até seus últimos dias, tendo acolhido carinhosamente sob sua guarda e proteção a irmã Maria Francisca e a filha desta, morta aos cinco anos de idade, em 28 de março de 1805 – e Maria Francisca, que faleceu em 1841, ainda ocupou o andar por algum tempo depois do óbito do poeta.

A vida segura que o emprego na Oficina do Arco do Cego lhe propiciava durou pouco: a instituição foi encerrada em 1801 e, embora Bocage tenha provavelmente realizado alguns trabalhos para o estabelecimento que a substituiu, já em 1802 as condições financeiras que garantiam a subsistência do poeta e da irmã, mais a sobrinha, viram-se substantivamente comprometidas. À parcimônia dos recursos que auferia com a venda de seus livros e textos menores havia que acrescentar quantias expressivas para a sobrevivência dos três – e Bocage teve de recorrer à ajuda de amigos e admiradores, que não lhe faltaram. Mas seus últimos anos foram quase de penúria, e sua morte, precedida por meses de sofrimento físico, causada muito provavelmente por um aneurisma das carótidas, ocorreu a 21 de dezembro de 1805, cerca de três meses depois de ele completar 40 anos.

E, se hoje de seus restos mortais nem sequer se conhece o destino[188], sua poesia, *na sua essencialidade*, resistiu ao tempo – e é preciso determinar essa essencialidade, distinguindo na obra de Bocage o *velho*, o que é morto, do *vivo*, que perdura e ainda na entrada do século XXI se apresenta com traços estético-literários que tornam muito do seu exercício de escritor uma referência *clássica*.

A tarefa não é simples: Bocage explorou praticamente todos os gêneros e todas as formas poéticas existentes em seu tempo: sonetos, odes, cantatas, elegias, canções, sátiras, idílios, dramas alegóricos, epicédios, poesias sobre motes... além de uns poucos textos em prosa[189] – e, desse volumoso espólio, há que considerar que boa parte do que se pode qualificar como *morto* reside no que um arguto estudioso chamou de "poesia de circunstância"[190]. Penso, também, que é parte dessa tarefa tratar de um aspecto relevante da obra de Bocage a que caberia chamar-se, mesmo que forçando um pouco a mão, seu *programa político* – sintetizado claramente na "Epístola à Marília" (presente nesta antologia também em razão dessa relevância). Ainda que depois da sua experiência carcerária tenha feito umas poucas concessões ao poder vigente[191] e meia dúzia de sonetos laudatórios desimportantes, não há nenhuma indicação substantiva de que o poeta, mesmo no final de sua vida, houvesse abandonado suas ideias centrais; provam-no, entre outros, sonetos que, quando publicados nas *Rimas*, em suas diversas edições *ainda em vida de Bocage* (1791, 1794 e 1800), não passaram por modificações sensíveis ou, quando póstumos, provieram de fonte credível[192]. E, de fato, o ideário assumido por Bocage incidiu no processo político português posterior à sua morte, como uns poucos críticos já o assinalaram[193].

Parece-me que predomina entre os especialistas a ideia de que, da obra de Bocage, o que de mais vivo, mais valioso e mais perdurável encontra-se na sua lírica e na sua produção satírica e burlesca, as duas últimas menos estudadas que seu lirismo – embora também na sua herança lírica se localizem componentes estilísticos problemáticos, em especial naquela porção mais visivelmente dominada pelas constrições da estética neoclássica[194].

No fim das contas, sobreleva na poesia de Bocage a "excepcionalidade dos [seus] méritos", "que justificam a perpetuidade do seu nome na linhagem daqueles poetas [...] que a memória grata dos homens não deixa morrer"[195]. Assim, como ele esperava (ver as epígrafes desta "Apresentação"), o futuro deu-lhe razão: os séculos não o ultrajaram. Entre a realidade histórica que viveu atormentadamente e as representações lendárias que o estigmatizaram, resultando em distintas e contraditórias imagens que dele se fizeram[196] – refletindo as contradições próprias do seu tempo, expressas nas suas vida e obra –, sua poesia permanece garantindo-lhe a admiração da posteridade.

3. A ERÓTICA BOCAGIANA

A erótica de Bocage foi reunida e publicada, pela primeira vez, em 1854, graças ao labor meritório de um notável pesquisador e bibliófilo, o maçom Inocêncio Francisco da Silva[197] (que, à época, por razões óbvias, não se revelou o responsável pelo volume, impresso clandestinamente, intitulado *Poesias eróticas, burlescas e satíricas* – o qual, logo que veio à luz, tornou-se objeto permanente da censura e da polícia portuguesas de então a 1974). Na imediata sequência da sua publicação por Inocêncio, comerciantes-livreiros inescrupulosos trataram de ganhar dinheiro com sucessivas tiragens da obra. Constata o editor das mais recentes *Obras completas de Bocage*:

> Embora impressas na sua maioria em Lisboa, as *Poesias eróticas, burlescas e satíricas* ostentaram quase sempre no frontispício os nomes de cidades ou regiões estrangeiras, metodologia perfilhada para melhor ludibriar as entidades censórias do país. Até o momento [2017], tivemos acesso a edições "oriundas" de Bruxelas (1854, 1860, 1861, 1870, 1879, 1884, 1888, 1889 e 1900), da Bahia (1858, 1860, 1861, impressa, na realidade, em Braga), Rio de Janeiro (1861), Cochinchina (1885), Lisboa (1890), Londres (1900), Paris (1901, 1908, 1915), Amsterdã (1907), Leipzig (1907) e Londres (1926, 1964). No vol. XVI do *Dicionário Bibliográfico Português* é afirmado que uma das edições referidas foi dada à estampa em Estremoz.
> Em 1891, uma "Sociedade de Literatos" publicou *Bocage ou todas as suas piadas – coleção completa de todas as suas anedotas, ditos picantes, improvisos eróticos e sonetos apimentados, por...* Cerca de dez anos mais tarde, foi dado aos prelos o *Catálogo de livros e estampas consagrados às mulheres e ao amor*, o qual se encontrava à venda, à socapa, em algumas livrarias de Lisboa, Porto e Coimbra [...].
> O período republicano conheceu duas edições autônomas das *Cartas de Olinda e Alzira*. Durante a vigência da Ditadura Militar, mais exatamente em 1932, foi publicada uma outra edição das *Poesias eróticas, burlescas e satíricas*, com a chancela da "Editorial Galante", sediada, teoricamente, em Barcelona, um volume de 212 páginas que apresenta um prefácio assinado por C. K. Macho. Data daquele ano o *Parnaso bocagiano*, anotado também por C. K. Macho, edição dos "amigos gostosos", 212 páginas, tal como a citada anteriormente, fato que aponta para uma edição em tudo igual, exceto no título.
> O Estado Novo perseguiu de forma contumaz a obra erótica de Bocage, a qual tinha lugar cativo em todas as listas de livros proibidos. [...]

Com o advento do 25 de Abril de 1974, a censura foi abolida e os prelos portugueses abriram-se a novas edições [...].[198]

A expressiva e desordenada divulgação das *Poesias eróticas, burlescas e satíricas* – em edições de qualidade muito discutível e motivadas, quase sempre, pelo oportunismo e pela ganância de editores de ocasião – contribuiu para manter viva e até alargar, em desfavor da realidade histórica e literária de Bocage, a representação lendária, antes referida, do poeta. Iniciativas editoriais sérias e importantes, como as de Pato Moniz e Inocêncio, quase nenhum êxito tiveram para travar e reverter a disseminação da imagem corrente de um Bocage chocarreiro, boêmio e ocioso[199].

A posteridade, como a história demonstrou, deu razão a Bocage: a relevância estética da sua obra inscreveu-a entre as clássicas da lírica portuguesa e acabou por tornar seu nome (re)conhecido além-fronteiras – mal correram duas décadas da sua morte e estrangeiros já o reverenciavam[200] e ulteriormente, como se viu em notas precedentes, vários deles trataram seu exercício poético[201]. No entanto, a erótica bocagiana só muito depois recebeu alguma atenção responsável e específica; é quase inacreditável como, em textos de história da literatura portuguesa, inclusive editados/reeditados *depois* do fim da censura salazarista (1974), manteve-se um eloquente silêncio sobre a erótica bocagiana (quebrado apenas quando se promovia sua desqualificação, nutrida pelo moralismo reacionário/conservador que permeou a ditadura de Salazar, de forte matiz clerical-católico)[202]. Esse silêncio só virá a ser ampla e efetivamente rompido no último quartel do século XX, expressando as mudanças experimentadas pela sociedade portuguesa, de algum modo refletindo – tardiamente – o interesse que, em toda a Europa ocidental (salvo a Península Ibérica) e na América do Norte, desenvolveu-se a partir dos anos 1950 e especialmente nas décadas de 1960 e 1970 frente às questões culturais, éticas e estéticas relacionadas à sexualidade e à sensualidade[203].

Já a partir da entrada do presente século foi possível contar com a edição até hoje a mais completa e confiável da erótica bocagiana – devemo-la ao empenho de Daniel Pires, primeiro no volume 7 de

Bocage: Obra completa, cit., e, mais recentemente, na preparada também por ele das *Obras completas de Bocage*, cit. A recolha operada por esse rigoroso analista, no volume respectivo desta edição (*Poesias eróticas, burlescas e satíricas*), permite, a meu juízo pela primeira vez, distinguir com grande margem de segurança a produção de Bocage das muitas peças que, por quase dois séculos, lhe foram atribuídas por pesquisadores que o precederam. Assim, o estudioso de hoje deve/pode desconsiderar poemas que não foram da lavra do poeta e examinar com a devida cautela materiais de autoria duvidosa a que muito se debita a pecha de Bocage como um *pornógrafo*. Conforme a filtragem de Daniel Pires, fundada histórica e estilisticamente, são de descartar inteiramente a "Ribeirada. Poema em um só canto" e sonetos muito conhecidos (entre outros, "Não lamentes, ó Nise, o teu estado", "Se quereis, bom Monarca, ter soldados", "Pela Rua da Rosa eu caminhava", "Apre! Não metas todo... Eu mais não posso", "Eram oito do dia: eis a criada", "Eram seis da manhã: eu acordava", "Cante a guerra quem for arrenegado", "Eu foder putas? Nunca mais, caralho!", "Que eu não possa ajuntar como o Quintela", "Aquele semiclérigo patife", "No canto de um venal salão de dança"). E são tomadas como de autoria duvidosa peças como "A Manteigui. Poema em um só canto", "A empresa noturna" e muitos sonetos (entre outros, "Veio Muley-Achmet marroquino", "Uma noite o Scopezzi mui contente", "Dizem que o rei cruel do Averno imundo", "Lá quando em mim perder a humanidade", "Se o grã serralho do Sufi potente", "Esse disforme e rígido porraz", "Mas se o pai acordar!... (Márcia dizia)", "Uma empada de gálico à janela", "Fiado no fervor da mocidade", "Levanta Alzira os olhos pudibunda"). Com critérios explicitados claramente, a edição de Daniel Pires das *Poesias eróticas, burlescas e satíricas*, resultado de anos de acurada pesquisa, permite-nos ajuizar – com uma segurança que não foi propiciada aos estudiosos do século XX – a erótica bocagiana[204].

Ao cabo do seu percuciente estudo da obra bocagiana, Daniel Pires assevera:

> Uma análise estilística e de conteúdo atenta permite-nos inferir que constam daquela obra [as *Poesias eróticas, burlescas e satíricas*] poemas

que não pertencem à lavra de Bocage, conclusão corroborada pelo próprio Inocêncio Francisco da Silva [...]. Coexistem, com efeito, no que diz respeito à sexualidade, dois discursos antagônicos, que se excluem. Um, que faz a apologia do erotismo, que enfatiza o corpo, que o enaltece; um outro, abertamente pornográfico, unilateral por ser em função do homem, frequentemente brutal, fazendo apelo a uma linguagem grosseira e desbragada. O primeiro é de Bocage e está em sintonia com alguns poemas publicados legalmente nas *Rimas*; o segundo não lhe pertence.[205]

Em abono dessa tese, Daniel Pires toma dois exemplos: o primeiro é a "Pavorosa ilusão da Eternidade", que, como já vimos, ele considera um "manifesto que está em franca sintonia com os princípios que norteiam o Iluminismo"; o segundo, as "Cartas de Olinda e Alzira", também de caráter iluminista, é para ele "um *manifesto feminista, curiosamente o primeiro*" em Portugal – e diz que se trata, inequivocamente, de "um poema subversivo porquanto põe em causa a religião punitiva e o matrimônio – dois pilares sólidos da ordem social da época – e reivindica direitos inalienáveis, os quais eram postergados" no país[206]. A leitura e a interpretação que Daniel Pires faz desses textos podem ser problematizadas[207], embora se me afigurem pertinentes e sinalizem a necessária fronteira entre o "erótico" e o "pornográfico" em Bocage. Mas o que não me parece procedente é extrair delas a ideia da existência de *dois Bocages* – estabelecendo entre eles uma relação de exclusão[208].

Entendo que a via para a superação de uma visão – dualista e excludente – de um Bocage "erótico" e doutro "pornográfico" supõe a *historicização sistemática* dessas categorizações e de outras tantas conexas a elas, inclusive e em especial as de *libertinagem* e *obscenidade*, historicização intentada e/ou tratada em vários títulos já referenciados (ver, por exemplo, entre muitos, boa parte dos citados na extensa bibliografia arrolada na nota 203, *supra*). Entre o que é "erótico" e o que é "pornográfico" há que determinar, para além da avaliação estética dos textos em jogo (também ela condicionada historicamente e que não pode ser reduzida ao nível do léxico empregado, à sua utilização de linguagem "obscena");

mas há que considerar atentamente outras variáveis, em especial as relativas à produção material das obras como *mercadorias* e à sua difusão como tais. Todas essas variáveis são hoje inteiramente distintas daquelas próprias ao século XVIII e, notadamente, do contexto particular da produção/difusão da obra de Bocage; veja-se que, ao tempo do Santo Ofício e de Pina Manique, *ser libertino consistia em pensar livremente, conforme os princípios iluministas da razão e da natureza, enfrentando a coerção dos preconceitos e da tradição* – e não mais que isso. E, no Portugal de Bocage, o escritor ainda estava longe da profissionalização que, na Inglaterra, já se processava desde o século XVII – Bocage viveu e atuou num momento histórico em que o mecenato, tal como o Renascimento o conhecera e transformara, já convertido em instrumento estatal, se extinguia (pense-se no mecenato pombalino, do qual Bocage nunca se beneficiou) e transitava para novas modalidades, mais características do século XIX[209]. É mais que necessário atentar para as diferentes formas de gratificação, simbólicas ou não, dos sujeitos envolvidos na produção/difusão do que então se passou a considerar "pornografia" – que se desenvolveu, em todos os seus sentidos, com a profissionalização do escritor sob o capitalismo a partir da mercantilização do seu ofício e com sua progressiva e imparável inserção numa específica divisão social e técnica do trabalho[210].

Não é possível, como sinalizei em meio a uma nota precedente (a de número 203, *supra*), problematizar nesta oportunidade categorizações como as de *erotismo* e *pornografia*. Indiscutivelmente, um *componente erótico* – em geral e originalmente conectado a elementos de culto e/ou religiosos – é integrante da cultura literária da Antiguidade, seja a ocidental (pense-se, por exemplo, em Safo), seja a médio-oriental (veja-se, na Bíblia hebraica, o "Cântico dos Cânticos"), seja a oriental (por exemplo, o *Kama Sutra*). Esse componente, como tal, atravessa a Idade Média do Ocidente até o Renascimento (lembre-se que Aretino foi protegido de Leão X, um Médici não arrolado como "antipapa"). É com a Contrarreforma – a partir do Concílio de Trento (1545-1563) e principalmente pela ação da Companhia de Jesus e do Tribunal do Santo Ofício (cuja gênese é bem anterior) – que a Igreja católica dará curso a uma duradoura cruzada contra "escritos ímpios", qualificando entre eles os dos chamados "libertinos"; então, as fronteiras entre a literatura erótica e o que passou a considerar-se pornografia se esbateram conforme motivações conjunturais e interesses extraliterários. A íntima relação entre a Igreja e o absolutismo, própria do Antigo Regime, fez com que as posições da alta hierarquia católica se tornassem como que parte de "políticas culturais" absolutistas. É supérfluo assinalar que o avanço derivado da inovação trazida pela utilização de tipos móveis – operada entre 1439 e 1447 pelo engenho de Gutenberg –, viabilizando a divulgação alargada de textos agora impressos e, pois, a proposição luterana do "livre exame da Bíblia" combatida pelos católicos, constituiu uma razão ponderável entre as várias que levaram a Igreja de Roma à elaboração do seu mais que obscurantista *Índice de livros proibidos*[211].

A referência a um avanço técnico do século XV (quando as forças produtivas que o desenvolvimento capitalista haveria de dinamizar e exponenciar cerca de dois séculos e meio depois ainda eram pouco detectáveis) não é aqui arbitrária ou aleatória. Uma breve historicização do conteúdo semântico do que, desde a segunda metade do XIX, passou a caracterizar a noção de *pornografia* demonstra que ele tem muitíssimo a ver com a reprodutibilidade tecnicamente possível de obras (em especial no campo da fotografia e do cinema; no campo da literatura, do *texto impresso*, tal reprodutibilidade é evidentemente mais precoce), com os primeiros passos da *cultura de massas* conexa à *indústria cultural* do capitalismo já consolidado e maduro e não pode ser identificado sumariamente ao que anteriormente a palavra significava[212]. A mercantilização de impressos (já mencionei os editores-livreiros que tão somente buscavam ganhar dinheiro) não se identifica à lucratividade provinda da sua conversão em mercadoria; esta, antes da emergência da *indústria cultural*, não envolvia diretamente os escritores. É só a partir de então – isto é, *com sua reprodução vinculada à produção/difusão textual e/ou imagética com fins intencional e diretamente voltados para a obtenção de lucros* – que, no meu entendimento, a pornografia moderna floresce com todas as suas potencialidades. Então, *o próprio escritor/autor passa a ter uma função econômico-política nova*[213]. É nesse quadro que a pornografia ganha uma carga semântica muito determinada histórica, econômica e culturalmente: pornográfico é todo material (impresso, gravado, filmado) que apresenta atos, relações e práticas sexuais destinados, sob a forma de mercadoria (artigo que dispõe de valor de troca[214]), a excitar seus consumidores com o objetivo elementar de assegurar a seus autores intelectuais, produtores e distribuidores ganhos financeiros (lucros).

É claro e óbvio que Bocage não pode ser inserido no *espaço pornográfico* assim configurado a partir da segunda metade do século XIX e consolidado ao longo do século XX. *Penso que Bocage deve ser abordado, explicado e compreendido como um libertino no sentido da designação linhas acima referenciada* – e notadamente sua erótica (mas não só ela), na sua essencialidade, como amostra privilegiada e mais expressiva da *concepção libertina* possível no Portugal da última década do século XVIII. Resumindo, *tenho a erótica bocagiana como exemplar privilegiado e ímpar da literatura libertina portuguesa do seu tempo*.

É evidente que esse enquadramento histórico não exime Bocage de, episodicamente, ter descaído em alguns poemas de mau gosto e até eventualmente grosseiros, como outros contemporâneos seus – tenha-se em conta, por exemplo, Pedro José Constâncio – fizeram-no com frequência. E a bocagiana utilização de um vocabulário obsceno não pode levar seu leitor à consideração de um Bocage pornográfico – se libertinos se valeram do recurso à obscenidade, esta, por si só, a meu juízo, não é indicador de pornografia[215].

Lendo Bocage, afora os aludidos descaimentos (que, aliás, o tempo acabou por anacronizar: a "pornografia" de Bocage não passa de quadros angelicais em face dos produtos atuais da indústria pornográfica), o leitor pode estar certo de que desfrutará do que de melhor produziu a erótica portuguesa, das suas raízes medievais e do quinhentismo de Camões ao fim do século XVIII.

Recreio dos Bandeirantes, RJ,
julho de 2022.

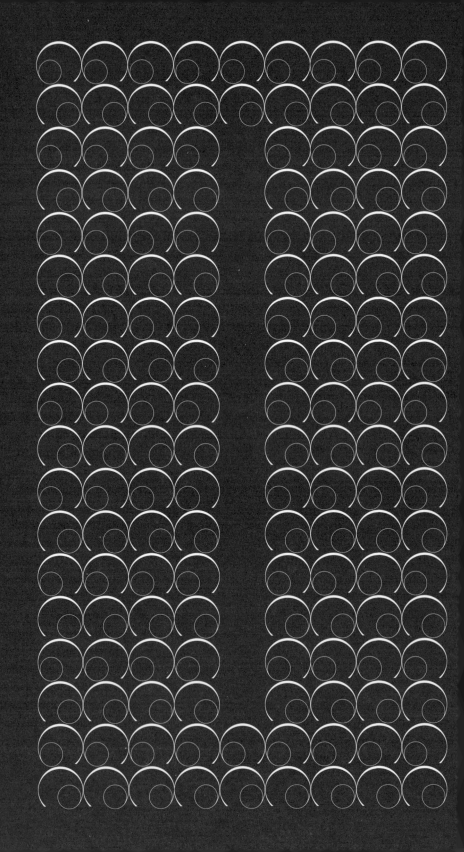

Poemas

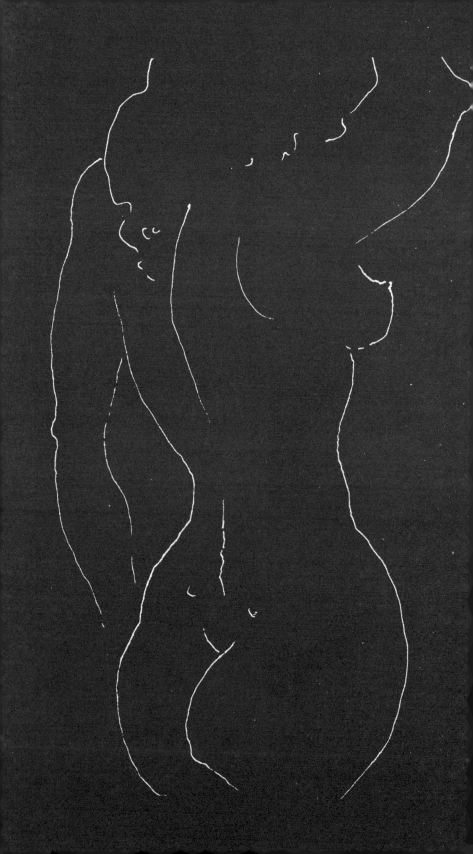

1

Autorretrato sem censura[1]

Magro, de olhos azuis, carão moreno,
Bem servido de pés, meão n'altura,
Triste de facha, o mesmo de figura,
Nariz alto no meio, e não pequeno;

Incapaz de assistir num só terreno,
Mais propenso ao furor do que à ternura,
Bebendo em níveas mãos por taça escura
De zelos infernais letal veneno;

Devoto incensador de mil Deidades
(Digo de moças mil) num só momento,
Inimigo de hipócritas e frades;

Eis Bocage, em quem luz algum talento:
Saíram dele mesmo estas verdades
Num dia em que se achou cagando ao vento.

---

[1] Publicado em 1804, no terceiro volume das suas *Rimas*, esse soneto foi então autocensurado por Bocage, que alterou os versos 11 e 14 para evitar problemas com os censores. Essa versão íntegra só veio à luz, impressa pela primeira vez – depois de circular em manuscritos –, em 1854.

2

A caminho da sensualidade emancipada

(a concepção ilustrada de Bocage)

Epístola a Marília[2]

I

Pavorosa ilusão da Eternidade,
Terror dos vivos, cárcere dos mortos,
D'almas vãs sonho vão, chamado Inferno;
Sistema da política opressora,
Freio que a mão dos déspotas, dos bonzos
Forjou para a boçal credulidade;

---

[2] Essa peça bocagiana – também nominada pelo seu primeiro verso – circulou (historiadores mencionam "milhares de manuscritos") por todo o reino na segunda metade da década de 1790 e foi um dos motivos para a prisão do autor, em 1797. Os primeiros exemplares impressos clandestinamente começaram a surgir na década de 1830. Observe-se que adversários de Bocage e de seu ideário iluminista responderam duramente a essa peça, contrapondo-lhe dogmas reacionários em versos pobres – de que é particularmente representativo o poema, que circulou anonimamente, "Epístola ao autor da Pavorosa", reproduzido às p. 154-61 do volume 3 das *Obras escolhidas de Bocage* (RBA/Círculo de Leitores, 2005), organizadas por Hernâni Cidade. Para outras refutações do texto bocagiano, ver as *Obras completas de Bocage*, t. I (organização, fixação do texto e notas de Daniel Pires, Lisboa, Imprensa Nacional-Casa da Moeda, 2018), p. 221-32.
Supõe-se que a *Marília* celebrada aqui (e em poemas líricos) por Bocage teria sido uma de suas paixões amorosas, Maria Margarida Rita Solano Constâncio (1783-1828), irmã do seu amigo, também poeta, Pedro José Constâncio (ver a nota 71, *infra*).

Dogma funesto, que o remorso arraigas
Nos ternos corações, e a paz lhe arrancas;
Dogma funesto, detestável crença,
Que envenenas delícias inocentes,
Tais como aquelas que no Céu se fingem;
Fúrias, Cerastas, Dragos, Centímanos[3],
Perpétua escuridão, perpétua chama,
Incompatíveis produções do engano,
Do sempiterno horror terrível quadro
(Só terrível aos olhos da ignorância),
Não, não me assombram tuas negras cores,
Dos homens o pincel e a mão conheço.
Trema de ouvir sacrílego ameaço
Quem dum Deus, quando quer, faz um tirano;
Trema a superstição; lágrimas, preces,
Votos, suspiros arquejando espalhe,
Cosa as faces co'a terra, os peitos fira,
Vergonhosa piedade, inútil vênia
Espere às plantas de impostor sagrado,
Que ora os infernos abre, ora os ferrolha;
Que às leis, que às propensões da natureza
Eternas, imutáveis, necessárias,
Chama espantosos, voluntários crimes;
Que as ávidas paixões, que em si fomenta,
Aborrece nos mais, nos mais fulmina;
Que molesto jejum, roaz cilício[4]
Com despótica voz à carne arbitra,
E, nos ares lançando a fútil bênção,
Vai do grão tribunal desenfadar-se
Em sórdido prazer, venais delícias,
Escândalo de Amor, que dá, não vende.

---

[3] *Fúrias* – para os romanos, gênios infernais; *Cerastas* – povos cruéis da Amatonta (Chipre); *Dragos* – dragões; *Centímanos* – gigantes com cem mãos, aliados de Zeus contra os Titãs.

[4] *Roaz cilício* – tormento destrutivo.

II

Oh Deus, não opressor, não vingativo,
Não vibrando co'a dextra o raio ardente
Contra o suave instinto que nos deste;
Não carrancudo, ríspido arrojando
Sobre os mortais a rígida sentença,
A punição cruel, que excede o crime,
Até na opinião do cego escravo,
Que te adora, te incensa e crê que és duro!
Monstros de vis paixões, danados peitos
Regidos pelo sôfrego interesse
(Alto, impassível Nume!) te atribuem
A cólera, a vingança, os vícios todos,
Negros enxames, que lhe fervem n'alma!
Quer sanhudo ministro dos altares
Dourar o horror das bárbaras cruezas,
Cobrir com véu compacto e venerando
A atroz satisfação de antigos ódios,
Que a mira põe no estrago da inocência,
Ou quer manter aspérrimo domínio,
Que os vaivéns da razão franqueiam e nutrem:
Ei-lo, em santo furor todo abrasado,
Hirto o cabelo, os olhos cor de fogo,
A maldição na boca, o fel, a espuma;
Ei-lo, cheio de um Deus tão mau como ele,
Ei-lo citando os hórridos exemplos
Em que aterrada observe a fantasia
Um Deus o algoz, a vítima o seu povo:
No sobrolho o pavor, nas mãos a morte,
Envolto em nuvens, em trovões, em raios,
De Israel o tirano onipotente
Lá brama do Sinai, lá treme a terra!
O torvo executor dos seus decretos,
Hipócrita feroz, Moisés astuto,
Ouve o terrível Deus, que assim troveja:

"Vai, ministro fiel dos meus furores!
Corre, voa a vingar-me: seja a raiva
De esfaimados leões menor que a tua;
Meu poder, minhas forças te confio,
Minha tocha invisível te precede;
Dos ímpios, dos ingratos que me ofendem,
Na rebelde cerviz o ferro ensopa;
Extermina, destrói, reduz a cinzas
As sacrílegas mãos que os meus incensos
Dão a frágeis metais, a deuses surdos;
Sepulta as minhas vítimas no Inferno,
E treme, se as vinganças me retardas!..."
Não lha retarda o rábido profeta;
Já corre, já vozeia, já difunde,
Pelos brutos, atônitos sequazes,
A peste do implacável fanatismo:
Armam-se, investem, rugem, ferem, matam.
Que sanha! Que furor! Que atrocidade!
Foge dos corações a natureza;
Os consortes, os pais, as mães, os filhos,
Em honra do seu Deus, consagram, tingem
Abominosas mãos no parricídio:
Os campos de cadáveres se alastram,
Sussurra pela terra o sangue em rios,
Troam no polo altíssimos clamores.
Ah! Bárbaro impostor, monstro sedento
De crimes, de ais, de lágrimas, d'estragos,
Serena o frenesi, reprime as garras
E a torrente de horrores que derramas,
Para fundar o império dos tiranos,
Para deixar-lhe o feio, o duro exemplo
De oprimir seus iguais com férreo jugo;
Não profanes, sacrílego, não manches
Da eterna Divindade o nome augusto!
Esse de quem te ostentas tão valido
É Deus do teu furor, Deus do teu gênio,

Deus criado por ti, Deus necessário
Aos tiranos da terra, aos que te imitam,
E àqueles que não creem que Deus existe.

III

Neste quadro fatal, bem vês, Marília,
Que em tenebrosos séculos envolta,
Desde aqueles cruéis, infandos tempos,
Dolosa tradição passou aos nossos.
Do coração, da ideia, ah, desarraiga
De astutos mestres a falaz doutrina,
E de crédulos pais preocupados
As quimeras, visões, fantasmas, sonhos.
Há Deus, mas Deus de paz, Deus de piedade,
Deus de amor, pai dos homens, não flagelo;
Deus que às nossas paixões deu ser, deu fogo,
Que só não leva a bem o abuso delas,
Porque à nossa existência não se ajusta,
Porque inda encurta mais a curta vida.
Amor é lei do Eterno, é lei suave;
As mais são invenções, são quase todas
Contrárias à Razão e à Natureza,
Próprias ao bem d'alguns e ao mal de muitos.
Natureza e Razão jamais diferem:
Natureza e Razão movem, conduzem
A dar socorro ao pálido indigente,
A pôr limite às lágrimas do aflito,
E a remir a inocência consternada,
Quando nos débeis, magoados pulsos
Lhe roxeia o vergão de vis algemas.
Natureza e Razão jamais aprovam
O abuso das paixões, aquela insânia
Que, pondo os homens ao nível dos brutos,
Os infama, os deslustra, os desacorda.
Quando aos nossos iguais, quando uns aos outros

Traçamos fero dano, injustos males,
Em nossos corações, em nossas mentes,
És, ó remorso, o precursor do crime,
O castigo nos dás antes da culpa,
Que só na execução do crime existe,
Pois não pode evitar-se o pensamento,
E é inocente a mão que se arrepende.
Não vêm só dum princípio ações opostas:
Tais dimanam de um Deus, tais do exemplo,
Ou do cego furor, moléstia d'alma.

IV

Crê pois, meu doce bem, meu doce encanto,
Que te anseiam fantásticos terrores,
Pregados pelo ardil, pelo interesse.
Só de infestos mortais na voz, na astúcia,
A bem da tirania está o Inferno.
Esse, que pintam báratro[5] de angústias,
Seria o galardão, seria o prêmio
Das suas vexações, dos seus embustes,
E não pena de amor, se Inferno houvesse.
Escuta o coração, Marília bela,
Escuta o coração, que te não mente:
Mil vezes te dirá: "Se a rigorosa,
Carrancuda opressão de um pai severo,
Te não deixa chegar ao caro amante
Pelo perpétuo nó, que chamam sacro,
Que o bonzo enganador teceu na ideia
Para também no amor dar leis ao mundo;
Se obter não podes a união solene
Que alucina os mortais, porque te esquivas
Da natural prisão, do terno laço
Que com lágrimas e ais te estou pedindo?

---

[5] *Báratro* – abismo, vórtice; figurativo: inferno.

Reclama o teu poder, os teus direitos,
Da justiça despótica extorquidos:
Não chega aos corações o jus paterno,
Se a chama da ternura os afogueia;
De amor há precisão, há liberdade;
Eia pois, do temor sacode o jugo,
Acanhada donzela, e do teu pejo
Destra iludindo as vigilantes guardas,
Pelas sombras da noite, a amor propícias,
Demanda os braços do ansioso Elmano,
Ao risonho prazer franqueia os lares.
Consista o laço na união das almas;
Do ditoso himeneu[6] as venerandas,
Caladas trevas testemunhas sejam;
Seja ministro o Amor, e a Terra templo,
Pois que o templo do Eterno é toda a Terra.
Entrega-te depois aos teus transportes,
Os opressos desejos desafoga,
Mata o pejo importuno; incita, incita
O que só de prazer merece o nome.
Verás como, envolvendo-se as vontades,
Gostos iguais se dão e se recebem.
Do júbilo há de a força amortecer-te,
Do júbilo há de a força aviventar-te.
Sentirás suspirar, morrer o amante,
Com os seus confundir os teus suspiros,
Hás de morrer e reviver com ele.
De tão alta ventura, ah, não te prives,
Ah, não prives, insana, a quem te adora!".
Eis o que hás de escutar, ó doce amada,
Se à voz do coração não fores surda.
De tuas perfeições enfeitiçado,
Às preces que te envia, eu uno as minhas.
Ah! Faze-me ditoso, e sê ditosa.

---

[6] *Himeneu* – compromisso nupcial. Ver a nota 26, *infra*.

Amar é um dever, além de um gosto,
Uma necessidade, não um crime,
Qual a impostura horríssona apregoa.
Céus não existem, não existe Inferno:
O prêmio da virtude é a virtude,
É castigo do vício o próprio vício.

Epístolas de Olinda e Alzira[7]

Epístola I
Olinda a Alzira

Que estranha agitação não sinto n'alma
Depois que te perdi, querida Alzira!
De meus olhos fugiu, sumiu-se o fogo,
Que a tua companhia incendiava!
Por uma vez se foi minha alegria,
Nem a mesma já sou que outrora hei sido!
Minhas vistas ao céu lânguidas se erguem,
E a mim própria pergunto donde venha
Tão novo sentimento assoberbar-me?
Não se aquieta o coração no peito,
Não cabe nele, e viva chama no íntimo
Das entranhas ardente me devora,
Sem que eu possa atinar a causa, a origem.
Aqueles passatempos que na infância
Tão do peito queria, em ódio os tenho.
Das mesmas sup'rioras a presença,
Que dantes para mim era indif'rente,
Se me torna hoje dura, intolerável!
Aonde, aonde irão estes impulsos
Precipitar a malfadada Olinda?
Será, querida Alzira, a tua ausência
Que me faz derramar tão agro pranto?
Debalde a largos passos solitária
Vago sem norte: ignoro o que procuro.
Ah! Minha cara, os males que tolero
Expressá-los não posso, nem sofrê-los!

---

[7] Estas epístolas, havendo já circulado sob a forma de manuscritos, começaram a ser impressas clandestinamente nos anos 1820-1830.

Epístola II
Alzira a Olinda

Conheço de teus males a veemência,
Prezada Olinda! Eu própria os hei sofrido,
Quando, da mesma idade que hoje contas,
Próvida, a Natureza começava
A preencher em mim seus fins sagrados.
Marcha ela por graus em suas obras:
Precede ao fruto a flor já matizada,
Que fora antes de flor botão mimoso.
Assim a sábia mão da Natureza,
A passos insensíveis caminhando,
Maravilhas em nós produz, que assombram.
Somos na infância apenas um bosquejo
Do que nos cumpre ser anos mais tarde.
Naquela idade a Natureza, atenta
Em conservar-nos só, não desenvolve
Sentimentos que então supérfluos foram:
Inativas nos tem, e nos conserva,
Bem como as plantas no gelado inverno.
Porém, depois que o Sol da primavera
Fecundos raios sobre nós dardeja,
Então de novas formas animado,
Pula nas veias afogueado sangue
E sem perder da infância os atrativos,
Da puberdade o lustre desfrutamos.
Então sentimos comoções insólitas,
Que origem são dos males que te oprimem,
Do amor que te domina, melancólico,
Da forte agitação que em ti pressentes.
Mas tudo tem remédio, eu hei de dar-to;
Feliz serás, se o trilho me seguires.

Epístola III
Olinda a Alzira

Quanto gratas me são as tuas letras,
Querida Alzira! Ao coração me falas!
As tuas expressões meigas ocultam
Em si virtude tal que apenas lidas
Delas a alma se apossa sequiosa.
Tu és, prezada amiga, único arquivo
Aonde os meus segredos mais ocultos
Eu vou depositar: em ti encontro
O refrigério a males que tolero,
Sem poder conhecer a sua origem.
   Se bem me lembro, outrora de ti mesma
Ouvi iguais queixumes, não sabendo
Nem eu, nem tu, donde eles procediam.
Uniu-te a sorte a Alcino, e venturosa
Sempre te ouvi chamar desde esse tempo.
Cessaram os teus males, eu os sinto...
A idade é (dizes tu) a causa deles.
Ah! Que estranha linguagem! Não concebo
Porque falas assim; pois traz a idade
Males nos tenros anos não provados?
Três lustros conto apenas; tu três lustros
Antes de te esposar também contavas;
Pôs o consórcio a teus lamentos termo,
Limitará os meus? Ah! Dize, dize
Tu, que desassossego igual sofreste,
O seu motivo, e como o apaziguaste;
Revela à tua amiga este mistério
Donde sinto pender o meu repouso.
Eu não exp'rimentava o que exp'rimento:
Os meus sentidos todos alterados
Uma viva emoção põe em desordem;
Cala-me ativo fogo nas entranhas;
O coração no peito turbulento

Pula, bate com ânsia estranhamente;
O sangue, pelas veias abrasado,
Parece que me queima as carnes todas;
A tais agitações languidez terna
Sucede, que a meus olhos pranto arranca,
E o coração desassombrar parece
Do peso da voraz melancolia.
'Té mesmo a natureza tem mudado
A configuração que eu dantes tinha:
Vão-se aumentando os peitos e tomando
Uma redonda forma, como aqueles
Que servem de nutrir-nos lá na infância.
Doutros sinais o corpo se matiza
Antes desconhecidos: alvos membros,
Lisos 'té 'qui, macula um brando pelo,
Como o buço ao mancebo, à ave a penugem.
Sobressalta-me de homens a presença,
Eles, a quem 'té agora indiferente
Tenho com afoiteza sempre olhado!
Ao vê-los, o rubor me sobe ao rosto,
A voz me treme, e articular não posso
Sons, que emperrada a língua não exprime.
Sinto desejos que expressar me custa.
Amor... E como a ideia tal me arrojo?
Será talvez amor isto que eu sinto?
Já tenho lido efeitos de seus danos;
Mas esses que o seu jugo suportaram,
Tinham com quem seu peso repartissem,
Tinham a quem chamavam doce objeto,
Quem a seu mal remédio sugerisse.
Isto era amor; mas eu amor não sinto;
A doce inclinação que dois amantes
Um ao outro consagram, desconheço.
Sim: dos homens a vista lisonjeira
É para mim; nenhum, porém, me prende;
Não sei que chama interna me afogueia...

    Amor isto será? Alzira, fala,
Fala com candidez à tua amiga;
Ensina-me a curar a funda chaga
Que internamente lavra por mim toda;
Destas agitações que me flagelam,
Mostra-me a causa, mostra-me o remédio.
Tu tiveste-as também, já não te avexam;
Mostra-me por que modo as terminaste.
Talvez do que te digo farás mofa...
Ah! Vê que por meus lábios a inocência
Contigo é quem se exprime; tem dó dela,
E se os meus sentimentos são culpáveis,
Dize-mo, que abafados em meu peito
Serei vítima deles; se extingui-los
Os meus esforços todos não puderem,
Comigo hão de morrer, findar comigo.

Epístola IV
Alzira a Olinda

Com que satisfação, com que alegria
Vejo da minha Olinda as ternas letras!
Retrato da inocência, me afiguras
O que por mim passou, estranho efeito
De um coração sensível, não manchado
Ainda pela mão da iniquidade.
Fala, não temas exprimir-te, Olinda,
Que, se culpável fores de outrem aos olhos,
Aos meus és inocente, e assim te julgo.
    Da inviolável lei da Natureza
A que sujeita estás, bem como tudo,
Nascem, querida amiga, os teus transportes:
Só provêm dela, é ela que tos causa;
Ela os mitigará em tempo breve,
Dando-te próvida um remédio ativo.

A triste educação que ambas tivemos,
Mais desenvolve os ternos sentimentos
Dos que amar só procuram, e não podem
Na solidão senão atormentar-se.
Do recato das filhas temerosos,
Pensam os rudes pais que em sopeá-las
Alcançam extinguir o voraz fogo
Que sopra a Natureza e que ela ateia.
Néscios, de amor lhe formam atentados,
Que o coração desmente e que não pode
Saber justificar a razão mesma.
Benignas emoções chamam flagícios,
Que infernais penas castigar costumam,
Sem que atinem o modo por que devam
Torná-las puras e do crime alheias,
Porque do crime o amor não dif'renciam,
Amor e crime o mesmo lhes figuram.
Ah! Que de um pai o emprego não tolera
Máximas impostoras, vis ideias
Que religião não sofre, e que forcejam
Para co'a religião autorizá-las.
Saiba-se pois 'té onde o culto, a honra
De um Deus se estende, e quais limites devem
Marcar-se às impressões da Natureza:
Em vez de aferrolhar as tristes filhas,
Busquem mostrar-lhes da virtude a senda,
Do vício a estrada com desvelo atento,
Pois que impureza e amor um rumo seguem,
Consiste o mal ou o bem na escolha deste.
 Sim, cara Olinda: como tu, eu própria,
Falta da sociedade, porque nela
Viam meus pais o escolho da inocência,
As mesmas emoções senti outrora;
Nos tenros anos teus então zombavas
Do que nem mesmo decifrar podias.
Quantas vezes meu coração às claras

Te descobri, querida; e quantas vezes,
O meu desassossego não provando,
Rias dos sentimentos que em minh'alma
Entranhados estavam, sem que a causa
Deles jamais me fosse conhecida?
Agora os exp'rimentas, crês agora
O que falso julgaras, verdadeiro!...
A Natureza em ti o germe lança
Que a ajudá-la te incita: Amor te inflama,
Porque sensível és; e bem que hesites
Sobre o objeto que deve contentar-te,
Ela to mostrará em tempo breve.
Não te assustem do seu domínio as forças,
Porque do jugo seu o peso é leve.
Não mais sofreies férvidos desejos
Que o coração te anseiam, e bem pode
A languidez eterna vitimar-te,
Se de amor o remédio os não sacia.
    Atenta sobre mil louçãos mancebos,
Cheios de encantos: olha-os indulgente,
E dentre eles escolhe um cujo peito
Tão dócil como o teu seja formado.
Olinda, ama; conhece que delícias
Amor encerra, amor, alma de tudo;
Amor, que tudo alenta e que só causa
Os gostos de uma vida abreviada.
Se contra amor ditames escutaste,
Que seus efeitos pintam horrorosos,
Não dês crédito a máximas fingidas,
Que a língua exprime e o coração reprova:
Que mal provém aos homens de que unidos
Dois amantes se jurem fé, constância?
Que um ao outro se entreguem e obedeçam
Da Natureza às impressões sagradas?
Rouba a virtude acaso a paixão doce
Que beijos mil só farta e que só pode

Nos braços de um amante saciar-se?...
Não; amor a virtude fortifica:
Mais a piedade sobre as desventuras
Que os outros sofrem, mais a humanidade
Em nós se aumenta, quando mais amamos.
Se desde o berço em nós força indizível
Sentimentos de amor vai radicando;
Se, mal balbuciamos, quanto vemos
A falarmos de amor nos estimula;
Se a idade vai crescendo e a Natureza
Nossas feições altera, assinalando,
Com marcas bem sensíveis, que chegamos
Ao prazo em que é lei sua amar por força,
Ou desnegar então nossa existência;
Se tudo a amar convida e nos impele,
Quem ousa amor chamar crime execrando?...
 Ah! Deixa, Olinda, deixa que alardeiem
Virtude austera hipócritas infames:
Sabe que, enquanto amor horrível pintam,
Enquanto aos olhos teus assim o afeiam,
De uma amante venal nos torpes braços
Vão esconder transportes que os devoram
E, por castigo seu, somente gozam
Emprestadas carícias, vis afagos.
Mas quando assim os homens dissimulam,
Para dissimulares te dão direito:
Finge como eles; ama e lho disfarça,
Que é mais um gosto amar às escondidas.
Afeta, embora, afeta sisudeza
Já que a afetar te obrigam, e em segredo
De instantes enfadonhos te indeniza:
Zomba dos seus ardis e estratagemas,
Dize, entre os braços de um amante caro,
Que mais crédulos são do que te julgam,
Se creem nos laços seus aprisionar-te.
Se os deleites de amor são só delitos

Quando sabidos são, com véu mui denso
A perspicazes olhos os encobre:
Vinga-te desses que abafar procuram
As doces emoções que n'alma sentes.
　São estes os conselhos de uma amiga
Que os bens te anela, que ela saboreia.
Sabe, por fim, que quanto mais retardas
Tão ditosos momentos, sem gozá-los;
Quanto mais tempo perdes ociosa,
Sem às vozes de amor ser resignada,
Tanto mais tempo tens de lastimar-te,
Por não tê-lo em amar aproveitado.

Epístola V
Olinda a Alzira

Alzira, sou feliz!... Quanto te devo!...
Das tuas instruções é tal o fruto!
Quanto encarava em torno era a meus olhos
De lúgubres ideias feio quadro;
Tudo o que vejo agora, alegres, vivas,
Imagens prazenteiras me suscita.
Os ternos sentimentos que provava,
Mil vezes combinando com ditames
Que desde a infância sempre m'inspiraram,
Mil vezes refletia que dos homens,
Ou de um tirano Deus, era ludíbrio.
Conceber não podia que existisse
Para experimentar contínua luta
Entre impressões da própria Natureza
E princípios chamados da virtude.
　No pélago de embates tão terríveis
Flutuando, implorei o teu auxílio,
Meu coração te abri: tu leste nele
O que eu nem mesma deslindar sabia.

Tu me ensinaste a ver quanto fingidos
Os homens são, nas vozes e nos gestos;
Rasgaste aos olhos meus máscara infame
Com que têm de uso todos encobrir-se;
Das bordas me salvaste de um abismo,
Onde a infeliz Olinda ia arrojar-se.
    Perdoa, Deus imenso! Eu blasfemava
Contra a tua justiça: eu te supunha
Autor do mal que os homens maquinavam;
Cria-te inconsequente e despiedado,
Pois sentimentos me imprimiras n'alma
Que às tuas leis contrários me pintavam!...
Tu foste, Alzira, foste a que lançaste
Um brilhante clarão ante os meus passos...
Finalmente aprendi que a singeleza
Do mundo era banida, e o seu império
Os homens tinham dado à hipocrisia.
Ruins!... Amor por crime afiguraram,
E nem um só de amor vivia isento!...
Para eles não é crime um crime oculto,
Porque a simulação reina em sua alma,
Porque o remorso abafam em seu peito.
Amor um crime!... Os gostos mais completos
E os mais puros deleites o acompanham.
Se a ventura maior se une ao delito,
Quem há que se não diga delinquente?
Dentre as delícias que gozei, querida,
Com as tuas lições fugiu o crime.
Eu não senti no coração bradar-me
A voz desse pesar, sequaz da culpa:
No meio dos prazeres que gostava,
Graças rendi a um Deus que mos concede:
Se ele troveja sobre os criminosos,
Nunca os seus raios menos me assustaram!...
    Um amante acabou o que encetaste:
Ele, cujo olhar meigo me assegura

As doces qualidades que o adornam,
Afastou-me do espírito receios,
Que de mau grado combatia ainda.
Reinava em seus discursos a franqueza,
E o fogo que brilhava nos seus olhos,
Que o rosto lhe incendeia, em seus transportes,
Que eram nascidos d'alma, me dizia:
O labéu da impostura o não denigre;
Não é como o dos outros seu caráter,
Ingênuo, afável, ah, prezada Alzira!
Se tão amável é o teu Alcino,
Ninguém como eu e tu é tão ditoso!...
    Pouco preciso foi para vencer-me:
Não teve que impugnar loucos caprichos,
Com que ufanas amantes dificultam
O mútuo galardão que amor exige;
Se amor ambos int'ressa e ambos colhemos
Seus mimosos favores, por que causa
Havia de indif'rença dar indícios,
Quando o meu peito, ansioso, palpitava?
Se eu o levava da ventura ao cume,
Não me dava ele a mão para segui-lo?
Sim: nos seus braços me arrojei sem custo;
E se o pudor as faces me tingia,
Inda as chamas d'amor mais me abrasavam.
Eu nadava em desejos indizíveis,
E quantos beijos recebia, tantos
Cheios de igual fervor lhe compensava:
Seus lábios inflamados ateavam
As doces labaredas em que ardia,
E meus lábios, aos lábios seus unidos,
Sensações recebiam deleitosas,
Que me filtravam pelo corpo todo...
Tão grandes emoções exp'rimentava
Que a tanto gosto eu mesma sucumbia!
Presa a voz na garganta, não sabendo

Nem já podendo articular palavra,
Respirando ansiada, e com veemência,
Os meus sentidos todos confundidos,
Sem nada ouvir, nem ver, apenas dando
Sinais de vida, de prazer morria.
Exceto o meu amante, em tais momentos
Longe da ideia tinha o mundo inteiro:
O mundo inteiro então forças não tinha
Para do meu amante desprender-me.
Debalde ante meus passos furibundo
Monstro espantoso vira; em vão lançara
Do aberto seio a terra ondas de fogo;
Em vão coriscos mil o céu vibrara;
Dos braços do amante em tais momentos
Nada, nada podia arrebatar-me.
Oh quem pudera, Alzira, descrever-te
Que êxtase divinal veio pôr termo
A tais instantes de suaves gostos!...
Isto pode sentir-se, e não dizer-se...
   Agora, e só agora, me parece
Que começo a existir: reproduziu-se
Uma total mudança na minha alma.
O mundo para mim já tem encantos;
Sob outras cores vejo mil objetos
Que a fantasia me pintou tristonhos:
Propício amor abriu-me os seus tesouros,
A Natureza seus tesouros me abre.
Tudo te devo, amiga; em todo o tempo
A teus doces conselhos serei grata.
Oxalá ditas tantas saboreies
Quantas por ti, querida, eu própria gozo!
Oxalá sintas com Alcino os gostos
Que eu exp'rimento de um amante ao lado!
Nem ventura maior posso augurar-te,
Porque maior ventura haver não pode.

Epístola VI
Alzira a Olinda

A temerosa Olinda é quem me escreve?
É este o seu pudor, sua inocência?
Ah! Que as minhas lições, tão bem aceitas,
Dão-me a ver que a discípula inexperta
Há de em breve ensinar a própria mestra.
Olinda não sabia o que excitava
Dentro em seu coração ternos impulsos,
Que tanto a angustiavam... Não sabia
Qual d'estranha mudança em suas formas,
Em seus membros gentis a causa fosse!
A voluptuosa Olinda, devorada
Do mais ativo fogo, ingenuamente
Consulta a sua amiga, e a um leve aceno
Corre a engolfar-se na amorosa lida.
Basta um momento a transtorná-la toda!
E porque de tão próspero sucesso
Pretendes tu, querida, dar-me a glória?
Não, não fui eu; somente a Natureza
Sabe fazer tão súbitos prodígios:
Como depressa ao mal que te inquietava,
Próvida sugeriu remédio ativo!
Como de uma boçal, incauta virgem
Uma amante formou tão extremosa!
   A agradável pintura que bosquejas
Dos férvidos transportes que sentiste
Entre os braços do amante afortunado,
Não é, querida Olinda, tão sincera
Como sincera foi a que traçaste
De ignotas emoções a Amor sujeitas.
Já não te exprimes com igual candura:
Filha da reflexão, nova linguagem,
Por artifício mascarada em letras,
Vejo que anunciar-me antes procura,

Após do que se há feito, o que se pensa
Do que por gradações d'ação o interesse
Pouco a pouco esmiuçar, dar-me a ver todo.
   Rasga o pudico véu com que debalde
Aos olhos de uma amiga esconder buscas
Voluptuosas traças que transluzem
Nas tuas expressões; quando inocente
Menos recato nelas inculcavas,
Eu lia com prazer dentro em tua alma
Os sentimentos que a afetavam todos.
Tenho direito agora a exigir-te
A ingênua confissão desses momentos,
Prelúdios do prazer em que te engolfas.
Quero saber por que impensados lances
Dum amante nos braços te arrojaste;
Como o pudor fugiu, e o que sentiste
Quando, abrasada em férvidos desejos
Misturados com dor indefinível,
De amor colheste atônita as primícias
E provaste entre gostos e agonias
O que uma vez, não mais, pode provar-se.
Tens um amante; eu sou a tua amiga;
Ele te dá prazer, dela o confia:
Gasta os momentos que gozar não podes,
Do gozo em recordar puras delícias.
Nem todo o tempo a amor pode ser dado.
A mor ventura que o mortal encontra,
Seja embora infeliz, ou desgraçado,
É lembrar-se que foi já venturoso;
E o não desesperar de sê-lo ainda
Um termo aos males seus põe muitas vezes.
Alzira foi do teu prazer motora,
A gratidão te obriga a dar-lhe a paga.
É nobre o meu int'resse, e não mesquinho;
Pago-me d'escutar as tuas ditas[8],
E cedendo a meus rogos falso pejo,

---

[8] *Dita* – ventura, sorte favorável.

Saiba eu teus momentos deleitosos.
  Mas vê que o sacrifício que te peço,
Eu própria, generosa, abro primeiro:
Primeiro eu quero tímidos receios
Calcar aos olhos teus; entra em mim mesma,
Vê como reina Amor dentro em minh'alma!
Como só ele faz meus gostos todos!
Chamem embora apáticos estoicos
Ardores sensuais os que me inflamam;
Chamem-me torpe, chamem-me impudica;
Tais vilipêndios valem o que eu gozo!
Venha a rançosa, vã teologia
Crimes fingir, criar eternos fogos;
Eu desafio os seus sequazes todos,
Eu desafio o Deus que eles trovejam!...
Nos mais puros deleites embebida,
Bem os posso arrostar, posso aterrá-los!
Não estremeças, não, amada Olinda,
Longe do Fanatismo, a turma odiosa
Que infames leis, infames prejuízos,
Quais cabeças fatais de hidra indomável,
Para o mundo assolar, tem rebentado.
Não há para os cristãos um Deus dif'rente
Do que os gentios têm, e os muçulmanos;
Dogmas de bonzos são condignos filhos
Da fraude vil, da estúpida ignorância,
Da opressora política produtos.
O que a Razão desnega, não existe.
Se existe um Deus, a Natureza o of'rece:
Tudo o que é contra ela, é ofendê-lo.
A sólida moral não necessita
De apoios vãos: seu trono assenta em bases
Que firmam a Razão e a Natureza.
  Outra vez eu farei que estes ditames,
Com seguros princípios sustentados,
Destruam tua crédula imperícia,

Abafando ilusões que desde a infância
Te lançaram na mente inculta e frouxa,
Que Fúrias tem, que tem Dragões e Larvas,
Para os gostos da vida atassalhar-te,
Para a remorsos vis dar existência.
Por ora segue o culto que te apontam
As emoções da própria Natureza:
Sê religiosa e firme em praticá-las.
 O meu Alcino, a quem eu devo tudo,
Num momento desfez o que em três lustros
Néscios pais procuraram sugerir-me.
Por hábito adotei de uns a doutrina,
Por gosto doutro as máximas sem custo
Dentro em meu terno peito radicaram.
Tu sabes, minha Olinda, quão perplexa
Minha alma balançava entre os combates,
Que a rude educação que recebera,
Dentro em mim mesma opunha sentimentos
Cujo estranho poder toda me enleava.
 Foi neste estado de incerteza e inércia
Que Alcino desposei: oculta força
Me impelia a adorá-lo, não sabendo
De deleites que fonte inexaurível
Se ia abrir para mim entre seus braços.
Do dia nupcial todo o aparato
Olhava como um sonho!... É impossível
A estupidez, o pasmo em que me via
Traçar aos olhos teus; lembra-me apenas
A inquietação d'Alcino em todo o dia,
E a avidez de prazer em que enlevado,
Terminado o festim, já n'alta noite,
Ao toro nupcial foi conduzir-me.
Ficamos sós: eu tímida, agitada,
Em soçobro cruel (qual branda pomba
Que ao tiro assustador voa e revoa,
Aqui e ali mal pousa, se levanta

Sem guarida encontrar que ao p'rigo a salve)
Palpitava, tremia, e de meus olhos
Corria em fio inespontâneo pranto.
Eu sentia no rosto e em todo o corpo
Espalhar-se o rubor que gera o sangue,
Pelo fogo que toda me abrasava.
Não sei que meigos termos neste tempo
Soltava Alcino: eu nada percebia;
Porém, vi que a meus pés, banhado em gosto,
Chorando de prazer, súplices votos,
Ardentes expressões balbuciava.
Pelo meio do corpo com seus braços
Cingindo-me ansioso, sobre o leito
Me foi enfim lançar. Quando eu ardia
Em chamas de pudor, o mesmo incêndio
Davam a Alcino sôfregos transportes:
Suas trementes mãos me despojavam
Dos nupciais ornatos; e seus beijos
Convulsivos esforços, que lhe opunha,
Pagavam com furor; suas carícias
Amiudando afoito e temerário.
Irosa quis mostrar-me, mas os fogos
Que o pejo tinha aceso, então tomando
Mais ativo calor, porém, mais doce,
Minhas repulsas, de ternura cheias,
A maiores arrojos o excitaram;
Menos tímido, quanto eu mais irada,
Meus olhos, minhas faces e meu seio
Beijava Alcino. Eu lânguida, fitando
Nele amorosas vistas, reclinei-me,
Sem resistir-lhe mais, sobre o seu colo:
Importunos vestidos, que estorvavam
Seus inflamados beiços de tocarem
Ocultos atrativos... longe arroja.
Então aos olhos seus (tu bem o sabes,
Quando outrora passávamos unidas

Em inocentes brincos... feliz tempo!)
Meus peitos, cuja alvura terminavam
Preciosos rubis, patentes foram.
Ao voluptuoso tato palpitante
Mais e mais se arrijaram, de maneira
Que os lábios não podiam comprimi-los.
Meus braços nus, meu colo, eu toda estava
Coberta de sinais de ardentes beijos.
Os leves trajos que ainda conservava,
Em vão eu quis suster; rápido impulso
Guiava Alcino: de Hércules as forças
Ali vencera... As minhas que fariam?
Co'as forças o pudor desfalecido,
Deixei fartar seus olhos e seus gestos.
"Que lindos membros!... Que divinais formas!...
(De quando em quando extático dizia)
Ah! Que mimosos pés!... Oh Céu!... Que encantos!...
Que graças aparecem espalhadas!...
Que tesouros de amor sobre estas bases!...
Oh que prazer!... Que vistas deleitosas!...
Alzira, eu vejo em ti uma deidade!
Deixa imprimir meus ósculos aonde
Entre fios sutis se esconde o nácar!...
Deixa esgotar a fonte das delícias!...
Ah! Deixa-me expirar aqui de gosto!...
Não mais rubor, Alzira, não mais pejo!..."
 Eram brasas, que as carnes me queimavam,
Seus dedos, os seus beiços, sua língua!
Sim; sua língua, bem como um corisco,
Abriu rápida entrada, onde engolfadas
Todas as sensações lutavam juntas:
Pela primeira vez dentro em mim mesma
Senti gerar-se súbita mudança,
Com que de envolta mil deleites vinham.
Comunicou-me sua raiva Alcino,
E na lasciva ação, que prosseguia,

Tal int'resse me fez tomar que eu própria
A seus intentos me prestei de todo.
Entre incessantes gostos doces gotas
Brotavam sobre os toques impudicos;
Mas quando, ao crebro[9] impulso, extasiada
Cheguei ao cume do prazer celeste,
Ardente emanação de íntimos membros,
Que eletrizavam fogos insofríveis,
Inundou o instrumento das delícias,
Como se ao crime seu vibrassem pena,
Ou antes dessem prêmio. Afadigado
Na maior languidez, quase em delíquio,
Alcino veio ao meu unir seu rosto.
    Neste instante, eu não sei que desejava;
Sei que o primeiro ensaio dos prazeres,
Em vez de sufocar ativas chamas,
Centelhas transformou em labaredas,
Infundiu-lhes vigor inextinguível.
A ardência dos desejos combatia
Receio oculto, sem nascer do pejo.
    Num volver d'olhos se despiu Alcino,
E deu-me nu a ver quão bem talhado
D'ombros e lados, com feições formosas,
Seu corpo era gentil: válidos membros
Cobria fina pele; era robusto
E delicado a um tempo; esbelto, airoso,
Medíocre estatura, olhos rasgados,
Mimosas faces, rubicundos[10] beiços,
Cheio de carnes, sem que fosse obeso,
Igual nas proporções... Eis um mancebo
Digno de a Marte e a Adônis antepor-se[11],
Não tendo de um a rude valentia,

---

[9] *Crebro* – reiterado, repetido.
[10] *Rubicundos* – vermelhos.
[11] *Marte* – deus romano da guerra; *Adônis* – na mitologia grega, jovem belíssimo, que despertou o amor de Perséfone e Afrodite.

Nem tendo d'outro a feminil brandura.
Então lancei curiosa ávidas vistas
Sobre ignotas feições: fiquei pasmada,
Ao ver do sexo as distintivas formas
Dobrando a extensão; dobrou meu susto,
Mormente quando, desviando Alcino
Meus pés unidos, entre meus joelhos
Seus joelhos encravou, e com seus dedos
Procurou dividir da estreita fenda
Pequenos fechos, sobre os quais, de chofre,
Assestou o canhão que me assustava.
Ao medo sucedeu uma dor viva,
Como se agudo ferro me cravassem...
Alcino impetuoso ia rompendo
A tênue fenda... Em vão, com mil gemidos
Em pranto debulhada, eu lhe pedia
Que não continuasse a atormentar-me;
O cruel, minhas lágrimas bebendo,
Respirando com ânsia e furibundo,
Com a boca calada sobre a minha,
Meus gritos abafando, me rasgava.
Mais internos pruridos flagelavam
Intactos membros, mais ardor veemente
Abrange a todos do que os outros sofrem.
Copioso suor ardente e frio,
O cansaço d'Alcino, a aflição minha,
Inculcavam assaz que eram baldados
Seus esforços cruéis para romper-me.
Tão árdua intromissão debalde havia
A custo do meu sangue repetido.
Se enorme corpo diminuta porta
Deve transpor, carece de abater-lhe,
Antes d'entrar, umbrais a que se encosta.
A violenta fricção traiu Alcino,
E o membro, que tentava trespassar-me,
Da própria sanha aos ímpetos rendido,

Sucumbiu, espumando horrendamente.
Da elétrica matéria nas entranhas
Caíram-me faíscas derretidas;
Um vulcão se ateou dentro em mim toda.
O insofrível ardor que me infundiu
Líquido tiro, ao centro já chegado,
Por onde apenas o expugnado forte,
Da inimiga irrupção indefensável,
Podia receber patente dano,
Tais estragos causou que mais valera
A entrada franquear ao sitiante.
Já dor não conhecia: chamejava
Meu próprio sangue, com violência tanta
Que lacerar-me as veias parecia.
   Na estância do prazer lançara Alcino
Do Mongibello[12] as lavas, e extingui-las
Só torrentes mais fortes poderiam.
Improviso calor calou-me o peito:
Quisera eu já expor-me aos vivos golpes;
Quisera já no meio da carnagem
A batalha suster, ganhar a morte,
Ou a vitória, de triunfos cheia.
Tardava a meus desejos ver completa
D'Alcino a empresa; eu mesma o provocara
Se, enfim refeito da ufanosa esgrima,
O não visse ameaçar um novo assalto.
A um resto de temor maldisse afoita,
E comigo jurei de não dar mostras
De leve dor, bem que me espedaçasse.
   Alcino sotopõe uma almofada
Para o alvo nivelar e, separando
Quanto mais pôde nítidas colunas,
O edifício tentou pôr em ruína.
Ao forte, insano impulso eu respondendo,

---

[12] *Mongibello* – antiga denominação do vulcão Etna, situado na parte oriental da Sicília.

(Ah! Que o valor cedeu no transe aflito!)
O muro se escalou!... Foi tal a força
Da agonia cruel que, esmorecendo,
Semiviva fiquei; enquanto Alcino,
Dobrando e redobrando acerbos golpes,
Do reduto de amor o íntimo acesso
Penetra entre meus ais e os meus gemidos.
Outra vez atingiu supremo gozo,
Gozo celestial, cujos eflúvios
Um bálsamo espargiram deleitável,
Que sossegou a dor, chamando a vida.
Letárgicos alentos me abismaram
Num pélago de gostos indizíveis;
Elevaram-me a um céu d'imensas glórias:
Encadeei Alcino com meus braços,
Enlacei-o com os pés entre as espaldas;
Férvidos beijos dando e recebendo
Com frenético ardor, com ânsia intensa,
Chamando-lhe meu bem, minha alma e vida;
Vozes, suspiros confundindo... tanto,
Tanto enfim apressei dos hirtos membros
Forçosa agitação, que num momento,
Inefáveis delícias destilando
Alcino em mim, e eu nele, ao mesmo tempo,
Libamos juntos quanto prazer podem
Os mesmos homens figurar deidades...
    Minha Olinda, que instantes!... Eu não posso
Traçar-te a confusão de emoções novas
Que no êxtase final me transportaram!...
Amarga, acerba dor sucumbe ao gozo
Da ventura sem par... Vitais alentos
Saborear não podem tantos gostos...
É preciso morrer entre deleites,
E melhor fora não tornar à vida
Que conservá-la sem morrer mil vezes.
    Sete vezes Amor, chamando às armas

Seus súditos fiéis, travou peleja;
Sete vezes Amor bradou "Vitória!"
Da indefensa coragem conduzido,
Morfeu[13] veio c'roar nossas proezas.
    Eis de que modo a tua Alzira soube,
D'Amor com as lições, sublime voo
Erguer afoita sobre o néscio vulgo;
Este odeia o prazer por vã modéstia,
E as pudicas vestais, escravas do erro,
Não cessam d'embair-nos, afetando
Duma virtude vã mímicas formas,
Que o que se anela mais a encobrir forçam;
Forçam em vão, que a Natureza brada,
E ao grito seu, queira ou não queira o mundo,
Curvo depõe ficções, da insânia filhas,
Tirando abrolhos que da vida lança
Na aprazível estrada impostor bando.
Assim ornei a fronte radiosa
De vicejante rama, que decora
Vitórias que do erro heróis alcançam.
    Toma das minhas mãos, amada Olinda,
Proveitosa lição; tu já começas
Triunfos a ganhar, cheios de glória:
Dócil tua alma a ímprobos ditames,
Dócil será também, de mais bom grado,
Às piedosas leis da Natureza:
Retrocede, como eu, da inextricável
Sinuosa vereda onde perdidas
Palpamos trevas, tateando abismos;
Desaprende a fingir: só quadra ao vício
Acobertar-se com mendaces roupas.
A modéstia, o pudor gera a ignorância,
Ou do mal feito um sentimento interno;

---

[13] *Morfeu* – na mitologia grega, alado e metamorfo, deus dos sonhos, adormecia aqueles a quem tocava.

O mais é cobardia, ignávia[14] rude,
Que só numa alma vil pode arraigar-se.
Cabe a quem soube respirar, vencendo
Da impostura as traições, um ar mais puro,
Olhar d'em torno a si, ver quão distante
Pulverulenta[15] jaz infame turba;
Cabe ostentar o garbo e a louçania
Que espanta o vulgo, impondo-lhe o respeito
De que a nobre altivez se faz condigna.
Deixa-lhe os modos, toma o que te cumpre,
Sincera Olinda, tua amiga imita.
Eu não coro de dar-me toda a Alcino,
Nem eu coro também de confessá-lo:
Instintos naturais, se não são crimes,
Como crime será narrar seus gozos?...
Se é inocente a ação, a voz não peca;
Destarte saboreia o que estudaste,
E destarte falar, ah, não vaciles!...
　Não te escuse o pensar que igual pintura
Objeto igual exige, minha Olinda.
Não; nos gostos de amor sempre há mudança,
Amor sempre varia os seus deleites.
Eu mostrei-te o modelo: em mim o encontras;
Usa da singeleza que te é própria
E abre o teu coração, cheio de gozo,
Qual, antes de o provar, ingênua abriste.
Se expor da sorte infensa a crueldade
Dá lenitivo ao mal que se exp'rimenta,
Sobreleva o prazer à extrema dita[16],
Quando de o confiar redunda interesse.
Eia, querida! Anui aos meus desejos,
Rouba um instante a amor, dá-o à amizade.

[14] *Ignávia* – covardia, falta de coragem.
[15] *Pulverulenta* – coberta ou cheia de pó.
[16] Ver a nota 8, *supra*.

Epístola VII
Olinda a Alzira

Tu não podes saber, querida Alzira,
Com que alegria as cobiçadas letras
Da tua Olinda foram recebidas!
Não o podes saber, nem eu dizer-to.
Que pura locução que Amor ensina!
Quão dif'rente linguagem da que falam
Os livros que me dá o meu Belino!
Neles descubro o sensual estilo
Que a modéstia revolta e que não quadra
Às puras sensações que Amor excita;
Frase brutal, sem arte, e sem melindre,
Qual despejada plebe usar costuma;
Neles de Amor os gostos enxovalha
Misterioso véu, que arrancar ousam,
Com mão profana, d'ante o santuário
Que Amor encerra, e donde o deus oculto
Manda aos mortais um cento de venturas.
Deles o nume foge, e por castigo
Leva após si deleites que não provam:
Em vez de graças mil, de mil prazeres,
Priapeu[17] tropel ímpios incensam.
Dá-me tédio a lição de escritos torpes,
Onde o prazer fugaz, lassos os membros,
Sob mil formas em vão se perpetua.
Lassos os membros, lassos os sentidos,
Debalde esgotam, sôfregos de gostos,
De impudicícia inumeráveis gestos.
Morre a chama que amor mútuo não sopra;
Como é vil a expressão, e é vil o gozo

---

[17] *Priapeu* – relativo a Príapo, personagem da mitologia grega, símbolo da fertilidade. Sua representação era uma figura portando um falo ereto.

Que uma Teresa[18], que outras tais francesas
Em impuros bordéis gabar se ufanam!
   Foi-me preciso, Alzira, usar do império
Que a um fraco sexo deleitosos modos
Fagueiros, ternos emprestar costumam,
Para do amante meu obter a custo
De obscenas produções o sacrifício,
Que o coração corrompem e devassam
Puros desejos, sentimentos doces.
Mostrei-lhe que o prazer esmorecia
De amável ilusão sem os prelúdios,
E que, apesar dos seus vivos protestos,
Se os sentidos assaz lisonjeava,
Mil emoções gostosas embotando,
Impelido a gozar continuamente,
Escravo do prazer na sua amante
Não fartaria hidrópicos desejos:
Ardentes Messalinas buscaria,
Entre os braços das quais mais fácil era
À vida termo pôr que saciar-se.
   Cedeu às minhas súplicas, e agora
Grato me diz que, se ele da ventura
O caminho me abriu, eu nele o guio:
Assim, quando os sentidos fatigados
De amor se negam a esgotar delícias,
Mana do coração inexaurível
Prolífica virtude que os alenta.
Assim de gostos perenais correntes
Franqueia Amor a quem o não profana:
De Amor os gozos são como o diamante,
Que, sem o engaste que tocar-lhe veda,
Perdera a polidez, perdera o brilho.
Ame o lascivo o mau, o torpe o obsceno:

---

[18] Provável alusão ao romance libertino *Thérèse philosophe* [ed. bras.: *Teresa filósofa*. Porto Alegre, L&PM, 2004], publicado anonimamente em 1748 e atribuído a Jean--Baptiste de Boyer, marquês d'Argens (1704-1771).

Eu em tuas expressões aprendo, Alzira,
Como a ternura impera nos sentidos,
E dum e doutro regulando as forças,
De amorosos troféus requinta a glória.
   O sensual atola-se nos vícios,
Cujo infesto vapor todo o corria
De lançar-lhe no túmulo o esqueleto;
Doutra arte aquele que libar suaviza
Néctar que Amor esparge aos seus validos,
Das rugas e das cãs não teme o estrago,
Que nos últimos anos pode ainda
Em seu transporte Amor beijar na face.
   Mas que exiges de mim? Pensas, Alzira,
Que a rude Olinda como tu descreva
A emanação dos gostos que se provam
Quando o primeiro amor os desenvolve
Da terna virgem no inocente peito?
Reclamas a candura de que usava
Antes de me ilustrar de Amor o facho?
Ousas mesmo increpar-me de artifício,
Porque eu não soube delicada teia
Urdir aos olhos teus, porque eu não soube
As efusões de amor envolver nela,
E, qual me envias, dar-te digna oferta?
Basta, tu mandas; vou obedecer-te.
Tenho ante os olhos instruções sobejas
Para pintar o quadro dos deleites
Que de dois entes num absortos brotam.
Tu me dás os pincéis, o molde, as cores;
E no meu coração, prezada amiga,
Fecunda o gozo meigos sentimentos,
Que só acabarão, se amor acaba!...
   Que quiméricos céus forma a impostura!
Aonde mores delícias se prometem
Que as de um amante, doutro ao lado unido?
Eu sonhava ilusões, antes que fosse

Nos mistérios de amor iniciada.
Errava de um em outro labirinto,
Donde os conselhos teus, amada Alzira,
E Amor, dando-me o fio d'Ariadne[19],
Me fizeram sair: deixam-me forças
Para abafar o monstro que meus dias
Tinha de funestar[20] com vãos temores,
Filhos do erro vil, da fraude abortos.
   Qual vagueia nas trevas sem acordo
Perdido o tino, aflito o caminhante,
D'alta serra entre as faldas pedregosas,
Ou de ínvia selva na espessura vasta,
Aqui tropeça, ali se encontra e bate,
Macera as mãos, o rosto, e tenteando,
Um pé lhe escapa, cai, rola-se o triste,
E num báratro[21] crê despedaçar-se;
Eis improvisa luz assoma ao longe;
Atenta o infeliz, toma-a por norte,
E dos p'rigos que o cercam, se vê salvo:
Tais tuas letras para mim brilharam
Na escuridão fatal, que me envolvia.
   Não espaçou Amor ditoso prazo
Para no grêmio seu a tua Olinda,
Benfazejo, acolher. Vira eu Belino
Passar uma, e mil vezes, atentando
Com interesse em mim, atentei nele,
Em seu terno olhar e meigos gestos;
Vi que um amante o Céu me destinava:
Em breve os olhos meus lhe responderam
Às mudas expressões que os seus diziam;
Em breve as suas cartas, de amor cheias,
Fizeram dar igual calor às minhas,

---

[19] Na mitologia grega: desenrolando o fio de lã do novelo que Ariadne lhe ofertou, Teseu pôde orientar-se e encontrar a saída do labirinto do Minotauro.
[20] *Funestar* – afligir, entristecer.
[21] Ver a nota 5, *supra*.

Acendendo os meus férvidos transportes.
　Numa cerrada noite, quando ao sono
Estava tudo entregue, Amor velando
No meu peito, e no seu, a vez primeira
Nos ajuntou enfim: ele exultava
De indizível prazer; eu me sentia
Na agitação maior de gosto e susto.
Ao dar-lhe a mão, para o guiar de manso
'Té ao aposento meu, súbito fogo
Calou-me as veias, penetrou-me toda.
Mas quando, já fechados um com outro,
Vi que seus gestos, mais que suas vozes,
Sua ternura ousada me exprimiam,
Lembrou-me o p'rigo a que me havia exposto.
Tarda lembrança, que cedia a embates
De ignoto medo, que o rubor gerava!
Queria eu impedir-lhe ardentes beijos,
Mas vedavam-no as chamas que acendiam;
E às primeiras carícias insensível,
Lutando entre o pudor, e entre o desejo,
Em mil contrárias reflexões absorta,
Meu silêncio e inação a empresas novas,
De maior valor, Belino excitaram.
Confesso que deveras quis opor-me
A seus intentos no primeiro instante;
Porém, pouco tardou que abraseada
Em chamas voluptuosas, resistindo
A seus esforços, mais lhe franqueava
Fácil acesso a próximos triunfos.
　Sentado junto a mim, lançando um braço
Em redor do meu colo, até cingir-me
E obrigar-me a chegar ao seu meu rosto;
Com a mão sobre os peitos inquieta,
Que ao crebro[22] palpitar os apressava,

---

[22] Ver a nota 9, *supra*.

E os lábios discorrendo os olhos, faces,
'Té fixá-los nos meus, ou por entre eles,
Confundindo os alentos, lançar chamas
Dentro em meu coração, qual facho aceso;
A ardente língua sua unindo à minha,
Ou, sobre o seio meu calando a boca,
Nele impressos deixar seus próprios beiços;
Com mão mais temerária, do vestido
Pela abertura a ocultos atrativos
Indo o fogo atear... Ah! Que eu não pude
Mais resistência opor a seus desejos!
Apenas leve fisga separando
Um dedo seu, que um raio parecia,
Tocou o sítio onde os deleites moram,
Súbito, alvorotados, uns com outros
Travando estranha luta, me levaram
Onde, fora de mim, quase sem vida,
Só quanto então gozei, gozar podia.
Dos membros todos foram engolfar-se
As sensações ali, e só tornaram
A ser o que eram quando ao mesmo tempo
Sua potência intrínseca exalando,
Fiquei de todo lânguida e abatida:
O perverso Belino, atentos olhos
Nos meus então fitando, quis ler neles
De que ficções minha alma se ocupava.
Foi extremo o rubor que de improviso
Minhas faces tingiu: lancei-lhe os braços,
Escondendo meu rosto no seu peito,
Por não poder suster-lhe as doces vistas.
A minha terna ação atraiçoou-me,
Que o maligno, pegando-me do rosto
Com ambas suas mãos, mais me encarava;
De confusa me ver folga, e se ufana,
Com beijos mil parece devorar-me;
Entre os seus braços mais e mais me aperta,

E pouco a pouco sobre mim se inclina;
Minha cabeça no sofá encosta,
Meus pendentes pés trava, e os submete
Entre os seus mesmos 'té que, enfim, de todo
Senti do corpo seu o peso grato.
   Meu leito era defronte, mas Belino
No largo canapé circ'lo bastante
Hábil atleta achou para o combate.
Perplexa, em mil afetos engolfada,
Irada, enternecida, em cruel luta
Meus sentimentos todos labutavam;
Um tímido pudor ativos fogos
Contrariava em vão, em vão retinha
Ignotos medos, sôfregos desejos;
Suspensa e curiosa eu esperava
Gostosa cena em que prolixas noites,
Pensando o que seria, despendera.
   Enquanto desta sorte embelezado
Me tinham tais ideias, já Belino,
No frenesi maior de grau ou força,
Os meus secretos votos preenchia.
Em torno da cintura levantados
Meus trajos inferiores, sobre os joelhos
Sentindo os de Belino desprendidos,
Alargando-me os pés, tomando entre eles
Vantajosa atitude a seus projetos,
Franqueando co'a mão fácil entrada
À chamejante lança, que tocava
O mesmo sítio que invadira o dedo,
Forcejou para ferir-me com seus golpes,
Com ímpeto tamanho, com tal raiva
Que nem dos gritos meus se comovia,
Nem podia o meu pranto apiedá-lo;
C'o forte impulso as movediças carnes
Levava-me às entranhas; da ferida
Corria o sangue, mas sem que pudesse

Ao ferro assolador achar bainha.
Seus dedos sanguinários finalmente
Duma e outra parte com vigor sustendo
Flexíveis membros, redobrando as forças
Da valente impulsão, a cruel lança
Rompeu cruento ingresso... trespassou-me.
Que dor, Alzira!... Dei tão alto grito
Que Belino depois disse o assustara,
Bem que fosse de meus pais distante o quarto.
Sem sentidos fiquei, enquanto o amante
Os troféus da vitória recolhia,
E só tornei a mim quando ao meu sangue
Suave irrigação veio mesclar-se,
A agitações de gosto a dor cedendo,
De gosto inexaurível, que provara.
Num momento apertada com Belino,
N'ativa sensação toquei com ele
A meta das delícias, transportada
De muito mais prazer do que a dor fora.
Neste instante convulsa e delirante,
E como se um espasmo suportasse,
Inteiriçada toda, os meus alentos
Senti reconcentrar-se num só ponto.
Findava o meu amante, inda eu gozava
(Comprimindo-o comigo) altas venturas,
De que sedenta então não poderia
Fartar-me assaz: meus braços exauridos,
Meu colo e pés, eu toda fatigada
Do veemente tremor em que lidara,
Caí prostrada, quase semimorta.
   Quando a meus olhos (que caligens densas
Tinham coberto) a luz tornou de novo,
Volvi-os sobre o amante, de tal sorte
Que ao vê-lo já súplice o instigava:
Não ficava ocioso neste tempo,
Que no exame gastou do entrado forte,

Pasmado dos estragos que fizera
E dos despojos que lucrava alegre.
Da máquina que a praça expugnou firme,
A estrutura e altivez eu divisando,
Custava-me a atinar como pudera
Plantar-se o obelisco no reduto estreito.
Belino, minhas vistas compreendendo,
Fez-me sentir, forçando-me a tocá-lo,
Marmórea rigidez, cor escarlate,
Forma e calor de obus, que disparava.
Quando submisso, da peleja lasso,
O vi depois sem o estendido conto,
Brancas roupas trajava, mais humilde;
Mas agora, afrontado, arremessando,
Monarca ufano, a púrpura do colo,
Com furor ao combate se aprestava.
Reverberou seu fogo em minhas faces,
E a veia e veia, delas espalhado,
De todo o corpo me filtrou os membros.
   Da lascívia ao pudor jungindo o peso,
Fez-me Belino levantar, e tendo
Ele, sentado, unidos os joelhos,
Sobre eles me sentou, e franco acesso
Da lança abrindo à ponta, a foi de manso
No riste pondo, 'té que a meio conto
Nele embebida, sobre si de todo
Levando o peso meu, entrou de modo
Que fiquei 'té às vísceras varada.
A introdução tão forte pouco afeitos,
Meus delicados membros se avexaram:
Mas, curvando-me um pouco e com justeza,
Achei convir ao estojo o instrumento,
Cuja palpitação, sem ajustar-nos,
Em cadência recíproca aliada,
Bastava a provocar gosto indizível,
De modo que sem mais fadiga eu pude,

Na grata posição Belino imóvel,
Atingir o prazer mais saboroso,
Nadar em mil deleites engolfada.
Aqui, amada Alzira, essa virtude
Que apelidam pudor, foi-me odiosa.
De seus grilhões liberta, possuída
De um venéreo furor, impaciente
De comprimir a mim o caro amante,
Arranquei-me da lúbrica atitude,
Sobre ele me arrojei, toda ansiosa
De me identificar c'o meu Belino;
Estreitada com ele, abandonada
De amor à raiva que ambos incendeia,
Sobre mim o arrastei junto do leito,
Onde ao meu peito o seu, aos seus meus lábios,
Do corpo os membros todos enlaçados
Misturando nos ósculos o alento,
Nos ósculos libando doce néctar,
Em tal agitação que aos céus alçar-me,
E abater-me aos abismos parecia;
Ávida de absorver a grossa lança,
De sofrer-lhe a rijeza diamantina,
E de arrostar-lhe os golpes incessantes,
Sentindo o instante em que violento impulso
De celeste efusão marcava o termo,
Nas mãos e nos pés sós firmando o corpo,
Tanto me empertiguei que o meu amante
Sustive sobre mim, suspenso, enquanto,
Aos finais paroxismos sucumbindo,
Ao meu uniu seu último gemido,
E dentro das entranhas abrasadas
Lançando-me torrentes d'almo[23] influxo,
Submersa me deixou num mar de gozos.
    Julgas, Alzira, que entre tanto gosto

---

[23] *Almo* – vivificante, benéfico.

Na assídua compressão me não doíam
As maceradas, melindrosas carnes?
Ah! Que esta dor pelo prazer vencida
Irritava emoções deliciosas,
Sobrelevava às sensações mais gratas.
Qual sequioso cervo, repassado
Da calmosa avidez, suaves gotas
Rábido[24] anela, e quanto é mais sofrida
Ardente sede tanto mais ensopa
Uma e outra vez insaciáveis fauces:
Não doutra sorte flagelados membros
Da dor pungidos de cruéis combates,
Balsâmica emoção consoladora
Com avidez secavam insofridos.
A aluvião prolífica eu sentia,
Pruridos divinais, e estremecendo
À melíflua impressão, perenais gozos
Bastante tempo após gozava ainda.
Neste instante expirou dentro em minh'alma
Temor nefando, que imolava ao culto.
Nova moral raiou de Olinda aos olhos;
Eu tive em pouco ríspidos preceitos,
Ameaças cruéis com que ralavam
Meus anos infantis. Doeu-me, Alzira,
De ver tanta beleza definhada,
Da hipocrisia vítimas infaustas.
Aponta a idade em que é d'amor forçoso
As delícias gozar; em que almo viço,
Como nas plantas, nelas assinalam.
Grata reprodução consigo abafam,
Envenena-se o germe da Natura,
Infeção purulenta as vai minando,
Que seus dias termina, ou os condena
A lânguida existência: abate o corpo,

---

[24] *Rábido* – violento.

Abate o esp'rito, corroído o alento.
   Inovamos a ação, eu e Belino,
E iguais em forças, sem perder coragem,
Nenhum de nós cedeu, bem que durasse
Algumas horas o combate aceso:
Mas da noite feliz o longo manto,
Que os mistérios de amor comete às trevas,
Com róseos dedos a invejosa Aurora[25]
Cruel abrindo, fez dentro em meu peito
A escuridão entrar, que em torno tinha.
Foi-me odiosa a luz, que afugentava
De mim com o amor perenes delícias.
   Uma e outra vez Amor tem facultado
Ao constante Belino, à terna Olinda,
Outros, como estes, prósperos momentos:
São de tormento para mim os dias
Que tê-lo junto a mim debalde busco.
Para ele o tempo que sem ver-me gasta,
Figura-lhe de um século a distância.
Já Himeneu[26] houvera de enlaçar-nos,
Se o mundo, Alzira, o mundo, que não cuida
Senão em maquinar sua ruína,
De longo tempo não tivesse urdido
Iníquas tramas, hórridas ciladas,
Que ao homem (digno prêmio de sua obra)
Barreiras põem na estrada da ventura.
Retrocede o infeliz dum a outro lado,
Negras voragens abre ante seus passos,
Tropel de Fúrias[27], que consigo arrasta,
Filhas do Erro, que animou insano.
   A Fortuna, que foi comigo larga,
Negou seus dons a meu querido amante.
Ele não conta nobres ascendentes,

---

[25] Na mitologia grega, Eos, reguladora do tempo, deusa do amanhecer.
[26] Na mitologia grega, deus que preside o cortejo nupcial.
[27] Ver a nota 3, *supra*.

De quem meus pais se dizem oriundos:
É quanto basta para erguer muralhas
De alcance, entre ele e mim, inacessíveis.
O ditoso himeneu não me é preciso,
O himeneu, aparato de teus votos,
Para entre os braços seus tecer afoita
Indissolúveis nós c'o meu Belino:
Sou dele, é meu; os homens que se ralem.
    Alzira, tu, que a amor meu peito abriste,
Abre meus olhos à Natura inteira:
Eu quero nela ver os meus destinos;
Só nela eu quero divinais verdades,
Solícita explorar, viver só nela.
Cumpre as gratas promessas que me fazes,
Deva a ti só a tua Olinda tudo.
Não há para os cristãos um Deus dif'rente
Do que os Gentios têm, e os Muçulmanos?
O que a Razão desnega, não existe:
Se existe um Deus, a Natureza o of'rece;
Tudo o que é contra ela, é ofendê-lo.
Devo eu seguir o culto que me apontam
As impressões da própria Natureza?
Tenho uma religião em praticá-las?
Que mundo é este, pois, prezada Alzira?
Têm os homens levado o seu arrojo
'Té forjarem um Deus na ousada mente,
Traçar-lhe cultos, levantar-lhe templos,
Atribuir-lhe leis, que a ferro e fogo
Estranhos povos a adorar constrangem,
Imolando milhões à glória sua?
Nos lábios têm doçura e probidade,
No coração o fel, a raiva: os monstros
São maus por condição, ou maus por erro?
    Não, eu não posso, Alzira, deste enigma
Romper o denso véu: minhas ideias
Jazem num caos de hórrida incerteza;

Hesitar me não deixes por mais tempo.
Minha instrução confio aos teus cuidados;
D'amizade o esplendor, dá-te a mim toda;
Acaba de fazer-me de ti digna.

Sonetos

Amar dentro do peito uma donzela;
Jurar-lhe pelos céus a fé mais pura;
Falar-lhe, conseguindo alta ventura,
Depois da meia-noite na janela;

Fazê-la vir abaixo, e com cautela
Sentir abrir a porta, que murmura;
Entrar pé ante pé, e com ternura
Apertá-la nos braços casta e bela;

Beijar-lhe os vergonhosos, lindos olhos,
E a boca, com prazer o mais jucundo[28],
Apalpar-lhe de neve os dois pimpolhos;

Vê-la rendida enfim a Amor fecundo;
Ditoso levantar-lhe os brancos folhos:
É este o maior gosto que há no mundo.[29]

* * *

Noite[30], amiga de Amor, calada, escura,
Eia, engrossa os teus véus, os teus horrores,
Enquanto vou gozar de mil favores
Sobre o doce teatro da ternura.

Marília, mais gentil, e até mais pura
Que as ledas Graças[31], que as mimosas flores,

---

[28] *Jucundo* – deleitável.
[29] Esse soneto comparece praticamente em todas as edições das *Poesias eróticas, burlescas e satíricas de Bocage* (Lisboa, Imprensa Nacional-Casa da Moeda, 2017); em algumas, questiona-se sua autoria que, atualmente, não é mais objeto de debate.
[30] Trata-se da Noite como deusa, que, mitologicamente, desposou Érebo, deus das trevas.
[31] *Graças* – na mitologia grega, eram as três Cárites: Tália, Eufrosina e Aglaia, filhas de Zeus e Eurínome.

Velando às mudas horas dos Amores,
Receia o casto pejo, que murmura.

Em deleitoso e tácito retiro,
Suspensa entre o temor, entre o desejo,
Flutua a bela, a cuja posse aspiro;

Ah! Já nos braços meus a aperto e beijo!
Já, desprendendo um lânguido suspiro,
No seio do prazer se absorve o pejo![32]

* * *

Debalde um véu cioso, ó Nise, encobre
Intactas perfeições ao meu desejo;
Tudo o que escondes, tudo o que não vejo,
A mente audaz e alígera descobre.

Por mais e mais que as sentinelas dobre
A sisuda Modéstia, o sério Pejo,
Teus braços logro, teus encantos beijo,
Por milagre da ideia afoita e nobre.

Inda que prêmio teu rigor me negue,
Do pensamento a indômita porfia
Ao mais doce prazer me deixa entregue:

Que pode contra Amor a tirania,
Se as delícias que a vista não consegue,
Consegue a temerária Fantasia![33]

* * *

---

[32] Esse soneto, que circulou clandestinamente no segundo lustro da década de 1790, teve por vezes sua autoria discutida. Hoje parece não haver dúvidas de que efetivamente é da lavra de Bocage.

[33] Esse soneto integrou a edição do primeiro volume (1791) das *Rimas* de Bocage.

Voa a Lília gentil meu pensamento
Nas asas de Esperanças sequiosas;
Amor, à frente de Ilusões ditosas,
O chama e lhe acelera o movimento.

Ígneo desejo audaz, que em mim sustento,
Mancha o puro candor das mãos mimosas,
Os olhos cor dos céus, a tez de rosas,
E o mais, onde a ventura é um momento.

Eis que pesada voz, terrível grito
Soa em minha alma, o coração me oprime,
E austero me recorda a lei e o rito.

Devo abafar-te, Amor, Paixão sublime?
Ah! Se amar como eu amo é um delito,
Lília formosa aformoseia o crime.[34]

***

Ó deusa que proteges dos amantes[35]
O destro furto, o crime deleitoso,
Abafa com teu manto pavoroso
Os importunos astros vigilantes.

Quando adoçar meus lábios anelantes
No seio de Ritália melindroso,
Estorva que os maus olhos do invejoso
Turbem de Amor os sôfregos instantes.

Tétis[36] formosa, tal encanto inspire
Ao namorado Sol teu níveo rosto,
Que nunca de teus braços se retire;

---

[34] Esse soneto, indiscutivelmente de Bocage, foi publicado postumamente, em 1896.
[35] Trata-se da Noite – ver a nota 30, *supra*.
[36] *Tétis* – aqui, a filha de Nereu e Dóris, cobiçada por Júpiter.

Tarde ao menos o Carro[37], à Noite oposto,
Até que eu desfaleça, até que expire
Nas ternas ânsias, no inefável gosto.[38]

* * *

Elmano, de teus mimos anelante,
Elmano em te admirar, meu bem, não erra:
Incomparáveis dons tua alma encerra,
Ornam mil perfeições o teu semblante;

Granjeias, sem vontade, a cada instante
Claros triunfos na amorosa guerra:
Tesouro que do Céu vieste à Terra,
Não precisas dos olhos de um amante.

Oh! Se eu pudesse, Amor, oh! Se eu pudesse
Cumprir meu gosto! Se em altar sublime
Os incensos de Jove[39] a Lília desse!
Folgara o coração quanto se oprime,
E a Razão, que os excessos aborrece,
Notando a causa, relevara o crime.[40]

---

[37] O *Carro* é o veículo da Aurora, deusa anunciadora do amanhecer, filha de Titã e da Terra.
[38] Esse soneto foi publicado no primeiro volume das *Rimas*, edição de 1800.
[39] *Jove* – Júpiter na mitologia grega, rei dos deuses.
[40] Esse soneto foi publicado no segundo volume das *Rimas*, edição de 1799.

Fragmento de Alceu, poeta grego
(traduzido da imitação francesa de Parny)[41]

I

Imaginas, meu bem, supões, ó Lília,
Que os benéficos Céus, os Céus piedosos
Exigem nossos ais, nossos suspiros
Em vez de adorações, em vez d'incensos?
Crédula, branda amiga, é falso, é falso:
Longe a cega ilusão. Se ambos sumidos
Em solitário bosque, e misturando
Doces requebros c'os murmúrios doces
Dos transparentes, gárrulos[42] arroios,
Sempre me ouvisses, sempre me dissesses
Que és minha, que sou teu, que mal, que ofensa
Nosso inocente ardor faria aos Numes?
Se acaso, reclinando-te comigo
Sobre viçoso tálamo de flores,
Turvasse nos teus olhos carinhosos
Suave languidez a luz suave;
Se os doces lábios teus entre meus lábios
Fervendo, grata Lília, me espargissem
Vivíssimo calor nas fibras todas;

---

[41] Desde a edição de Inocêncio Francisco da Silva das *Poesias eróticas, burlescas e satíricas de Bocage*, esse fragmento vem sempre recolhido como parte constitutiva da obra bocagiana pelos seus mais eminentes estudiosos (p. ex., Hernâni Cidade e Daniel Pires). *Alceu* – poeta grego (620 a.C.?-580 a.C.?) nascido em Mitilene (ilha de Lesbos); aristocrata, além da sua poesia lírica, deixou textos de temática política – foi opositor de Pítaco (640 a.C.?-588 a.C.?), um dos chamados "sete sábios da Grécia".
Évariste de Parny (1753-1814), escritor francês, anticlerical e maçom, deixou, ademais de obras de distintos gêneros, as suas *Poesias eróticas* (1778). Muito popular em seu tempo, ocupou a cadeira 36 da Academia Francesa, criada em 1635 – dele, Bocage traduziu vários textos.

[42] *Gárrulos* – gorjeantes.

Se pelo excesso de inefáveis gostos
Morrêssemos, meu bem, duma só morte
E se Amor outra vez nos desse a vida
Para expirar de novo, em que pecara,
Em que afrontara aos céus prazer tão puro?
A voz do coração não tece enganos,
Não é réu quem te segue, ó Natureza;
Esse Jove[43], esse deus, que os homens pintam
Soberbo, vingador, cruel, terrível,
Em perpétuas delícias engolfado,
Submerso em perenal tranquilidade,
Co'as ações humanas não se embaraça:
Fitos seus olhos no universo todo,
Em todos os mortais, num só não param.
As vozes da razão profiro, oh Lília!
É lei o amor, necessidade o gosto;
Viver na insipidez é erro, é crime,
Quando amigo prazer se nos franqueia.

II

Eia! Deixemos à vaidade insana,
Correndo-se da rápida existência,
Sem susto para si criar segunda;
Deixemos-lhe entranhar por vãs quimeras,
Pela imortalidade os olhos ledos,
E do seu frenesi, meu bem, zombemos.
Esse abismo sem fundo, ou mar sem praia
Onde a morte nos lança, e nos arroja,
Guarda perpetuamente tudo, ó Lília,
Tudo quanto lhe cai no bojo imenso.
Enquanto dura a vida, ah, sejam, sejam
Nossos os prazeres, os Elíseos[44] nossos!

---

[43] Ver a nota 39, *supra*.
[44] *Elíseos* (ou Elísios) – conforme os gregos, paraíso.

Os outros não são mais que um sonho alegre,
Uma invenção dos reis, ou dos tiranos,
Para curvar ao jugo os brutos povos,
E que a superstição nomeia Averno[45],
E à multidão fanática horroriza;
As fúrias, os dragões e as chamas fazem
Mais medo aos vivos do que mal aos mortos.

---

[45] *Averno* – inferno.

3

A irrupção da sensualidade reprimida

(o Bocage obsceno e libertino)

Sonetos de Bocage

É pau e rei dos paus, não marmeleiro,
Bem que duas gamboas lhe lobrigo;
Dá leite, sem ser árvore de figo,
Da glande o fruto tem, sem ser sobreiro;

Verga, e não quebra, como o zambujeiro;
Oco, qual sabugueiro, tem o umbigo;
Brando às vezes, qual vime, está consigo;
Outras vezes mais rijo que um pinheiro;

À roda da raiz produz carqueja;
Todo o resto do tronco é calvo e nu;
Nem cedro, nem pau-santo mais negreja!

Para *carvalho* ser falta-lhe um *u*:
Adivinhem agora que pau seja,
E quem adivinhar meta-o no cu.

* * *

Arreitada[46] donzela, em fofo leito
Deixando erguer a virginal camisa,
Sobre as roliças coxas se divisa
Entre sombras sutis pachocho[47] estreito:

De louro pelo um círculo imperfeito
Os papudos beicinhos lhe matiza;
E a branda crica[48], nacarada e lisa,
Em pingos verte alvo licor desfeito.

A voraz porra[49] as guelras encrespando
Arruma a focinheira, e entre gemidos
A moça treme, os olhos requebrando;

Como é inda boçal[50] perde os sentidos,
Porém, vai com tal ânsia trabalhando,
Que os homens é que vêm a ser fodidos.

***

Num capote embrulhado, ao pé de Armia,
Que tinha perto a mãe o chá fazendo,
Na linda mão lhe fui (oh céus!) metendo
O meu caralho, que de amor fervia:

Entre o susto, entre o pejo a moça ardia,
E eu solapado, os beiços remordendo,
Pela fisga da saia a mão crescendo
A chamada sacana[51] lhe fazia:

---

[46] *Arreitada* – excitada.
[47] *Pachocho* – genitália feminina.
[48] *Crica* – genitália feminina.
[49] *Porra* – pênis.
[50] *Boçal* – ignorante, tosca.
[51] *Sacana* – carícia no clitóris ou na vagina.

Entra a vir-se a menina...[52] Ah! Que vergonha!
"Que tens?" – lhe diz a mãe sobressaltada:
Não pode ela encobrir na mão langonha[53].

Sufocada ficou, a mãe corada;
Finda a partida e, mais do que medonha,
A noite começou da bofetada.

* * *

Bojudo fradalhão de larga venta,
Abismo imundo de tabaco esturro[54],
Doutor na asneira, na ciência burro,
Com barba hirsuta que no peito assenta:

No púlpito um domingo se apresenta,
Prega nas grades espantoso murro
E, acalmado do povo o grã sussurro,
O dique das asneiras arrebenta.

Quatro putas mofavam de seus brados,
Não querendo que gritasse contra as modas
Um pecador dos mais desaforados:

"Não (diz uma) tu, padre, não me engodas:
Sempre me há de lembrar, por meus pecados,
A noite em que me deste nove fodas!".

---

[52] *Entra a vir-se a menina* – A jovem chega ao orgasmo. *Menina* – jovem ou mulher ainda não desposada.
[53] *Langonha* – esperma.
[54] *Tabaco esturro* – tabaco queimado como rapé.

Sonetos atribuídos a Bocage, de autoria duvidosa ou de outrem

Dizem que o rei cruel do Averno[55] imundo
Tem entre as pernas caralhaz lanceta,
Para meter do cu na aberta greta
A quem não foder bem cá neste mundo.

Tremei, humanos, deste mal profundo,
Deixai essas lições, sabida peta;
Foda-se a salvo, coma-se a punheta,
Este o prazer da vida mais jucundo.

Se pois guardar devemos castidade,
Para que nos deu Deus porras leiteiras,
Senão para foder com liberdade?

Fodam-se, pois, casadas e solteiras;
E seja isto já, que é curta a idade
E as horas do prazer voam ligeiras.

* * *

Se o grã serralho[56] do Sufi[57] potente,
Ou do Sultão feroz que rege a Trácia[58],
Mil Vênus[59] da Geórgia, ou da Circássia[60],
Nuas prestasse ao meu desejo ardente;

Se negros brutos, que parecem gente,
Ministros fossem de lasciva audácia,

---

[55] Ver a nota 45, *supra*.
[56] *Serralho* – harém.
[57] *Sufi* – designação de reis da Pérsia.
[58] *Trácia* – região da antiga Macedônia, no sudoeste europeu, hoje dividida entre a Turquia, a Grécia e a Bulgária.
[59] *Vênus* – na mitologia latina, deusa do amor (como Afrodite, na mitologia grega).
[60] *Geórgia, Circássia* – áreas situadas respectivamente ao sul e a noroeste do Cáucaso.

Inda assim do ciúme a pertinácia
No peito me nutrira ardor pungente.

Erraste em produzir-me, ó Natureza,
Num país onde todos fodem tudo,
Onde leis não conhece a porra tesa!

Cioso afeto, afeto carrancudo!
Zelar moças na Europa é árdua empresa:
Entre nós ser amante é ser cornudo.

* * *

Se tu visses, Josino, a minha amada
Havias de louvar o meu bom gosto,
Pois seu nevado, rubicundo rosto
Às mais formosas não inveja nada:

Na sua boca Vênus faz morada,
Nos olhos tem Cupido as setas posto,
Nas mamas faz lascívia o seu encosto,
Nela, enfim, tudo encanta, tudo agrada.

Se a Ásia visse coisa tão bonita,
Talvez lhe levantasse algum pagode
A gente que na foda se exercita!

Beleza mais completa haver não pode,
Pois mesmo o cono[61] seu, quando palpita,
Parece estar dizendo: "Fode, fode!".

* * *

Porri-potente herói que uma cadeira
Susténs na ponta do caralho teso,
Pondo-lhe em riba mais por contrapeso
A capa de baetão[62] da alcoviteira,

---

[61] *Cono* – vagina (também o feminino, cona).
[62] *Baetão* – tecido grosseiro.

Teu casso[63] é como o ramo da palmeira,
Que mais se eleva, quando tem mais peso;
Se o não conservas açaimado[64] e preso,
É capaz de foder Lisboa inteira!

Que forças tens no hórrido marsapo[65],
Que, assestando a disforme cachamorra[66],
Deixa conos e cus feitos num trapo!

Quem, ao ver-te o tesão, há não discorra
Que tu não podes ser senão Príapo[67],
Ou que tens um guindaste em vez de porra?

* * *

Esse disforme e rígido porraz
Do semblante me faz perder a cor,
E, assombrado d'espanto e de terror,
Dar mais de cinco passos para trás.

A espada do membrudo Ferrabraz[68]
Decerto não metia mais horror:
Esse membro é capaz até de pôr
A amotinada Europa toda em paz.

Creio que nas fodais recreações
Não te hão de a rija máquina sofrer
Os mais corridos, sórdidos cações[69].

---

[63] *Casso* – pênis (provavelmente derivado do italiano *cazzo*).
[64] *Açaimado* – contido sob ameaça, controlado.
[65] *Marsapo* – pênis.
[66] *Cachamorra* – peça de madeira; figurativo: pênis.
[67] *Príapo* – ver a nota 17, *supra*.
[68] *Ferrabraz* – também referido como Ferrabraz de Alexandria, é um personagem gigantesco de um poema épico, redigido em francês antigo, aparecido no século XII e depois objeto de seguidas reelaborações em várias literaturas ocidentais.
[69] *Cações* – meretrizes.

De Vênus não desfrutas o prazer,
Que esse monstro que alojas nos calções
É porra de mostrar, não de foder.

* * *

Dormia a sono solto a minha amada,
Quando eu pé ante pé no quarto entrava,
E ao ver a linda moça, que arreitava,
Sinto a porra de gosto alvoroçada;

Ora do rosto seu vejo a nevada
Pudibunda bochecha, que encantava;
Outrora nas maminhas demorava
Sôfrega, ardente vista embasbacada;

Porém, vendo sair dentre o vestido
Um lascivo pezinho torneado,
Bispo-lhe as pernas e fiquei perdido:

Vai senão quando o meu caralho amado,
Bem como Eneias acordava Dido[70],
Salta-lhe ao pelo, por seguir seu fado.[71]

* * *

---

[70] *Eneias* – guerreiro troiano, filho de Afrodite e Anquises; *Dido* – filha de Belo, rei de Tiro, fundadora de Cartago. O poeta romano Virgílio (70 a.C.-19 a.C.) imortalizou-os na obra *Eneida* [ed. bras.: trad. Carlos Alberto Nunes, São Paulo, Editora 34, 2016].

[71] Essa peça bocagiana, como outras, que assinalarei, não foi publicada pelo primeiro editor credibilizado da erótica de Bocage, Inocêncio Francisco da Silva, com base em um original autógrafo – Silva teve como fonte um caderno de manuscritos em que se reproduziram poemas de Bocage e de Pedro José Constâncio, sem indicação precisa de autoria.
Constâncio (1781-1818), contemporâneo e amigo de Bocage – formado em cânones pela Universidade de Coimbra, filho de ilustre médico da corte de D. Maria I (1734-1816) e irmão de diplomata influente –, foi homem de vida boêmia e autor de poemas licenciosos.

"Mas se o pai acordar!... (Márcia dizia
A mim, que à meia-noite a trombicava[72])
Hoje não..." (continua, mas deixava
Levantar o saiote, e não queria!).

Sempre em pé a dizer: "Então, avia..."[73].
Sesso[74] à parede, a porra[75] me aguentava;
Uma coisa notei, que me arreitava:
Era o calçado pé, que então rangia;

Vim-me[76], e assentado num degrau da escada,
Dando alimpa ao caralho e mais à greta,
Nos preparamos para mais porrada:

Por variar, nas mãos meti-lhe a teta;
Tosse o pai, foge a filha... Oh vida errada!
Lá me ficou em meio uma punheta![77]

* * *

Pela escadinha de um coirão[78] subindo,
Parei na sala, onde não entra o pejo;
Chinelo aqui e ali suado vejo,
E o fato[79] de cordel pendente, rindo.

Quando em miséria tanta refletindo
Estava, me apareceu ninfa do Tejo,
Roendo um fatacaz[80] de pão e queijo,
E para mim num ai vem rebolindo[81];

---

[72] *Trombicava* – copulava.
[73] *Então, avia* – Então se apresse.
[74] *Sesso* – traseiro, nádegas; no mesmo sentido, rabo (esp. no Brasil, bunda).
[75] *Porra* – ver a nota 49, *supra*.
[76] *Vim-me* – cheguei ao orgasmo. Ver a nota 52, *supra*.
[77] Peça encontrada no caderno de manuscritos referido na nota 71, *supra*.
[78] *Coirão* – (ou courão) estritamente, rameira velha; aqui, bordel.
[79] *Fato* – traje de roupa masculina.
[80] *Fatacaz* – pedaço grande.
[81] *Rebolindo* – o mesmo que rebolando.

Dá-me um grito a razão: "Eia, fujamos,
Minha porra infeliz, já deste inferno...
Mas tu respingas? Tenho dito, vamos...".

Eis a porra assim diz: "Com ódio eterno,
Eu e os sócios colhões em ti mijamos;
Para baixo do umbigo eu só governo".[82]

* * *

Fiado no fervor da mocidade,
Que me acenava com tesões chibantes[83],
Consumia da vida os meus instantes,
Fodendo como um bode, ou como um frade.

Quantas pediram, mas em vão, piedade,
Encavadas por mim balbuciantes!
Fincado a gordos sessos alvejantes,
Que hemorroidas não fiz nesta cidade!

À força de brigar fiquei mamado;
Vista ao caralho meu, que de gaiteiro[84]
Está sobre os colhões apatetado:

Ó nume tutelar do mijadeiro!
Levar-te-ei, se tornar ao teso estado,
Por of'renda espetado um parrameiro[85].

* * *

---

[82] Peça encontrada no caderno de manuscritos referido na nota 71, *supra*. Há outras indicações de que o autor seja Pedro José Constâncio.
[83] *Chibantes* – altivos, orgulhosos.
[84] *Gaiteiro* – trocista.
[85] *Parrameiro* – partes íntimas femininas.
Essa peça também foi extraída do caderno de manuscritos citado na nota 71, *supra*. Daniel Pires acredita que o autor tenha sido Pedro José Constâncio.

"Ora deixe-me, então... faz-se criança?
Olhe que eu grito, pela mãe chamando!"
– Pois grite (então lhe digo, amarrotando
Saiote, que em baixá-lo irada cansa).

Na quente luta lhe desgrenho a trança,
A anágua lhe levanto, e fumegando,
As estreitadas bimbas[86] separando,
Lhe arrimo o caralhão, que não se amansa.

Tanto, a ser gíria, não gritava a bela,
Que a cada grito se escorvava[87] a porra,
Fazendo-lhe do cu saltante pela[88]!

– Há de pagar-me as mangações de borra,
Basta de cono, ponha o sesso à vela,
Que nele quero ir visitar Gomorra.[89]

* * *

Vem cá, minha Maria, tão roliça,
Co'as bochechas da cor do meu caralho,
Que eu quero ver se os beiços embaralho
Co'esses teus, onde amor a ardência atiça.

Que abrimentos de boca! Tens preguiça?
Hospeda-me entre as pernas este malho,
Que eu te ponho já tesa como um alho;
Ora chega-te a mim, leva esta piça...

Ora mexe... Que tal sabe, amiga?
Então, foges c'o sesso? É forte história!
Ele é bom de levar, não, não é viga.

---

[86] *Bimbas* – partes superiores das coxas.
[87] *Escorvava* – preparava, aprontava.
[88] *Pela* – bola com que se brinca em jogo.
[89] Peça encontrada no caderno de manuscritos referido na nota 71, *supra*.

"Eu grito!" (diz a moça merencória).
Pois grita, que espetada nesta espiga
Com porrais salvas cantarei vitória.[90]

* * *

Levanta Alzira os olhos pudibunda[91]
Para ver onde a mão lhe conduzia;
Vendo que nela a porra lhe metia,
Fez-se mais do que o nácar rubicunda[92].

Toco o pentelho seu, toco a rotunda
Lisa bimba, onde Amor seu trono erguia;
Entretanto em desejos ela ardia,
Brando licor o pássaro lhe inunda;

C'o dedo a greta sua lhe coçava;
Ela, maquinalmente a mão movendo,
Docemente o caralho me embalava:

"Mais depressa" – lhe digo então morrendo,
Enquanto ela sinais do mesmo dava;
Mística pívia[93] assim fomos comendo.[94]

* * *

Com que mágoa o não digo! Eu nem te vejo,
Meu caralho infeliz! Tu, que algum dia
Na gaiteira amorosa filistria[95]
Foste o regalo do meu pátrio Tejo!

Sem te importar o feminino pejo,
Trás[96] a mimosa virgem, que fugia,

---

[90] Peça encontrada no caderno de manuscritos referido na nota 71, *supra*.
[91] *Pudibunda* – envergonhada.
[92] Ver a nota 10, *supra*.
[93] *Pívia* – masturbação.
[94] Peça encontrada no caderno de manuscritos referido na nota 71, *supra*.
[95] *Filistria* – brincadeira, folguedo.
[96] Aceite-se a lição de Daniel Pires: Atrás de.

Fincado à terna, afadigada Armia,
Lhe pespegavas no coninho um beijo.

Hoje, canal de fétida remela,
O misantropo do país das bimbas,
Apenas olhas cândida donzela!

Deitado dos colhões sobre as tarimbas,
Só co'a memória em feminil canela
Às vezes pívia casual cachimbas.[97]

* * *

Não lamentes, ó Nise, o teu estado;
Puta tem sido muita gente boa,
Putíssimas fidalgas tem Lisboa,
Milhões de vezes putas têm reinado:

Dido foi puta, e puta dum soldado;
Cleópatra por puta alcança a c'roa;
Tu, Lucrécia, com toda a tua proa,
O teu cono não passa por honrado;

Essa da Rússia imperatriz famosa,
Que inda há pouco morreu (diz a *Gazeta*)
Entre mil porras expirou vaidosa[98].

Todas no mundo dão a sua greta:
Não fiques pois, ó Nise, duvidosa,
Que isto de virgo e honra é tudo peta[99].

* * *

---

[97] Peça encontrada no caderno de manuscritos referido na nota 71, *supra*.
[98] Referência a Catarina II (nascida em 1729, reinou de 1762 à sua morte, ocorrida em 1796). A *Gazeta de Lisboa* foi fundada em 1715, sob o reinado de D. João V (nascido em 1689, reinou de 1706 à sua morte, em 1750) e circulou até 1820.
[99] *Virgo* – castidade; *peta* – mentira.
Inocêncio Francisco da Silva é de opinião que esse soneto saiu da pena de João Vicente Pimentel Maldonado (1773-1838). A peça foi objeto de várias paráfrases –

Pela Rua da Rosa eu caminhava,
Eram sete da noite e a porra tesa.
Eis puta, que indicava assaz pobreza,
Co'um lencinho à janela me acenava.

Quais conselhos? A porra fumegava;
"Hei de seguir a lei da natureza!"
Assim dizia, e efetuou-se a empresa:
Prepúcio para trás a porta entrava.

Sem que saúde, a moça prazenteira
Se arrima com furor não visto à crica,
E a bela a mole-mole o cu peneira:

Ninguém me gabe o rebolar d'Anica;
Esta puta em foder excede a Freira,
Excede o pensamento, assombra a pica![100].

* * *

"Apre! Não metas todo... Eu mais não posso..."
Assim Márcia formosa me dizia;
– Não sou bárbaro (à moça eu respondia),
Brandamente verás como te coço;

"Ai! Por Deus, não... não mais, que é grande e grosso!..."
Quem resistir ao seu falar podia!

---

veja-se, por exemplo, a seguinte, de José Anselmo Correia Henriques (1777-1832):
Não lamentes, Alcino, o teu estado;/ Corno tem sido muita gente boa,/ Corníssimos fidalgos tem Lisboa./ Milhões de vezes cornos têm reinado:/ Siqueu foi corno, e corno de um soldado; Marco Antônio por corno perdeu a c'roa; Anfitrião, com toda a sua proa,/ Na Fábula não passa por honrado;/ Um rei Fernando foi cabrão famoso/ (Segundo a antiga letra da Gazeta)/ E entre mil cornos expirou vaidoso./ Tudo no mundo é sujeito à greta./ Não fiques mais, Alcino, duvidoso,/ Que isto de ser corno é tudo peta.
Siqueu – personagem da mitologia romana; *Marco Antônio* (83 a.C-30 a.C.), cônsul romano.

[100] Daniel Pires verificou que esse soneto é de autoria de Pedro José Constâncio. Tal observação vale para os próximos três sonetos reproduzidos a seguir.

Meigamente o coninho lhe batia;
Ela diz: "Ah, meu bem! Meu peito é vosso!".

O rebolar do cu (ah!) não te esqueça...
Como és bela, meu bem! (então lhe digo).
Ela em suspiros mil a ardência expressa;

Por te unir faze muito ao meu umbigo;
Assim, assim... menina, mais depressa!
Eu me venho... Ai Jesus!... vem-te comigo![101]

* * *

Eram oito do dia; eis a criada
Me corre ao quarto e diz: "Aí vem menina,
Em busca sua: faces de bonina[102],
Olhos que quem os viu não quer mais nada".

Eis me visto, eis me lavo, e esta engraçada
Fui ver *in continenti*: oh céus, que mina!
Que breve pé! Que perna tão divina!
Que maminhas! Que rosto! Oh, que é tão dada!

A porra nos calções me dava urros;
Eis a levo ao meu leito, e ela rubente[103]
Não podia sofrer da porra os murros:

"Ai!... ai!... (de quando em quando assim se sente).
Uma porra tamanha é dada aos burros,
Não é porra capaz de foder gente".

* * *

Eram seis da manhã; eu acordava
Ao som de mão que à porta me batia;

---

[101] Ver as notas 52 e 76, *supra*.
[102] *Bonina* – malmequer.
[103] *Rubente* – muito corada.

Ora vejamos quem será... dizia,
E assentado na cama me zangava.

Brando rugir de seda se escutava
E sapato a ranger também se ouvia...
Salto fora da cama... Oh! Que alegria
Não tive, olhando Armia, que arreitava!

Temendo venha alguém, a porta fecho;
Co'um chupão lhe saudei a rósea boca
E na rompente mama alegro mexo:

O caralho estouvado o cono aboca,
Bate a gostosa greta o rubro queixo
E as matinas de amor a porra toca.

* * *

Cante a guerra quem for arrenegado,
Que eu nem palavra gastarei com ela;
Minha Musa será sem par canela
Co'um felpudo coninho abraseado:

Aqui descreverei como arreitado,
Num mar de bimbas navegando à vela,
Cheguei, propício o vento, à doce, àquela
Enseada d'Amor, rei coroado;

Direi também os beijos sussurrantes,
Os intrincados nós das línguas ternas,
E o aturado fungar de dois amantes:

Estas glórias serão na fama eternas;
Às minhas cinzas me farão descantes[104]
Fêmeos vindouros, alargando as pernas[105].

---

[104] *Descantes* – cantos populares a várias vozes.
[105] Em sua conhecida antologia (ver as Referências), Natália Correia aponta Pedro José Constâncio como o autor desse soneto.

Ribeirada. Poema em um só canto[106]

Argumento

> Quando o preto Ribeiro entregue ao sono
> Jazia, lhe aparece o deus Príapo,
> E com uma das mãos, por ser fanchono,
> Lhe agarra na cabeça do marsapo;
> Oferece-lhe depois um belo cono,
> Cono sem cavalete, gordo e guapo:
> Casa o preto, e a mulher, por fim de contas,
> Lhe põe na testa retorcidas pontas.[107]

Canto único

I

> Ações famosas do fodaz Ribeiro,
> Preto na cara, enorme no mangalho,
> Eu pretendo cantar em tom grosseiro,
> Se a Musa me ajudar neste trabalho.
> Pasme absorto escutando o mundo inteiro
> A porca descrição do horrendo malho[108]
> Que entre as pernas alberga o negro bruto
> No lascivo apetite dissoluto.

---

[106] Essa peça é de autoria muito discutida – Inocêncio Francisco da Silva a atribui a Bocage, mas o rigoroso Daniel Pires não subscreve sem mais tal opinião. A peça tem alguma inspiração em "A Martinhada", que se diz ser obra de Caetano José da Silva Souto Maior (1694-1739), poema licencioso que narra as façanhas sexuais do padre Martinho de Barros, confessor de D. João V (ver a nota 98, *supra*).

[107] *Príapo* – ver a nota 17, *supra*; *fanchono* – pederasta; *marsapo* – ver a nota 65, *supra*.

[108] *Mangalho, malho* – designações chulas da genitália masculina.

II

Ó musa galicada[109] e fedorenta!
Tu, que às fodas d'Apolo[110] estás sujeita,
Anima a minha voz, pois hoje intenta
Cantar esse mangaz[111], que a tudo arreita.
Desse vaso carnal que o membro aquenta,
Onde tanta langonha[112] se aproveita,
Um chorrilho me dá, ó musa obscena,
Que eu com rijo tesão pego na pena.

III

Em Troia[113], de Setúbal bairro inculto,
Mora o preto castiço, de quem falo,
Cujo nervo é de sorte e tem tal vulto,
Que excede o longo espeto de um cavalo:
Sem querer nos calções estar oculto,
Quando se entesa o túmido badalo,
Ora arranca os botões com fúria rija,
Ora arromba as paredes quando mija.

IV

Adorna hirsuto ríspido pentelho
Os ardentes colhões do bom Ribeiro,
Que são duas maçãs de escaravelho,
Não digo na grandeza, mas no cheiro;

---

[109] *Galicada* – enfermada de gálico (sífilis).
[110] Deus grego, patrono das artes, da música, da medicina – filho de Zeus.
[111] *Mangaz* – palavra especialmente plurívoca: mandrião, grosseiro...
[112] Ver a nota 53, *supra*.
[113] *Troia* – não constituiu ou constitui um bairro de Setúbal, terra natal de Bocage; é uma restinga arenosa, área de extrema beleza natural, efetivamente próxima a Setúbal.

Ali piolhos ladros[114] tão vermelho
Fazem com dente agudo o pau leiteiro,
Que o cata muita vez; mas, ao tocar-lhe,
Logo o membro nas mãos entra a pular-lhe.

V

Os maiores marsapos[115] do universo
À vista deste para trás ficaram,
E do novo Martinho[116] em prosa e verso
Mil poetas a porra decantaram;
Quando ainda o cachorro era de berço,
Umas moças por graça lhe pegaram
Na pica já taluda e de repente
Pelas mãos lhes correu a grossa enchente.

VI

De Polifemo[117] o nervo dilatado,
Que intentou escachar a Galateia[118],
Pelo mundo não deu tão grande brado
Como a porra do preto, negra e feia.
Da Cotovia[119] o bando galicado
Com respeito mil vezes o nomeia,
E ao soberbo estardalho do selvagem
As putas todas rendem vassalagem.

---

[114] *Ladros* – plural de ladro, piolho do púbis (*Pthirus pubis*), popularmente designado *chato*.
[115] Ver a nota 65, *supra*.
[116] Referência ao personagem de "A Martinhada" (ver a nota 106, *supra*).
[117] *Polifemo* – ciclope da mitologia grega, presente na *Odisseia* de Homero.
[118] *Galateia* – na mitologia grega, é uma das nereidas, filha de Nereu e Dóris.
[119] *Cotovia* – informa Daniel Pires que era "um local de Lisboa frequentado pelas prostitutas".

VII

O longo e denso véu da noite escura
Das estrelas bordado já se via.
E em rota cama a horrenda criatura
Os tenebrosos membros estendia.
Do caralho a grandíssima estatura
C'os lençóis encobrir-se não podia,
E a cabeça fodaz de fora pondo
Fazia sobre o chão medonho estrondo.

VIII

Os ladros, que fiéis o acompanhavam,
A triste colhoada, a cada instante,
Com agudos ferrões lhe trespassavam,
Atormentando a besta fornicante:
Na duríssima pele se entranhavam,
Suposto que, com garra penetrante,
O negro dos colhões a muitos saca
E o castigo lhes dá na fera unhaca.

IX

Tendo o cono patente no sentido,
Na barriga o tesão lhe dava murros,
E de ativa luxúria enfurecido
Espalhava o cachorro aflitos urros;
Co'a lembrança do vaso apetecido,
O nariz encrespava como os burros,
Até que, em vão berrando pelo cono,
De todo se entregou nas mãos do sono.

X

Já, roncando, os vizinhos acordava
O lascivo animal, que representa,

C'o motim pavoroso que formava,
Trovão fero no ar, no mar tormenta;
Com alternados coices espancava
Da pobre cama a roupa fedorenta,
Que pulgas esfaimadas habitavam
E de mil cagadelas matizavam.

XI

Eis de improviso em sonhos lhe aparece
Terrífica visão, que um braço estende,
E pela grossa carne que lhe cresce
Debaixo da barriga ao negro prende.
Acorda, põe-lhe os olhos e estremece
Como quem ao terror se curva e rende;
Com o medo que tinha, a porra ingente
Se meteu nas encolhas, de repente.

XII

Do tremendo fantasma a testa dura
Dois retorcidos cornos enfeitavam;
E, debaixo da pança, a mata escura
Três disformes caralhos ocupavam;
O sujo aspeto, a feia catadura,
Os rasgados olhões iluminavam,
E na terrível destra o torpe espetro
Empunhava uma porra em vez de cetro.

XIII

Ergue a voz, que as paredes abalava,
E co'a força do alento sibilante
Mata a pálida luz que a um canto estava,
Em plúmbeo castiçal agonizante:
"Ó tu, rei dos caralhos (exclamava),

Perde o medo que mostras no semblante,
Que quem hoje te agarra no marsapo
É de Vênus[120] o filho, o deus Príapo.

XIV

Vendo a fome cruel do parrameiro[121]
Que essas negras entranhas te devora,
De putas um covil deixei ligeiro,
Por fartar-te de fodas sem demora.
Consolarás o rígido madeiro
Numa fêmea gentil que perto mora,
Mas não lho metas todo, pois receio
Que a possas escachar de meio a meio".

XV

Disse; e o negro da cama velozmente,
Para beijar-lhe os pés, se levantava,
Mas tropeça num banco, e de repente
No fétido bispote[122] as ventas crava.
Não ficando da queda mui contente,
Co'uma gota de mijo à pressa as lava
E, acabada a limpeza, a voz grosseira
Ao nume dirigiu desta maneira:

XVI

"Socorro de famintos fodedores,
Propícia divindade que me escutas!
Tu consolas, tu enches de favores
O mestre da fodenga, o pai das putas.
Viste que, do tesão curtindo as dores,
Travava c'o lençol imensas lutas

---

[120] Ver a nota 59, *supra*.
[121] Ver a nota 85, *supra*.
[122] *Bispote* – penico.

E baixaste ligeiro, como Noto[123],
A dar piedoso amparo ao teu devoto.

XVII

Enquanto houver tesões, e enquanto o cono
For de arreitadas picas lenitivo,
Sempre hei de recordar-me, alto patrono,
De que és de meus gostos o motivo,
Pois me dás glória no elevado trono,
E já, como o veado fugitivo
Que o caçador persegue, eu corro, eu corro,
A procurar as bordas por quem morro".

XVIII

Deteve aqui a voz o rijo acento,
Que dos trovões o estrépito parece,
E logo d'ante os olhos num momento
A noturna visão desaparece.
Deixa Ribeiro o sórdido aposento,
Que de antigos escarros se guarnece,
E nas tripas berrando-lhe o demônio,
Corre logo a tratar do matrimônio.

XIX

O brando coração da fêmea alcança
Com finezas, carícias e desvelos,
A qual sobre a vil cara emprega e lança
(Tentação do demônio!) os olhos belos;
O fodedor maldito não descansa,
Sem ver chegar o dia em que os marmelos
Que tem junto do cu deem cabeçadas
Entre as cândidas virilhas delicadas.

[123] Na mitologia grega, responsável pelo vento do sul.

XX

Chega o dia infeliz (triste badejo[124]!
Mísera crica! Desditoso rabo!)
E, ornado o rosto de um purpúreo pejo,
Une-se a mão de um anjo à do diabo:
Ardendo o bruto em férvido desejo,
Unta de louro azeite o longo nabo,
Para que possa entrar com mais brandura
A vermelha cerviz faminta e dura.

XXI

Principia o banquete, que constava
De dois gatos, achados num monturo,
E de raspas de corno, de que usava
Em lugar de pimenta o preto impuro;
Em sujo frasco ali se divisava
Turva água-pé[125]; fatias de pão duro,
Pela mesa decrépita espalhadas,
A fraca vida perdem às dentadas.

XXII

Depois de ter o esposo o bucho farto,
Abrasado de amor na ardente chama,
Foge com leves passos para o quarto,
Ao colo conduzindo a bela dama.
Pelas ceroulas o voraz lagarto
A genital enxúndia já derrama:
Só por ver da consorte o gesto lindo
Inda, antes de foder, já se está vindo![126]

---

[124] *Badejo* – grande, avantajado.
[125] *Água-pé* – espécie de vinho fraco, de baixo teor alcoólico.
[126] Ver as notas 52 e 76, *supra*.

XXIII

Jazia o velho tálamo num canto
Onde de pulgas esquadrão persiste,
Para teatro ser do aflito pranto
Que havia derramar a esposa triste.
Oh noite de terror, noite de espanto,
Que das fodas cruéis o estrago viste!
Permite que com métrica harmonia
Patente ponha tudo à luz do dia.

XXIV

Ergue-lhe a saia o renegado amante,
Estira-se a consorte ágil e pronta,
E ele a seta carnal no mesmo instante
Ao parrameiro mísero lhe aponta:
C'um só beijo do membro palpitante
Ficou subitamente a moça tonta
E julgou (tanto em fogo ardia o nabo!)
Que encerrava entre as pernas o diabo.

XXV

Prossegue o desalmado, mas a esposa,
Que não pode aturar-lhe a dura estaca,
Dando voltas ao cu muito chorosa,
Com jeito o membralhão das bordas saca;
Ele irado lhe diz, com voz queixosa:
"Não és uma mulher como uma vaca?
Porque fazes traições, quando te empurro
O mastro? Quando vês que gemo e zurro?".

XXVI

Então, cheio de raiva, aperta o dente,
E na gostosa, feminil masmorra,
Alargando-lhe as pernas novamente,

Com estrondosos ais encaixa a porra;
Ela, que já no corpo o fogo sente
Do marsapo, lhe diz: "Queres que eu morra?
Tu não vês que me engasgo e que estou rouca,
Porque o cruel tesão me chega à boca?".

XXVII

"Ah! deixa-me tomar um breve alento,
Primeiro que rendida e morta caia...".
Mas ele, que na foda é um jumento,
Não tem dó da mulher, que já desmaia.
Sentindo ser chegado o fim do intento,
Do ranhoso licor lhe inunda a saia,
Porque dentro do vaso não cabia
A torrente, que rápida corria.

XXVIII

De gosto o vil cachorro então se baba,
E vendo que a mulher calada fica,
"Consola-te (exclamou), que já se acaba
Esta fome voraz da minha pica".
E com muita risada então se gaba
De lhe ter esfolado a roxa crica,
Mas ela grita, ardendo-lhe o sabugo:
"Ora que casasse eu com um verdugo!".

XXIX

"Fora, fora, cachorro, não te aturo,
Que me feres as bordas do coninho!".
E com desembaraço um teso e duro
Bofetão lhe arrumou pelo focinho.
Tomou em tom de graça o monstro escuro
A afrontosa pancada, e com carinho

Disse para a mulher: "Brincas comigo?
Pois torno-te a foder, por teu castigo".

XXX

Estas vozes ouvindo, a desgraçada
De repente no chão cair se deixa
E, temendo a mortífera estocada,
Ora abre os tristes olhos, ora os fecha;
Com suspiros depois desatinada,
Da contrária fortuna ali se queixa,
Até que ele lhe diz, com meigo modo:
"Levanta-te do chão, que não te fodo".

XXXI

Alma nova cobrou, qual lebre aflita
Que das unhas dos cães se vê liberta,
E apalpando a conaça (oh, que desdita!),
Mais que boca de barra a encontra aberta;
Mas consola-se um pouco, e já medita
Em fugir da ruína, que é tão certa,
E em vingar-se do horrível brutamonte,
Ornando-lhe de cornos toda a fronte.

XXXII

Tem conseguido a bárbara vingança
A traidora mulher, como queria,
E o negro, com paciência branda e mansa,
Sofrendo os cornos vai de dia em dia.
Bem mostra no que faz não ser criança,
Que de nada o rigor lhe serviria,
Porque, se uma mulher quiser perder-se,
Até feita em picado há de foder-se.

XXXIII

Agora vós, fodões encarniçados,
Que julgais agradar às moças belas,
Por terdes uns marsapos que estirados
Vão pregar c'os focinhos nas canelas,
Conhecereis aqui desenganados
Que não são tais porrões do gosto delas:
Que lhes não pode, enfim, causar recreio
Aquele que passar de palmo e meio.

A Manteigui. Poema em um só canto[127]

Argumento

Da grande Manteigui, puta rafada[128],
Se descreve a brutal incontinência;
Do cafre infame a porra desmarcada,
Do cornígero esposo a paciência;
Como à força de tanta caralhada,
Perdendo o negro a rígida potência,
Foge da puta, que sem alma fica,
Dando mil berros por amor da pica.

Canto único

I
Canto a beleza, canto a putaria
De um corpo tão gentil, como profano:
Corpo que, a ser preciso, engoliria

---

[127] Essa peça, atribuída a Bocage, teve larga circulação clandestina; a atribuição não passa sem dúvidas: se Inocêncio Francisco da Silva considera Bocage o autor do poema, Daniel Pires faz notar (e compartilhamos desse juízo) que seu conteúdo "permite-nos concluir que Bocage poderá ter sido alheio à sua composição" – ver *Obras completas de Bocage*, t. I (organização, fixação do texto e notas de Daniel Pires, Lisboa, Imprensa Nacional-Casa da Moeda, 2018), por ele editadas, nas *Poesias eróticas, burlescas e satíricas*, cit., a nota à p. 169.
Mas a posição de Inocêncio não deixa de merecer algum cuidado – sabedor da biografia de Bocage, o pesquisador se apoia na vivência do poeta em Goa, quando ele certamente teve conhecimento da "grande Manteigui", a "puta rafada" do texto, inspirada em Ana Maria Monteiro de Brito, natural de Damão (casada desde 1774 com Jacques Filipe de Mondotegui), dama de reconhecidos encantos físicos e poucas reservas nos seus tórridos amorios – um deles envolvendo-a com o governador de Goa de 1779 a 1786, Frederico Guilherme de Sousa Holstein (1737-1790) – que, parece, não afetavam sua paz conjugal.

[128] *Rafada* – particípio do verbo *rafar*; que tem rafa, grande carência – aqui, no sentido de desgastada pela reiteração de um comportamento determinado.

Pelo vaso os martelos de Vulcano[129];
Corpo vil, que trabalha mais num dia
Do que Martinho trabalhou num ano
E que atura as chumbadas e pelouros
De cafres[130], brancos, maratas[131] e mouros.

II

Vênus[132], a mais formosa entre as deidades,
Mais lasciva também que todas elas;
Tu, que vinhas de Troia às soledades
Dar a Anquises[133] as mamas e as canelas,
Que gramaste do pai das divindades
Mais de seiscentas mil fornicadelas,
E matando uma vez da crica a sede,
Foste pilhada na vulcânea rede:

III

Dirige a minha voz, meu canto inspira,
Que vou cantar de ti, se a Jacques[134] canto,
Tendo um corno na mão em vez de lira,
Para livrar-me do mortal quebranto.
Tua virtude em Manteigui respira,
Com graça, qual tu tens, motiva encanto
E bem pode entre vós haver disputa
Sobre qual é mais bela, ou qual mais puta.

---

[129] Deus romano do fogo, responsável por forjar os raios de Júpiter, seu pai.
[130] *Cafres* – africanos, negros.
[131] *Maratas* – oriundos de Maharashtra, região do centro-oeste da Índia em que se situa Bombaim (hoje, Mumbai).
[132] Ver a nota 59, *supra*.
[133] Príncipe de Troia, filho de Cápis e de Temiste. Ver a nota 70, *supra*.
[134] Marido de Manteigui – ver a nota 127, *supra*.

IV

No cambaico Damão[135], que escangalhado
Lamenta a decadência portuguesa,
Este novo Ganesha[136] foi procriado,
Peste d'Ásia em luxúria e gentileza;
Que ermitão de cilícios macerado
Pode ver-lhe o carão sem porra tesa?
Quem chapeleta não terá de mono,
Se tudo que ali vê é tudo cono?

V

Seus meigos olhos, que a foder ensinam,
'Té nos dedos dos pés tesões acendem;
As mamas, onde as Graças[137] se reclinam,
Por mais alvas que os véus, os véus ofendem;
As doces partes, que os desejos minam,
Aos olhos poucas vezes se defendem,
E os Amores, de amor por ela ardendo,
As piças pelas mãos lhe vão metendo.

VI

Seus cristalinos, deleitosos braços,
Sempre abertos estão, não para amantes,
Mas para aqueles só que, nada escassos,
Cofres lhe atulham de metais brilhantes;

---

[135] A Mantegui nasceu em Damão, no Oceano Índico, junto ao Golfo de Cambaia, na costa ocidental da Índia.

[136] Essa é a lição de Daniel Pires – Ganesha, um deus da religião hindu, filho de Shiva e de Parvati (ver, na sua edição das *Poesias eróticas, burlescas e satíricas*, cit., que estamos mencionando das *Obras completas de Bocage*, a nota da p. 172), lição que me parece mais adequada que a de Hernâni Cidade (*Obras escolhidas de Bocage*, cit., p. 846).

[137] Ver a nota 31, *supra*.

As níveas plantas[138], quando move os passos,
Vão pisando os tesões dos circunstantes,
E quando em ledo som de amores canta,
Faz-lhe a porra o compasso co'a garganta.

VII

Mas para castigar-lhe a vil cobiça,
O vingativo Amor, como agravado,
Fogo infernal no coração lhe atiça
Por um sórdido cafre[139] asselvajado.
Tendo-lhe visto a tórrida linguiça,
Mais extensa que os canos d'um telhado,
Louca de comichões a indigna dama
Salta nele, convida-o para a cama.

VIII

Eis o bruto se coça de contente;
Vermelha febre sobe-lhe ao miolo;
Agarra na senhora, impaciente
D'erguer-lhe as fraldas, de provar-lhe o bolo,
Estira-a sobre o leito, e de repente
Quer do pano sacar o atroz *mampolo*:
Porém, não necessita arrear cabos,
Lá vai o langotim[140] com mil diabos.

IX

Levanta a tromba o ríspido elefante,
A tromba, costumada a tais batalhas,
E apontando ao buraco palpitante,
Bate ali qual aríete nas muralhas;

---

[138] *Plantas* – pés.
[139] Ver a nota 130, *supra*.
[140] *Langotim* – entre os hindus, tanga.

Ela enganchando as pernas delirante:
"Meu negrinho (lhe diz) quão bem trabalhas!
Não há porra melhor em todo o mundo!
Mete mais, mete mais, que não tem fundo.

X

Ah! se eu soubera (continua o coiro
Em torrentes de sêmen já nadando),
Se eu soubera que havia este tesouro,
Há que tempos me estava regalando!
Nem fidalguia, nem poder, nem ouro
Meu duro coração faria brando;
Lavara o cu, lavara o passarinho,
Mas só para foder c'o meu negrinho.

XI

Mete mais, mete mais... Ah Dom Fulano!
Se o tivesses assim, de graça o tinhas!
Não viveras em um perpétuo engano,
Pois vir-me-ia também quando te vinhas.
Mete mais, meu negrinho, anda, magano[141];
Chupa-me a língua, mexe nas maminhas...
Morro de amor, desfaço-me em langonha[142]...
Anda, não tenhas susto, nem vergonha.

XII

Há quem fuja de carne, há quem não morra
Por tão belo e dulcíssimo trabalho?
Há quem tenha outra ideia, há quem discorra
Em coisa que não seja de mangalho[143]?

---

[141] *Magano* – maroto, malandro.
[142] Ver a nota 53, *supra*.
[143] Ver a nota 108, *supra*.

Tudo entre as mãos se me converta em porra,
Quanto vejo transforme-se em caralho:
Porra e mais porra no verão e no inverno,
Porra até nas profundas do Inferno!

XIII

Mete mais, mete mais (ia dizendo
A marafona[144] ao bruto, que suava,
E convulso fazia estrondo horrendo
Pelo rústico som com que fungava);
Mete mais, mete mais, que estou morrendo!...".
"Mim não tem mais!" o negro lhe tornava;
E triste exclama a bêbeda fodida:
"Não há gosto perfeito nesta vida!".

XIV

Neste comenos o cornaz marido,
O bode racional, veado humano,
Entrava pela câmara atrevido
Como se entrasse num lugar profano;
Mas vendo o preto em jogos de Cupido[145],
Eis sai logo, dizendo: "Arre, magano!
Na minha cama! Estou como uma brasa!
Mas, bagatela, tudo fica em casa".

XV

A foda começada ao meio-dia
Teve limite pelas seis da tarde;
Veio saltando a ninfa de alegria
E da sórdida ação fazendo alarde.
O bom consorte, que risonha a via,

---

[144] *Marafona* – meretriz.
[145] *Cupido* – filho de Marte e de Vênus; na mitologia grega, correspondia a Eros.

Lhe diz: "Estás corada! O Céu te guarde;
Bem boa alpista[146] ao pássaro te coube!
Ora dize, menina, a que te soube?".

XVI

"Cale-se, tolo" (a puta descarada
Grita num tom raivoso e lhe rezinga).
O rei dos cornos a cerviz pesada
Entre os ombros encolhe, e não respinga;
E o coirão, da pergunta confiada,
Outra vez com o cafre, e mil se vinga,
Até que ele, faltando-lhe a semente,
Tira-lhe a mama e foge de repente.

XVII

Deserta por temor d'esfalfamento,
Deserta por temer que o coiro o mate,
Ela então de suspiros enche o vento,
E faz alvorotar todo o Surate[147].
Vão procurá-lo de cipaios[148] um cento,
Trouxeram-lhe a cavalo o tal saguate[149];
Ela o vai receber, e o grão nababo[150]
Pasmou disto e quis ver este diabo.

XVIII

Pouco tempo aturou de novo em casa
O cão, querendo logo a pele forra,
Pois a puta co'a crica toda em brasa,

---

[146] *Alpista* – o mesmo que alpiste.
[147] *Surate* – capital administrativa do estado indiano de Gujarate, próxima a Damão.
[148] *Cipaios* – indianos que atuavam como soldados do exército colonial.
[149] *Saguate* – mimo, presente.
[150] *Nababo* – autoridade provincial na Índia muçulmana.

Nem queria comer, só queria porra.
Voou-lhe, qual falcão batendo a asa,
E o coirão, sem achar quem a socorra,
Em lágrimas banhada, acesa em fúria,
Suspira de saudade, e de luxúria.

XIX

Coirões das quatro partes do Universo,
De gálico[151] voraz envenenados,
Se deste canto meu, deste acre verso
Ouvirdes porventura os duros brados,
Em bando marcial, coro perverso,
Vinde ver um cação[152] dos mais pescados,
Vinde cingir-lhe os louros, e devotos
Beijar-lhe as aras, pendurar-lhe os votos.

---

[151] *Gálico* – ver a nota 109, *supra*.
[152] *Cação* – ver a nota 69, *supra*.

A empresa noturna[153]

Era alta noite, e as beiras dos telhados
Pingando mansamente convidavam
A gente toda a propagar a espécie;
Brandas torrentes que do céu caíam
Pelas ruas abaixo sussurravam;
Dormia tudo, e a ronda do Intendente[154]
Que o grão Torquato rege, o pai das putas,
Esbirro-mor, mecenas das tabernas,
Recolhido se havia aos pátrios lares.
Era tudo silêncio, e só se ouvia
De quando em quando ao longe uma matraca.
Soava o sino grande dos Capuchos[155],
Vão-se os frades erguendo, era uma hora.
Não podia faltar: Nise formosa,
Pela primeira vez m'estava esperando.
De repente me visto e salto fora
Da pobre cama, aonde envolto em sonhos
Mil imagens a mente me fingia.
Visto roupa lavada e me perfumo,
Num capote me embuço, a espada tomo,
Que nunca me serviu, mas que em tais casos

---

[153] Esse poema – também conhecido sob o título "Noite de inverno" – foi por vezes editado como sendo de Bocage. Mas há muito que Inocêncio Francisco da Silva afirmou que é da autoria de Sebastião Xavier Botelho (1768-1840), contemporâneo e amigo de Bocage. Botelho, formado na Universidade de Coimbra, foi escritor culto e prestigiado e, diplomata, desempenhou importantes funções públicas no exterior (inclusive no Brasil).
[154] Era intendente-geral da Polícia do Reino Diogo Inácio de Pina Manique (1733--1805), doutor em leis pela Universidade de Coimbra (1758) e expressão típica do absolutismo português. Ocupou a chefia da polícia de 1780 até seu falecimento.
[155] Alusão a um convento da Ordem dos Capuchos, situado em Lisboa.

Mete a todos respeito; e qual Quixote[156],
Que, havendo já perdido o caro Sancho,
Sem nada recear de assalto busca
Altos moinhos, que valente ataca,
Tal eu figuro achar a cada esquina
Um Rodamonte[157], e pronto me disponho
A lançá-lo por terra, em pó desfeito.
Assim gastei o tempo, até que chego
Ao sítio dado, onde meu bem m'espera.
  Mal a porta emboquei, dentro em mim sinto
Um fogo ativo, que me abrasa todo.
Eis de Nise a criada, abelha-mestra
Que à mira estava ali, a mão me aperta,
Vai-me guiando, e diz: "Suba de manso,
Que aí dorme a senhora". A poucos passos,
Por acaso ao subir lhe apalpo as coxas...
Oh cáspite! Que sesso! Era alcatreira[158],
Nunca vi cu tão duro, era uma rocha.
Foi o tesão então em mim tão forte
Que as mãos lhe encosto aos ombros, nela salto,
Que enfadada dizia: "Olhe o brejeiro!...
Tire-se lá, que pode ouvir minha ama!...".
Ao dizer isto, a voz lhe fica presa,
Soluça, treme toda, estende os braços,
Aperta as pernas, encarquilha o cono,
Que distava do cu polegada e meia.
Qual moinho de cartas, que os rapazes
Em tempo de verão põem nas janelas,
Tal a moça rebola, e eu posto em cima,
Sem nada lhe dizer, tinha vertido

---

[156] Referência ao *Don Quijote de la Mancha* (1605-1615) do castelhano Miguel de Cervantes Saavedra (1547-1616).

[157] *Rodamonte* – um valentão, inspirado em personagem do romance de cavalaria *Orlando Furioso* (1516), do italiano Ludovico Ariosto (1474-1533).

[158] *Cáspite* – expressão de admiração ou espanto; *sesso* – ver a nota 74, *supra*; *alcatreira* – mulher com nádegas volumosas.

Na larga dorna a larga apojadura[159].
Acabada a função, em que a moçoila
(Segundo confessou) deu três por uma,
Num quarto me encaixou, onde os Amores
Tinham sua morada, onde Cupido
Havia de receber em seus altares
Em breve espaço meus amantes votos.
   Dormia tudo em casa: eis Nise bela
Um pouco envergonhada, assim ficando
Mais vermelha que a rosa, a mim se chega,
Nos meus braços se lança: então lhe toco
No tenro e branco seio palpitante;
Trêmula a voz, que o susto lhe embargava,
Mal me pôde dizer: "Meu bem, minh'alma
Quanto pode o amor num peito firme!
Bem vês ao que me arrisco: eu bem conheço
Quanto ofendo o meu sexo, e as leis da honra
Bem sei que despedaço!... Mas não temo
Que te esqueças de mim, que ufano zombes
Duma infeliz mulher amante e fraca!...".
Enquanto assim falava, me prendia
Nise c'os braços seus e aos meus joelhos
As pernas encostava, que eu conheço
Pelo tato que são rijas e grossas.
Mal podia conter-me: o céu chuvoso
Pelas telhas caía; o vento rijo
Pelas frestas zunia; a casa toda
Com cheiro de alfazema; a cama fofa,
Tudo enfim era amor, tudo arreitava.
Entro a beijar-lhe as mãos feitas de neve,
Descubro-lhe com jeito o tenro peito,
Que ansioso palpita, que resiste,
Que não murcha ao tocar-se; oh quanto é bela!
No seio virginal, onde dois globos

---

[159] *Dorna* – vaso de boca maior que o fundo; *apojadura* – emissão de líquido.

Mais brancos do que jaspe estão firmados,
Ansioso beijando-os, pouco a pouco
Se fizeram tão rijos que mal pude
Comprimi-los c'os beiços; neste tempo
Pelo fundo da saia sutilmente
Lhe introduzi a mão, com que esfregava
O pentelho em redondo mais hirsuto
Que até'li encontrei; e como a crica
Vertido tinha já pingas ardentes,
Certos sinais que os férvidos prazeres
Dentro n'alma de Nise à luta andavam,
Tal fogo em mim senti que de improviso
Sem nada lhe dizer me fui despindo,
'Té ficar nu em pelo, e o membro feito,
Na cama m'encaixei, qu'a um lado estava.
Nise, cheia de susto, e casto pejo,
De receio e luxúria combatida,
Junto a mim se assentou, sem resolver-se.
  Eu mesmo a fui despindo e fui tirando
Quanto cobria seu airoso corpo.
Era feito de neve: os ombros altos,
O colo branco, o cu roliço e grosso,
A barriga espaçosa, o cono estreito,
O pentelho mui denso, escuro e liso,
Coxas piramidais, pernas roliças,
O pé pequeno... Oh céus! Como é formosa!
Já metidos na cama em nívea holanda[160],
Erguido o membro 'té tocar no umbigo,
Qual Amadis de Gaula[161] entrei na briga:
Pentelho com pentelho, ambos unidos,
Presa a voz na garganta, ardente fogo

---

[160] *Holanda* – tecido finíssimo de linho, produzido na Holanda.
[161] Romance de cavalaria da Idade Média, inscrito no chamado ciclo arturiano, foi, ao que tudo indica, elaborado na Península Ibérica – mas sua autoria não se esclareceu até hoje. A primeira edição impressa conservada é de 1508, preparada por Garci Rodríguez de Montalvo (1440-1504).

Exalávamos ambos; Nise bela,
Ou fosse natural, ou fosse d'arte,
O peito levantado, ansiosa, aflita,
Tremia, soluçava e os olhos belos
Semimortos erguia; a cor do rosto
Pouco a pouco murchava; era tão forte,
Tão ativo o prazer que ela sentia
Que, cingindo-me os rins c'os alvos braços,
Tanto a si me prendia que por vezes
O movimento do cu me embaraçava:
Co'as alvas pernas me apertava as coxas,
Titilava-lhe o cono e, reclinada
Quase sem tino a lânguida cabeça,
Chamando-me seu bem, sua alma e vida,
Faz-me ternas meiguices, brandos mimos;
Férvidos beijos, mutuamente dados,
Anelantes suspiros se exalavam:
Era tudo ternura; e em breve espaço
Ao som de queixas mil, com que intentava
Mostrar-me Nise um dano irreparável,
Me senti quase morto em todo o corpo;
Uma viva emoção senti gostosa
Dentro em minh'alma: férvidos prazeres
O peito vivamente me agitavam:
Os olhos, e a voz amortecida,
Os braços frouxos, quase moribundos,
Lânguido o corpo todo, enfim mal pude
Saber o que fazia... Eis de improviso,
Tornando a mim mais forte e mais robusto,
Tentei de novo o campo da batalha:
Qual o bravo guerreiro, que se abrasa
No cálido vapor, que exala o sangue
Que ele mesmo espargiu entre as falanges
De inimigos cruéis, que vence e mata,
Assim eu, abrasado em vivo fogo
Que de Nise saía, me não farto

Da guerra que intentei: de novo a aperto,
De novo beijo os seus mimosos braços,
Beijo-lhe os olhos, a mimosa boca,
Os níveos peitos, a cintura airosa;
Nise outro tanto me fazia alegre,
Estreitava-me a si por vários modos:
Ora posto eu por baixo, ela por cima,
Para dar doce alívio aos membros lassos;
Ora posto de ilharga, sem que nunca
O voraz membro do lugar saísse,
Onde uma vez entrara altivo e forte,
O membro, que em tal caso era mais duro
Que alva coluna de marmóreo jaspe;
Até que enfim, depois de não podermos
Nem eu, nem Nise promover mais gostos,
O brando sono, sobre nós lançando
Os seus doces influxos brandamente,
Os olhos nos cerrou. Uns leves sonhos
Vieram animar nossos sentidos,
'Té que chegou a fresca madrugada,
Em que à casa voltei, donde saíra;
E tornando outra vez à pobre cama,
Dormi o dia inteiro a sono solto.

4

Epitáfio

Lá quando em mim perder a humanidade
Mais um daqueles que não fazem falta,
Verbi gratia[162] o teólogo, o peralta,
Algum duque, ou marquês, ou conde, ou frade,

Não quero funeral comunidade,
Que engrole *sub venites*[163] em voz alta.
Pingados gatarrões, gente de malta,
Eu também vos dispenso a caridade.

Mas quando ferrugenta enxada idosa
Sepulcro me cavar em ermo outeiro,
Lavre-me este epitáfio mão piedosa:

"Aqui dorme Bocage, o putanheiro.
Passou vida folgada e milagrosa:
Comeu, bebeu, fodeu sem ter dinheiro".[164]

---

[162] *Verbi gratia* – por exemplo.
[163] *Sub venites* – rezas fúnebres pela alma dos mortos.
[164] Há estudiosos que põem em questão a autoria desse soneto, desde 1854 atribuído a Bocage.

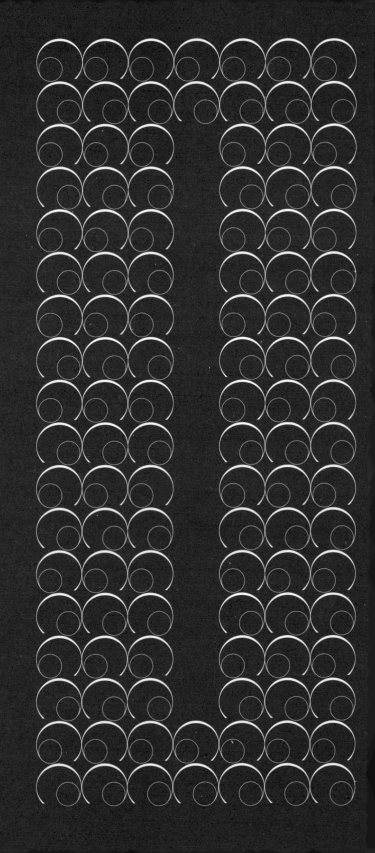

Índice dos primeiros versos

Amar dentro do peito uma donzela; 117
"Apre! Não metas todo... Eu mais não posso..." 137
Arreitada donzela, em fofo leito 126
Bojudo fradalhão de larga venta, 127
Cante a guerra quem for arrenegado, 139
Canto a beleza, canto a putaria 152
Com que mágoa o não digo! Eu nem te vejo, 135
Da grande Manteigui, puta rafada, 152
Debalde um véu cioso, ó Nise, encobre 118
Dizem que o rei cruel do Averno imundo 128
Dormia a sono solto a minha amada, 131
É pau e rei dos paus, não marmeleiro, 125
Elmano, de teus mimos anelante, 120
Era alta noite, e as beiras dos telhados 160
Eram oito do dia; eis a criada 138
Eram seis da manhã; eu acordava 138
Esse disforme e rígido porraz 130
Fiado no fervor da mocidade, 133

Imaginas, meu bem, supões, ó Lília, 121
Lá quando em mim perder a humanidade 167
Levanta Alzira os olhos pudibunda 135
Magro, de olhos azuis, carão moreno, 69
"Mas se o pai acordar!... (Márcia dizia 132
Não lamentes, ó Nise, o teu estado; 136
Noite, amiga de Amor, calada, escura, 117
Num capote embrulhado, ao pé de Armia, 126
Ó deusa que proteges dos amantes 119
"Ora deixe-me, então... faz-se criança? 134
Pavorosa ilusão da Eternidade, 71
Pela escadinha de um coirão subindo, 132
Pela Rua da Rosa eu caminhava, 137
Porri-potente herói que uma cadeira 129
Quando o preto Ribeiro entregue ao sono 140
Que estranha agitação não sinto n'alma 79
Se o grã serralho do Sufi potente, 128
Se tu visses, Josino, a minha amada 129
Vem cá, minha Maria, tão roliça, 134
Voa a Lília gentil meu pensamento 119

Notas

Prefácio

[1] Lisboeta nascido em 1956, Francisco Louçã é professor catedrático do Instituto Superior de Economia e Gestão (Iseg) da Universidade de Lisboa. Autor de larga bibliografia (traduzida em sete idiomas), desenvolveu atividades acadêmicas em várias universidades europeias. Desde muito jovem, participou da resistência ao regime salazarista e seguiu articulando seu trabalho acadêmico e cultural com a militância política: um dos fundadores do Bloco de Esquerda (1999), é membro da sua direção; foi deputado por Lisboa em várias legislaturas; eleito pela Assembleia da República, tornou-se membro do Conselho de Estado (2015-2022). Esteve inúmeras vezes no Brasil, em eventos acadêmicos e cívico-políticos, como o Fórum Social Mundial/Porto Alegre. (N. E.)

[2] É Platão quem imagina esse banquete, provavelmente em 385 a.C. (Platão, *O banquete*, Lisboa, Relógio d'Água, 2018, p. 176). Só Eurípides, mais velho que Platão, tinha quebrado o silêncio feminino na tragédia grega, atribuindo falas às mulheres e também incorporando as vozes dos derrotados, dos prisioneiros ou dos escravos.

[3] Ibidem, 190.

[4] Ibidem, 191.

[5] Aristófanes escreveu essa peça em 414 a.C. (Aristófanes, *As aves*, Lisboa, Edições 70), dois anos depois desse banquete ficcional, que é remetido pelo autor para 416 a.C. Mas a descrição de Platão, em *O banquete*, foi escrita quase trinta anos depois. A existência de uma "lenda" na Antiguidade sobre essas duas metades do ser humano, que aspirariam a reunir-se sexualmente, é referida por Freud (Sigmund Freud, *Três ensaios sobre a teoria da sexualidade*, São Paulo, Cia. das Letras, 2016 [1905]), que cita os exemplos de

várias divindades que seriam hermafroditas, como a deusa Mut, ou também Ísis, Mathor e Neith de Sais, que daria origem a Atenas (Sigmund Freud, *Uma recordação de infância de Leonardo da Vinci*, Lisboa, Círculo dos Leitores, 1990 [1910]), p. 59.

[6] Platão, *O banquete*, cit., p. 177.

[7] Ibidem, 211.

[8] Ibidem, 209.

[9] Por exemplo, a brilhante Ursula K. Le Guin, em *A mão esquerda das trevas* (Lisboa, Presença, 1969) descreve um planeta cujos habitantes podem ser homem ou mulher, concebendo como pai ou mãe conforme os momentos, sendo seu estado definido pelo acaso num período de êxtase sexual.

[10] Ibidem, p. 187.

[11] Sigmund Freud, *Moisés e o monoteísmo* (Lisboa, Círculo dos Leitores, 1990 [1939]), p. 124. Não trato aqui da forma específica como Freud interpretou a sexualidade, em particular sua misoginia.

[12] "Consta nesta intendência que Manuel Maria Barbosa de Bocage é o autor de alguns ímpios papéis, sediciosos e críticos que nestes últimos tempos se têm espalhado por esta corte e este reino"; *apud* Álvaro Arranja, *Bocage: a liberdade e a Revolução Francesa* (Setúbal, Centro de Estudos Bocageanos), p. 18. O pretexto terá sido a "Epístola a Marília".

[13] Jorge de Sena, *Amor e outros verbetes* (Lisboa, Edições 70, 1992), p. 54.

[14] Óscar Lopes, *Ler e depois* (Porto, Inova, 1970), p. 157; Antônio José Saraiva e Óscar Lopes, *História da literatura portuguesa* (Porto, Porto Editora, 2017 [1955]), p. 673.

[15] Jacinto do Prado Coelho, *Problemática da história literária* (Lisboa, Edições Ática, 1972), p. 134.

[16] Natália Correia, *Antologia de poesia portuguesa erótica e satírica* (Lisboa, Afrodite, 1965, reeditado pela Ponto de Fuga em 2019). O livro foi proibido pela ditadura e a poeta foi a tribunal pela afronta.

[17] Entre diversos outros exemplos de textos então famosos, Zeldin indica uma antologia erótica no século X por Ibn Daud, ou os escritos do poeta Abu Nuwar, dedicados à celebração homoerótica (Theodore Zeldin, *História íntima da humanidade*, Lisboa, Texto, 2017), p. 80, 85.

[18] Sade, mais que Bocage, descreve a delirante violência aristocrática e proprietária sobre os corpos vassalos ou dela escarnece. Bocage, como se verifica por esta antologia, dedica antes sua prosa pícara à descoberta e à prática amorosa.

[19] O impacto da reprodução mecânica das obras de arte não será discutido neste prefácio, não deixando de notar que há uma polêmica que remete

para o contraste entre a expectativa de Benjamim (com a reprodutibilidade, a arte, mesmo perdendo sua aura da autenticidade, deixaria de se basear em rituais, ou na tradição, e passaria a basear-se em escolhas políticas, podendo por exemplo o filme "ser um excelente meio de representação materialista"; Walter Benjamin, "The Work of Art in the Age of Mechanical Reproduction", em *Illuminations*, Londres, 1973, p. 226-49) e a condenação por Adorno da indústria cultural, moinho de alienação (*Teoria estética*, Lisboa, Edições 70, 1982), p. 28-9, e da fragmentação pós-moderna.

[20] Sigmund Freud, *O chiste e sua relação com o inconsciente* (trad. Fernando Costa Matos, São Paulo, Cia. das Letras, 2017 [1905]).

[21] Por exemplo, a publicidade tende a mobilizar explicitamente encenações libidinosas e usa, pelo menos desde o início do século XX, a insinuação sexual como centro de uma atração consumista. Esse recurso seria facilmente considerado obsceno há não muito tempo.

[22] Citado no posfácio de Richard Ellman a *Ulisses* (James Joyce, *Ulisses*, Lisboa, Relógio d'Água, 2013 [1922], p. 745).

[23] Joyce, *Ulisses*, cit., p. 694.

[24] D. H. Lawrence, *O amante de Lady Chatterley* (Lisboa, Público, 2002 [1928]), p. 136. A diferença entre esses dois textos é acentuada pelo fato de Joyce usar uma voz feminina autônoma, a de Molly Bloom, ao passo que o narrador de Lawrence assume como Lady Chatterley se submete a Oliver Mellors. Isso é notório, por exemplo, nas suas evocações do pênis: "porque ele não sabe o que é ter uma sim quanto eu acendo a luz sim porque ele deve ter-se vindo 3 ou 4 vezes com aquela besta enorme e vermelha que é coisa que ele tem eu pensava que a veia ou como diabo chamam ele àquilo ia rebentar", no primeiro caso (Joyce, *Ulisses*, cit., 685) e "Tão orgulhoso! – continuou ela, inquieta – E tão altivo! Agora compreendo por que é que os homens são tão arrogantes! Mas, no fundo, é belo! É como se fosse um outro ser, um pouco assustador, mas belo. E é assim que ele me quer!", no segundo (D. H. Lawrence, *O amante de Lady Chatterley*, cit., p. 245).

[25] Essa obscenidade "começa precisamente quando não existe mais espetáculo, quando tudo se torna transparência e tem visibilidade imediata, quando tudo é exposto à dura e inexorável luz da informação e comunicação"; Jean Baudrillard, *The Ecstasy of Communication*, Cambridge, MIT Press, 1988.

Ou seja, seria onipresente num universo de hipercomunicação e de predomínio da imagem.

[26] Jean Baudrillard, "Paroxysm", em *Jean Baudrillard: Selected Writings* (Stanford, Stanford University Press, 2001), p. 29.

[27] Idem, *Passwords* (Londres, Verso Baudrillard, 2003), p. 27.

Nota do organizador

1. Uma sinopse das edições das *Poesias eróticas, burlescas e satíricas* é oferecida por Daniel Pires no volume a elas correspondente das *Obras completas de Bocage* e uma exaustiva relação de títulos bocagianos foi elaborada por Adelto Gonçalves (ambas as obras estão arroladas na "Apresentação" que se verá a seguir). Registro aqui meu agradecimento a Leila Escorsim, pelo estímulo de sempre; a Ivana Jinkings e a Mavi Rodrigues, pela sua incansável caça a textos de difícil acesso; e ao filósofo lisboeta João Vasco Fagundes, a quem devo sugestões extremamente relevantes. É desnecessário dizer que nenhum deles pode ser responsabilizado pelos resultados a que cheguei. Registro também meu agradecimento a toda a equipe de profissionais da Boitempo – na pessoa de Frank de Oliveira – pelos atentos cuidados de que a edição e a produção gráfica deste livro foram objeto.

2. Também os textos desses autores estão consignados na "Apresentação".

3. É de observar que a grafia de obras e citações de autores portugueses foi adaptada às normas vigentes no Brasil conforme o Acordo Ortográfico da Língua Portuguesa (1990).

Apresentação

1. Decerto se observará, nesta "Apresentação", o longo rol de indicações bibliográficas e de largas notas que não dizem respeito diretamente à obra literária de Bocage, parte delas relacionadas a questões econômico-políticas e eventos históricos que buscam contextualizar adequadamente os antecedentes da época do poeta, ademais de citações que julgo esclarecedoras e que sobrecarregariam em demasia o corpo do texto. Justifico o excesso dessas notas – muitas das quais configuram um longo passeio por alguns momentos relevantes da história de Portugal – registrando que as informações nelas contidas em geral escapam ao domínio do público brasileiro não especialista e/ou não acadêmico.

    Em especial no que toca às indicações bibliográficas, também nelas não fui nem um pouco econômico; procurei oferecer ao leitor, ainda que sabendo dos riscos aí implicados (ver o segundo parágrafo da nota 71, *infra*), subsídios que apontam, principalmente no último meio século, o notável crescimento da massa crítica pertinente à problemática abordada nestas páginas. Para mais, estou convencido de que cabe ao ensaísta socializar as fontes de que se vale, de modo a estimular o leitor disposto à pesquisa e à ampliação dos seus conhecimentos.

2. Trata-se de versos de Bocage. A primeira epígrafe é parte de um soneto dedicado ao maçom José Nicolau de Massuelos Pinto – ver *Obras completas*

de Bocage, t. I (organização, fixação do texto e notas de Daniel Pires, Lisboa, Imprensa Nacional-Casa da Moeda, 2018), p. 243; a segunda, extraída de outro soneto, expressa a reação de Bocage ao reconhecimento do seu talento por Francisco Manuel do Nascimento (o árcade Filinto Elísio) – idem, t. II, 2018, p. 457. (Vale esclarecer que a palavra *zoilo* designa crítico que, em sua mordacidade, revela inveja, incompetência ou aversão pessoal injustificada.) Sobre Filinto Elísio, ver Fernando A. Torres Moreira, *Em torno de Filinto Elísio: ensaios* (Vila Real, Centro de Estudos em Letras/ Universidade de Trás-os-Montes e Alto Douro, 2011) e também Ofélia P. Monteiro, "Bocage e Filinto: confluências e dissonâncias", em Maria Luísa Malato Borralho (org.), *Leituras de Bocage* (Porto, Faculdade de Letras/ Serviço de Publicações, 2007).

[3] Praticamente todos os estudiosos de Bocage, desde meados do século XX, subscrevem a posição de Hernâni Cidade, exarada em 1936 e reiterada décadas depois, segundo a qual, na vida e na obra do poeta, "se fez sentir a convulsão revolucionária do seu tempo, momento histórico-cultural da agonia do mundo clássico e primeiros estremecimentos vitais do mundo romântico"; Hernâni Cidade, *Bocage* , cit., p. 9, e seu prefácio à edição de Bocage, *Obras escolhidas* (Lisboa, RBA Coleccionables/Círculo do Livro, 2005), p. VII. Num registro diverso, mais determinado e recente, lê-se que "sua [de Bocage] ductilidade manifestou-se ainda na forma como respeitou os preceitos neoclássicos, particularmente elogiados pelos intelectuais do Iluminismo, e como, simultaneamente, afirmou na sua poesia aqueles que o Romantismo consignará mais tarde: a celebração exuberante do eu poético, a libertação da emoção e a individualidade"; Daniel Pires, "Estudo introdutório" a *Obras completas de Bocage – Poesias eróticas, burlescas e satíricas* (Lisboa, Imprensa Nacional-Casa da Moeda, 2017), p. 7.

[4] Foi David Mourão-Ferreira dos primeiros a destacar a questão do *drama* no poeta de Setúbal. Ver "O drama de Bocage", em David Mourão-Ferreira, *Hospital das letras* (Lisboa, Imprensa Nacional-Casa da Moeda, 1983).

[5] José Guilherme Merquior, "A escola de Bocage", em idem, *Razão do poema* (Rio de Janeiro, Civilização Brasileira, 1965).

[6] Ver Teófilo Braga, *Bocage: sua vida e época literária* (Porto, Imprensa Portuguesa, 1876), p. 6. Lembre-se que o açoriano Teófilo Braga, positivista e republicano, doutor em direito (1868) pela Universidade de Coimbra, foi, desde 1872, professor em Lisboa do Curso Superior de Letras (hoje Faculdade de Letras da Universidade de Lisboa) e teve relevante desempenho cívico, que o tornou provisoriamente o primeiro presidente da República portuguesa, proclamada em outubro de 1910. Depois desse pioneiro trabalho de Braga, foram muitas as obras dedicadas a tratar da vida de Bocage. Uma das mais rigorosas e recentes foi elaborada pelo

brasileiro Adelto Gonçalves, *Bocage: o perfil perdido* (Lisboa, Caminho, 2003). Há edição no Brasil, com o mesmo título, lançada em 2021 pela Imprensa Oficial do Estado de São Paulo.

Para uma contextualização histórica do nosso poeta, ver Carlos F. Moisés, "Bocage e o século XVIII", Lisboa, *Colóquio Letras*, Fundação Calouste Gulbenkian, n. 50, jul. 1979.

[7] Para avaliações mais recentes, ver as indicações oferecidas por J. Cândido Martins, "Ler e ensinar Bocage hoje: para o estudo da recepção de Bocage", em Maria Luísa Malato Borralho (org.), *Leituras de Bocage*, cit. Do mesmo Cândido Martins, vale a consulta a seu didático, mas eficiente, *Para uma leitura da poesia de Bocage* (Lisboa, Presença, 1999).

Também juízos de estudiosos brasileiros da segunda metade do século XX registram conclusões extremamente valorizadoras da obra bocagiana – ver, por exemplo, Antônio Soares Amora, "Bocage é o maior poeta do setecentismo português e dos maiores da língua", em idem, *Presença da literatura portuguesa: era clássica* (São Paulo, Cultrix, 1967), p. 291, e Massaud Moisés, "O maior poeta do século XVIII português foi Manuel Maria de Barbosa du Bocage", em idem, *A literatura portuguesa* (São Paulo, Cultrix, 1970), p. 119. Cabe observar que, no Brasil, desde sempre Bocage foi objeto de especial atenção: bem antes de Olavo Bilac pronunciar, em 1917, sua célebre conferência "Bocage" (editada no mesmo ano no Porto, pela Renascença Portuguesa), Álvares de Azevedo já se debruçara sobre o vate de Setúbal, num texto pouco lembrado, "Literatura e civilização em Portugal" – ver Jaime Ginzburg, "História e melancolia", *Literatura e civilização em Portugal. Estudos portugueses e africanos*, Campinas, Unicamp/IEL, v. 33, n. 34, jan.-dez. 1999, e também Adriano L. Drumond, "A binomia de duas almas poéticas irmanadas: Bocage na obra de Álvares de Azevedo", *Revista Crioula*, São Paulo, ECLLP-DLCV-USP, n. 5, maio 2009. A mencionada conferência de Bilac tem sido significativamente referenciada na bibliografia portuguesa – exemplo recente é o ensaio de Pedro Martins, "Bocage e Olavo Bilac", *A Ideia. Revista de Cultura Libertária*, Évora, v. 19, 2.a série, ano XLII, n. 77/78/79, outono 2016.

[8] Por exemplo, Antônio Manuel Couto Viana, Alexandre O'Neill, Natália Correia e Fernando Grade. É de destacar, dentre todos, o poeta José Carlos Ary dos Santos; esse, aliás medularmente vinculado à Revolução dos Cravos, de abril de 1974, pouco antes de seu precoce falecimento escreveu um soneto expressivo do que registrei acima – "Ao meu falecido irmão Manuel Maria Barbosa du Bocage": "Meu sacana de versos! Meu vadio./ Fazes falta ao Rossio. Falta ao Nicola./ Lisboa é uma sarjeta. É um vazio./ E é raro o poeta que entre nós faz escola./ Mastigam ruminando o desafio./ São uns merdosos que nos pedem esmola./ Aos vinte anos cheiram a bafio,/ têm joanetes culturais na tola./ Que diria Camões, nosso padrinho,/

ou o primo Fernando, que acarinho/ como Pessoa viva à cabeceira?/ O que me vale é que não estou sozinho,/ ainda se encontram alguns pés de linho/ crescendo, não sei como, na estrumeira!"; José Carlos Ary dos Santos, *Obra poética* (Lisboa, Avante!, 1994), p. 403. (Vale esclarecer que a palavra "tola" significa "cabeça".) Sobre esse poeta comunista, tão amado pelos lisboetas, ver Cecília A. Figueiredo, *Ary dos Santos: a voz da resistência à ditadura salazarista* (Lisboa, Chiado, 2014).

Observe-se que o "Nicola era o [café] mais falado de Lisboa. Sabe-se que já existia em 1787. Ocupava duas lojas na calçada ocidental do Rossio, em substituição a uma antiga livraria. [...] O estabelecimento durou até 1834"; (Adelto Gonçalves, *Bocage: o perfil perdido* cit., p. 184). Depois de fechado por décadas, foi restaurado em 1935 e funciona até hoje. Ver também as notas 136 e 144, *infra*.

[9] Anacronismo óbvio: corridos cerca de 150 anos desde a observação de Teófilo Braga, o nível cultural da população portuguesa mudou de forma radical, principalmente pelo avanço da alfabetização, em especial após a Revolução dos Cravos. O censo oficial de Portugal de 2011 apontava, na primeira década do século XXI, a existência de 5,2% de analfabetos na população total do país.

[10] A relação de Bocage com a *lenda camoniana* e com as *anedotas* que se lhe atribuem não se fixou na memória popular apenas em Portugal – sob forma um pouco distinta, parece-me ser encontrável também em estratos da população brasileira. Cumpre lembrar que, tematizando, há cerca de quarenta anos, a incidência de Camões na cultura brasileira, Gilberto Mendonça Telles deteve-se sobre a palavra *camonge* (Camões+Bocage), registrada na cultura popular do Nordeste; ainda vale a pena reler o belo ensaio de Telles, "O mito camoniano. A influência de Camões na cultura brasileira", *Revista de Letras*, Fortaleza, Universidade Federal do Ceará, jul.-dez. 1980/jan.-jun. 1981.

[11] Em relação às questões econômico-políticas, as ideias que exaro ao largo deste texto valem-se em especial de Victor de Sá, *Época contemporânea portuguesa*, v. 1: *Onde o Portugal velho acaba* (Lisboa, Horizonte, 1981); Manuel Villaverde Cabral, *O desenvolvimento do capitalismo em Portugal no século XIX* (Lisboa, A Regra do Jogo, 1981); Armando de Castro, *Teoria do sistema feudal e transição para o capitalismo em Portugal* (Lisboa, Caminho, 1987). Acerca das questões socioculturais, minhas principais fontes, além do clássico trabalho de Antônio José Saraiva e Óscar Lopes, *História da literatura portuguesa* (5. ed., Porto/Lisboa, Porto Ed./E. L. Fluminense, s.d.), foram José-Augusto França, *Lisboa pombalina e o Iluminismo* (Lisboa, Bertrand, 1987); Francisco Falcón, *A época pombalina* (São Paulo, Ática, 1993); Maria da Graça Gomes de Pina e Tereza Gil Mendes (orgs.), *Bocage*

e as Luzes do século XVIII (Roma, Aracne, 2017). Nos dois casos – questões econômico-políticas e questões socioculturais –, vários outros documentos extremamente relevantes serão referenciados ao longo desta "Apresentação".

[12] Sobre a transição, ver Paul M. Sweezy et al., *A transição do feudalismo para o capitalismo* (trad. Isabel Didonnet, Rio de Janeiro, Paz e Terra, 1977); Eduardo Barros Mariutti, *Balanço do debate: a transição do feudalismo ao capitalismo* (São Paulo, Hucitec, 2004); Maurice Dobb, *Visões da transição do feudalismo ao capitalismo* (Rio de Janeiro, Paz e Terra, 2004); Daniel P. Barreiros, *Os debates sobre a transição: ideias e intelectuais na controvérsia sobre a origem do capitalismo* (Niterói, EdUFF, 2008). Para uma atualização do debate, ver a "A transição do feudalismo para o capitalismo", de David Laibman, em Ben Fine e Alfredo Saad Filho (orgs.), *Dicionário de economia política marxista* (São Paulo, Expressão Popular, 2020), p. 517-23.

Acerca da conexão feudalismo/absolutismo, ver as passagens pertinentes em Perry Anderson, *Linhagens do Estado absolutista* (trad. João Roberto Martins Filho, São Paulo, Brasiliense, 1989) e, igualmente, em Antônio Carlos Mazzeo, *Estado e burguesia no Brasil: origens da autocracia burguesa* (São Paulo, Cortez, 1997); por outra parte, as complexas raízes teórico-filosóficas do absolutismo, que se desenvolverão no pensamento político a partir da segunda metade do século XVI, encontram-se detectadas em Quentin Skinner, *As fundações do pensamento político moderno* (trad. Renato Janine Ribeiro e Laura Teixeira Motta, São Paulo, Cia. das Letras, 1996). Ultrapassa os limites que aqui se me impõem o debate da relação entre o absolutismo e a orientação econômica mercantilista – sobre os dois temas, tangenciados em outras fontes que citarei, ver Antônio José Avelãs Nunes, *Uma introdução à economia política* (São Paulo, Quartier Latin, 2007), parte II, cap. 2; Francisco Louçã e Mariana Mortágua, *Manual de economia política* (Lisboa, Bertrand, 2021), cap. 3, e, com referências a Portugal, Leonor Freire Costa, Pedro Lains e Susana M. Miranda, *História econômica de Portugal: 1143--2010* (Lisboa, A Esfera dos Livros, 2011); um macroscópico trato dessa problemática encontra-se em Immanuel Wallerstein, *O sistema mundial moderno*, v. 2: *O mercantilismo e a consolidação da economia-mundo europeia (1600-1750)* (Porto, Afrontamento, 1994). Sem adentrar de maneira específica nessas polêmicas, um pano de fundo extremamente relevante é acessível na obra seminal de Fernand Braudel, *Civilização material e capitalismo (séculos XV-XVII)* (Lisboa, Cosmos, 1970).

Quanto à vigência do feudalismo em Portugal, posta em questão já por Alexandre Herculano – e mesmo que Armando de Castro tenha redigido um ensaio famoso a pretexto da "Irrelevância, sob o aspecto econômico, do conhecido debate acerca de ter ou não existido em Portugal, Leão e Castela o regime feudal", em Armando de Castro, *A evolução econômica de Portugal dos séculos XII a XV* (Lisboa, Portugália, 1966) –, ela permanece provocando discussões na academia até hoje, inclusive envolvendo a noção de *regime senhorial* – ver esp. Bernardo Vasconcelos e Sousa e Nuno Gonçalo Monteiro, "Senhorio e feudalismo em Portugal (sécs. XII-XIX). Reflexões sobre um debate historiográfico", em E. S. Sánchez e E. M. Serrano (orgs.), *Señorío y feudalismo en la Península Ibérica*, v. 1 (Saragoça, Inst. Fernando el Católico, 1994) e ainda Nuno Gonçalo Monteiro, *Elites e poder: entre o Antigo Regime e o liberalismo* (Lisboa, ISS, 2012); ver também Luís Reis Torgal et al., *História da História em Portugal (sécs. XIX-XX)* (Lisboa, Círculo de Leitores, 1996); Bruno Marconi da Costa, "O conceito de feudalismo em Portugal. Uma discussão historiográfica", em Andréia C. L. Frazão da Silva et al. (orgs.), *Atas da IX Semana de Estudos Medievais*, Rio de Janeiro, PEM-UFRJ, 2012; Airles Almeida Santos, "Entre a teoria e a prática: questionamentos a respeito da relação entre 'centralização precoce' e feudalismo na Idade Média portuguesa", *Revista Outras Fronteiras*, Cuiabá, UFMG, v. 6, n. 1, jan.-jul. 2019. Vale, ademais, a leitura do ensaio de José D'Assunção Barros, "Cidade medieval e feudalismo – um balanço da questão", *Publicatio UEPG. Ciências Humanas, Linguística, Letras e Artes*, Ponta Grossa, UEPG, v. 16, n. 2, dez. 2008; ver também, sobre a historiografia portuguesa no último quartel do século XX, Jean-Frédéric Schaub, "Novas aproximações ao Antigo Regime português", *Penélope. Revista de História e Ciências Sociais*, Lisboa/Oeiras, Cooperativa Penélope/Celta, n. 22, 2000; e, para informação rigorosa e abrangente sobre a historiografia portuguesa, ver Margarida Sobral Neto, *Problemática do saber histórico: guia de estudo* (Coimbra, Palimage, 2016).

[13] Convencionalmente se reconhece na história portuguesa a sucessão de quatro dinastias: a primeira, afonsina, que subsistiu até 1383; a segunda, iniciada em 1385 pelo "mestre de Avis", D. João I (1357-1433) e que perdurou até 1580; a terceira, dita filipina, quando o trono lusitano foi ocupado por três reis de Espanha, e que foi interrompida, em 1640, pelo movimento da Restauração, que rompeu com a dominação estrangeira e pôs no poder, com D. João IV (1604-1656), a casa de Bragança; essa quarta dinastia reinou até a proclamação da República, em 5 de outubro de 1910.

[14] Sobre o movimento de 1383, ver Antônio Borges Coelho, *A revolução de 1383* (Lisboa, Caminho, 1981), mas especialmente, de Álvaro Cunhal, seu clássico ensaio *As lutas de classes em Portugal nos fins da Idade Média* (Lisboa, Caminho, 1997) – a primeira edição fez-se em Paris, em 1967, quando o autor já se encontrava no exílio. Cunhal sublinha que 1383 expressa "o triunfo das forças progressistas contra as forças reacionárias", marcando um "retumbante triunfo da burguesia"; diz o teórico e líder comunista: "É a vitória da burguesia do século XIV, o seu poder econômico real, a sua influência, que determinam a política portuguesa no sentido do desenvolvimento do comércio internacional, que permitem a Portugal ascender à primeira potência mercantil e marítima e colocar-se à frente de todas as

nações na epopeia humana dos descobrimentos. É a vitória burguesa e o seu espírito empreendedor e ascendente que dá a este empreendimento tenacidade e método e também prudência e segurança. À burguesia se deve toda essa luta gigantesca, persistente e metódica, que culminou com a descoberta do caminho marítimo para a Índia". Porém, na sequência imediata, agrega: "Em 1383-1385, a burguesia não destruiu nem poderia então destruir a ordem feudal. Faltava-lhe para isso força econômica, militar e ideológica bastante. Não expulsou nem poderia expulsar do poder a classe territorial-militar. Passarão ainda séculos antes que a ordem feudal seja destruída e o poder seja conquistado pela burguesia. Com a revolução [de 1383], os burgueses partilharam momentaneamente do Poder. Mas nem ganharam a hegemonia política, nem ascenderam a classe dominante" (*As lutas de classes em Portugal nos fins da Idade Média*, cit., p. 170). Há interesse em notar que, escrevendo cerca de vinte anos antes sua tese de doutoramento defendida na França, o *jovem* Celso Furtado, referindo-se ao movimento de 1383 num registro teórico inteiramente diverso, tomou-o também como uma revolução burguesa, concluindo, porém, que esta configurou a "ascensão completa e definitiva da burguesia" – ver Celso Furtado, *Economia colonial no Brasil nos séculos XVI e XVII: elementos de história econômica aplicados à análise de problemas econômicos e sociais* (São Paulo, Hucitec, 2001), p. 27-8.

Ainda que com outros objetivos específicos, o texto de Bruno Marconi da Costa, "Os mesteirais e o concelho de Lisboa durante o século XIV: um esboço de síntese (1300-1383)", oferece uma útil bibliografia sobre o processo português de 1383; disponível em: <http://www2.fcsh.unl.pt/iem/medievalista/MEDIEVALISTA21/costa2105.html>; acesso em: 30 ago. 2022.

[15] Registre-se a ponderação de Raymundo Faoro: "A revolução [de 1383] não emancipa uma classe, a da arraia-miúda conduzida pelo alto comércio marítimo e urbano; ela nobilita, sob o comando dos legistas, uma camada longamente preparada para a ascensão social e política. Uma revolução traída? Não houve nenhuma traição: as conquistas burguesas perseveram nos anos seguintes, a sisa, agora o principal imposto, quebrou as imunidades aristocráticas, penetrando em todas as transações de compra, venda e troca. Reforçaram-se as bases dos armadores, fazendo germinar a arrancada, aventura e epopeia, da conquista ultramarina. Verdade que a nobreza não desapareceu, nem perdeu o papel de fator do poder, sequer se transformou em elite nominal, destituída da real influência. Ao seu lado, com a função dinâmica de conduzir a economia e partilhar a direção da sociedade, instalou-se a burguesia, transformada de grupo de pressão em, também ela, fator do poder"; Raymundo Faoro, *Os donos do poder: formação do patronato político brasileiro* (Porto Alegre, Globo, 2001), v. 1, it. 2, cap. 2.

[16] Em Portugal, também se verificou o suporte oferecido ao absolutismo pela Inquisição, institucionalizada no país com o Tribunal do Santo Ofício (1536)

e só definitivamente extinta com a instauração da monarquia constitucional na sequência da "revolução liberal" do Porto, de 1820. Ultrapassa o escopo desta "Apresentação" a "revolução liberal" – sobre ela, o leitor eventualmente interessado deve recorrer à obra de Victor de Sá, *Época contemporânea portuguesa*, cit., e ainda a José Mattoso (org.), *História de Portugal*, v. 5: *O liberalismo (1807-1890)* (Lisboa, Estampa, 1993); ver também a nota 107, *infra*.

Observe-se que uma diretriz de perseguição aos judeus aparece ainda ao fim do século XV (já em 1496, sob pressão castelhana, D. Manuel I determinou formalmente sua expulsão) e durante a vigência da Inquisição foram eles – juntamente com muçulmanos e suspeitos dentre "cristãos novos" – os principais alvos dos inquisidores; a sanha persecutória oficial e sistemática causou a Portugal grandes e irreparáveis prejuízos, tanto de ordem intelectual como econômico-financeira. Veja-se o que escrevem Saraiva e Lopes, em *História da literatura portuguesa*, cit., p. 164, referindo-se à ação do Tribunal do Santo Ofício, "aparentemente dirigida contra a prática clandestina do judaísmo. Graças ao Santo Ofício, estabeleceu-se a discriminação contra os 'cristãos-novos', verdadeiros ou supostos descendentes dos judeus, que eram na realidade os 'homens de negócios' [que dominavam a praça de Lisboa], e tentou-se impedir o acesso deles a postos de direção no Estado, na Igreja e até na Universidade, ao mesmo tempo que, através do fisco inquisitorial, se expropriava uma parte dos seus bens. Esta perseguição foi, no entanto, ineficaz, e teve, entre outros resultados, o de que muitos cristãos-novos emigraram e constituíram uma rede internacional com núcleos na França, na Inglaterra, no Brasil, no Peru, na África e na Índia, pelas malhas da qual passava uma grande parte do comércio mundial. Através destas relações, a burguesia mercantil portuguesa tende a ganhar um caráter fortemente cosmopolita".

Recorde-se que, no último terço do século XIX, procurando compreender a decadência cultural ibérica subsequente ao século XVI, o combativo Antero de Quental – na sua conferência de 27 de maio de 1871, no Cassino Lisbonense – não hesitou em considerar como seu primeiro fator "a transformação do catolicismo pelo Concílio de Trento", com a Inquisição pesando "sobre as consciências como a abóbada de um cárcere" – ver Antero de Quental, *Causas da decadência dos povos peninsulares nos últimos três séculos* (Lisboa, Ulmeiro, 1987, p. 28, 30); ver também João Medina, *As Conferências do Casino e o socialismo em Portugal* (Lisboa, D. Quixote, 1984) e Carlos Reis, *As Conferências do Casino* (Lisboa, Alfa, 1990).

Sobre a Inquisição portuguesa, ver Antônio José Saraiva, *Inquisição e cristãos-novos* (Porto, Inova, 1969); Francisco Bethencourt, *História das Inquisições: Portugal, Espanha e Itália* (Lisboa, Círculo de Leitores, 1994) e Giuseppe Marcocci e José Pedro Paiva, *História da Inquisição portuguesa (1536-1821)* (Lisboa, A Esfera dos Livros, 2013).

17 Para a complexa questão de Ceuta, que pôs em conflito frações da burguesia mercantil e segmentos aristocráticos, ver o exemplar estudo de António Borges Coelho, *Raízes da expansão portuguesa* (Lisboa, Horizonte, 1985). É a partir da ocupação das ilhas atlânticas que se desenvolve a escravidão negra em Portugal. Não é possível, aqui, abordar temática tão relevante. Valem duas indicações bibliográficas para o período em questão: A. C. de C. M. Saunders, *História social dos escravos e libertos negros em Portugal (1441-1551)* (Lisboa, Imprensa Nacional-Casa da Moeda, 1994) e, para uma aproximação de maior amplitude, João Pedro Marques, *Portugal e a escravatura dos africanos* (Lisboa, Imprensa de Ciências Sociais, 2004). Ver também Pedro Ramos de Almeida, *Portugal e a escravatura em África: cronologia do século XV ao XX* (Lisboa, Estampa, 1978).

Note-se que essa escravatura só será conclusivamente suprimida em 1802, mas os passos decisivos em direção à abolição devem-se ao governo de Pombal, em especial as disposições (alvarás com força de lei) de 1761 e 1773 – sobre seu sentido econômico-político, ver Fernando A. Novais e Francisco C. Falcón, "A extinção da escravatura africana em Portugal no quadro da política pombalina", em Fernando Antonio Novais, *Aproximações: ensaios de história e historiografia* (São Paulo, Cosac Naify, 2005).

18 Cobrindo o arco temporal de 1450-1640, ver o rico ensaio de Luiz Felipe Alencastro "A economia política dos descobrimentos", em Adauto Novaes (org.), *A descoberta do homem e do mundo* (São Paulo, Cia. das Letras, 1998); ver ainda Pedro Antônio Vieira, "A economia-mundo, Portugal e o Brasil no longo século XVI (1450-1650)", em Pedro Antônio Vieira et al. (orgs.), *O Brasil e o capitalismo histórico: passado e presente na análise dos sistemas-mundo* (São Paulo, Cultura Acadêmica, 2012). No trato rigoroso e macroscópico dos descobrimentos portugueses e de suas implicações, é de consulta obrigatória a obra notável de Vitorino Magalhães Godinho, *Os descobrimentos e a economia mundial* (Lisboa, Presença, 1981-1983), 4 v. E vale considerar as informações reunidas em Charles Boxer, *O império marítimo português (1415-1825)* (São Paulo, Cia. das Letras, 2002).

Sobre o quadro econômico português do final do século XV a 1580, veja-se a justa síntese de Saraiva e Lopes (*História da literatura portuguesa*, cit., p. 163): "Acentua-se, após a descoberta do caminho marítimo para a Índia, o processo de concentração do poder político e econômico sob a chefia do rei, iniciado com as campanhas do norte de África [sob Afonso V] e a exploração do ouro da Mina [no golfo da Guiné, hoje cidade de Elmina, em Gana]. A exploração econômica do Ultramar faz-se grandemente em regime de monopólio da Coroa. Apesar dos progressos da burguesia rural e comercial desde o séc. XIV, e sua vitória com D. João I [1385], ela não conseguiu evitar que as novas expansões econômicas fossem na maior parte absorvidas como renda feudal, sob formas variadas (rendas da colonização insular e brasileira, monopólios dos 'resgates' e 'tratos' ultramarinos, monopólios de produção interna sujeitas a direitos 'banais' e, finalmente, administração da Coroa a favor duma oligarquia), o que dificultou a acumulação do capital propriamente dito e seu posterior investimento na agricultura e num desenvolvimento industrial interno".

[19] Estima-se a população portuguesa no continente, em 1500, em 1 milhão de pessoas e, em 1580-1590, em 1,2 milhão. Nesta "Apresentação", a maior parte dos dados demográficos foi extraída de Teresa F. Rodrigues (coord.), *História da população portuguesa: das longas permanências à conquista da modernidade* (Porto, Cepese/Afrontamento, 2008).

[20] Ver, sobre isso, Laurinda Abreu, *O poder e os pobres: as dinâmicas políticas e sociais da pobreza e da assistência em Portugal (séculos XVI-XVIII)* (Lisboa, Gradiva, 2014) e também Lélio Luís de Oliveira, *Viver em Lisboa (século XVI)* (São Paulo, Alameda, 2015). Por outra parte, a resistência do povo foi examinada por Armando de Castro em *Lições de história de Portugal*, v. 2: *As classes populares na formação, consolidação e defesa da nacionalidade (sécs. XVI e XVII)* (Lisboa, Caminho, 1983).

[21] Ver Armando de Castro, *Teoria do sistema feudal e transição para o capitalismo em Portugal*, cit., esp. p. 60-2. Ver também Ramiro da Costa, *O desenvolvimento do capitalismo em Portugal* (Lisboa, Assírio & Alvim, 1975).

[22] Acerca dos antecedentes e dos desdobramentos do desastre de Alcácer--Quibir, ver Joel Serrão e A. H. Oliveira Marques (orgs.), *Nova história de Portugal*, v. 5: *Do Renascimento à crise dinástica* (Lisboa, Presença, 1998) e José Mattoso (org.), *História de Portugal*, v. 3: *No alvorecer da Modernidade (1480-1620)* e v. 4: *O Antigo Regime (1620-1807)* (Lisboa, Estampa, 1998); ver também os volumes 4 (D. T. Niane, org.) e 5 (B. A. Ogot, org.) da coleção *História geral da África*, produzidos pela Unesco e editados no Brasil pela Secad-MEC/Brasília e pela Universidade Federal de São Carlos/São Carlos, em 2010.

No plano simbólico, um dos impactos do desaparecimento de D. Sebastião foi a emergência do *sebastianismo*, que marcou perduravelmente a cultura portuguesa; ver, entre muitos títulos, José van den Besselaar, *Sebastianismo, história sumária* (Lisboa, Instituto de Cultura e Língua Portuguesa, 1987) e Jacqueline Hermann, *No Reino do Desejado: a construção do sebastianismo em Portugal (séculos XVI e XVII)* (São Paulo, Cia. das Letras, 1998).

Por *Restauração* entende-se o processo aberto pela rebelião de 1º. de dezembro de 1640 contra o domínio exercido pela coroa de Castela: depois de anos de conflitos pontuais numa guerra intermitente, a independência de Portugal é efetivamente restaurada e reconhecida pelo Tratado de Lisboa (1668) – ver, além de fontes já citadas aqui, a edição temática

("A Restauração e sua época") de *Penélope*, cit., n. 9-10, 1993, e ainda Eduardo d'Oliveira França, *Portugal na época da Restauração* (São Paulo, Hucitec, 1997); Fernando D. Costa, *A guerra da Restauração* (Lisboa, Horizonte, 2004); Ana Leal Faria, *Arquitetos da paz: a diplomacia portuguesa de 1640 a 1815* (Lisboa, Tribuna da História, 2008) e Abílio Pires Lousada, *A Restauração portuguesa de 1640: diplomacia e guerra na Europa do século XVII* (Lisboa, Fronteira do Caos, 2012).

[23] Dos humanistas, dizem Saraiva e Lopes (*História da literatura portuguesa*, cit., p. 165-7) que são "letrados cuja atividade se exerce geralmente fora da hierarquia clerical e que constituem um grupo cada vez mais numeroso. Alguns gozam de sinecuras eclesiásticas ou seculares, outros exercem funções diplomáticas e de chancelaria, muitos são pedagogos lecionando em colégios ou em casas senhoriais e burguesas. [...] São incansáveis adversários da Escolástica. [...] Sob o ponto de vista filosófico, combatem o aristotelismo escolástico. [...] Sob o ponto de vista religioso, procuram regressar às fontes [...], descartando os comentadores escolásticos. Na interpretação dos textos sacros aplicam a crítica filológica com que interpretavam a literatura profana. Daqui resulta que se encontram frequentemente em contradição com a doutrina oficial da Igreja, nas fronteiras da heresia. [...] Alguns humanistas, como Melanchton, Lefèbvre d'Étaples, Reuchlin, aderem à Reforma; outros, como o próprio Erasmo, hesitam muito tempo entre ela e a ortodoxia romana. Outros, ainda, como o cardeal Sadoletto, inclinam-se para uma reforma dentro da Igreja Romana".

[24] A noção de "revolução comercial", ao que tudo indica utilizada originalmente por Raymond de Roover num artigo de 1942 e depois consagrada – ver, por exemplo, a obra, de 1971, de Robert S. Lopez, *A revolução comercial da Idade Média: 950-1350* (Lisboa, Presença, 1979) – por renomados medievalistas, é bastante lassa para ser utilizada do tratamento do século XIII europeu a transformações que cobrem até o século XVIII. Ver seu emprego em Luiz Carlos Bresser-Pereira, *A revolução capitalista*, São Paulo, FGV-Easp, texto para discussão 422, jun. 2016, e em Ademar Ribeiro Romeiro, *História do crescimento econômico: as origens político-culturais da Revolução Industrial*, São Paulo, Campinas/Unicamp-Instituto de Economia, texto para discussão 312, ago. 2017. Para os interessados em tergiversar/escamotear o processo cruel, real e objetivo que Marx reconstrói e esclarece em *O capital: crítica da economia política*, Livro I: *O processo de produção do capital* (trad. Rubens Enderle, São Paulo, Boitempo, 2013), cap. 24 ("A assim chamada acumulação primitiva"), nada é mais conveniente que tomar a "revolução comercial" como a base suficiente para a compreensão/explicação da gênese do capitalismo.

[25] Desde que o estudo do Renascimento ganhou destaque, a partir do ensaio (1860) de Jacob Burckhardt *A cultura do Renascimento na Itália* (São Paulo,

Cia. das Letras, 2009), um rol bibliográfico inesgotável veio se acumulando até os dias de hoje; ver alguns títulos, úteis para fundamentar a concisa caracterização aqui apresentada: Arnold Hauser, *Historia social de la literatura y el arte* (Madri, Guadarrama, 1969), v. 1 (esp. p. 345-452) e v. 2; Saveria Chemotti, *Umanesimo, Rinascimento, Machiavelli nella critica gramsciana* (Roma, Bulzoni, 1975); Agnes Heller, *O homem do Renascimento* (Lisboa, Presença, 1982) – sobre os homens notáveis do Renascimento, leia-se o que Friedrich Engels escreveu na abertura da sua *Dialética da natureza* (São Paulo, Boitempo, 2020), p. 37-42; Vivian H. H. Green, *Renascimento e reforma luterana: a Europa entre 1450 e 1660* (Lisboa, D. Quixote, 1984); Harry A. Miskimin, *A economia do Renascimento europeu (1300-1600)* (Lisboa, Estampa, 1984); Eugenio Garin (org.), *O homem renascentista* (Lisboa, Presença, 1991) e seu livro, como autor solo, *Ciência e vida civil no Renascimento italiano* (trad. Cecília Prada, São Paulo, Unesp, 1996); Charles B. Schmitt e Quentin Skinner (orgs.), *The Cambridge History of Renaissance Philosophy* (Cambridge, Cambridge University Press, 1998); Peter Burke, *La Renaissance européenne* (Paris, Seuil, 2002); John R. Hale, *La civilisation de l'Europe à la Renaissance* (Paris, Perrin, 2003); Ernst Bloch, *La philosophie de la Renaissance* (Paris, Payot, 2007); Jean Delumeau, *A civilização do Renascimento* (Lisboa, Edições 70, 2007); John Monfasani, *Renaissance Humanism, from the Middle Ages to Modern Times* (Londres, Routledge, 2017); Didier Le Fur, *Une autre histoire de la Renaissance* (Paris, Perrin, 2018) e Celso Azar et al. (orgs.), *Artes, ciências e filosofia no Renascimento* (trad. André Constantino Yazbek, Celso Martins Azar Filho e Jeferson da Costa Valadarea, Rio de Janeiro, 7Letras, 2018-2019), 2 v. Ver ainda Franco Venturi, *Utopia e reforma no Iluminismo* (trad. Laura Teixeira Motta e Pedro Maia Soares, Bauru, Edusc, 2003); Jonathan Israel, *Iluminismo radical: a filosofia e a construção da modernidade (1650-1750)* (trad. Claudio Blanc, São Paulo, Madras, 2009) e *A revolução das luzes: o iluminismo radical e as origens intelectuais da democracia moderna* (trad. Daniel Moreira Miranda, São Paulo, Edipro, 2013); Steven Pinker, *O novo iluminismo: em defesa da razão, da ciência e do humanismo* (trad. Laura Teixeira Motta, São Paulo, Cia. das Letras, 2018).

A importância do racionalismo ilustrado na constituição do que veio a ser conhecido como materialismo histórico e dialético compeliu as tendências reacionárias e regressivas operantes do século XIX à atualidade a um intenso e permanente ataque à tradição marxista. A crítica ao irracionalismo moderno encontra-se fundamentada na monumental obra de Lukács, há pouco editada entre nós, *A destruição da razão* (trad. Bernard Herman Hess, Rainer Patriota e Ronaldo Vielmi Fortes, São Paulo, Instituto Lukács, 2020); para seus ulteriores desdobramentos, ver Carlos Nelson Coutinho, *O estruturalismo e a miséria da razão* (São Paulo, Expressão Popular, 2010).

Na medida em que o irracionalismo mais recente é geralmente solidário ao anti-intelectualismo, vale ainda a leitura do importante (embora limitado à América do Norte) ensaio de Richard Hofstadter, *Anti-intelectualismo nos Estados Unidos* (trad. Hamilton Trevisan, Rio de Janeiro, Paz e Terra, 1967); vejam-se também vários passos da obra de Sergio Paulo Rouanet, *As razões do Iluminismo* (São Paulo, Cia. das Letras, 1987).

[26] É imperativo, sempre, levar em conta a valiosa notação de Marx: "Na arte, é sabido que determinadas épocas de florescimento não guardam nenhuma relação com o desenvolvimento geral da sociedade, nem, portanto, com o da base material, que é, por assim dizer, a ossatura da sua organização. [...] Se esse é o caso na relação dos diferentes gêneros artísticos no domínio da arte, não surpreende que seja também o caso na relação do domínio da arte como um todo com o desenvolvimento geral da sociedade", Karl Marx, *Grundrisse: manuscritos econômicos de 1857-1858 – esboços da crítica da economia política* (trad. Mario Duayer e Nélio Schneider, São Paulo, Boitempo, 2011), p. 62-3.

[27] Acerca de tal conformação, hipótese que vai além das considerações de Saraiva e Lopes, ver Antonio Candido, *Formação da literatura brasileira (momentos decisivos)* (Belo Horizonte, Itatiaia, 2000), p. 23-5.

Em sua obra *História da literatura portuguesa,* cit., e que me serve de roteiro nesta "Apresentação", Saraiva e Lopes reconstroem a história da literatura portuguesa como processo constituído ao longo de seis "épocas": a primeira, das origens a Fernão Lopes, a segunda, de Fernão Lopes a Gil Vicente, a terceira, o Renascimento, a quarta, a Restauração e a época joanina, a quinta, o Século das Luzes e a sexta, o Romantismo – concluindo seu grande painel histórico com as correntes literárias emergentes no século XX; entretanto, em edição posterior, datada de 1989, ampliada sob a responsabilidade exclusiva de Óscar Lopes, a obra alargou-se e finaliza com uma sétima época ("Época contemporânea"). Essa *História da literatura portuguesa,* dada à luz originalmente em 1955, vem sendo desde então entregue ao público sempre pela mesma editora, registrando na entrada do século atual (2005) dezessete edições revisadas e ampliadas, descontadas várias reimpressões. Note-se que, nos últimos cinquenta anos, para além do notável crescimento do acervo histórico-crítico referido a momentos e criadores determinados da literatura portuguesa, publicaram-se muitas obras dedicadas a dela oferecer uma visão panorâmica – cito algumas, aleatoriamente e à guisa de exemplos (outras são referidas em vários passos do livro que o leitor tem em mão): Feliciano Ramos, *História da literatura portuguesa* (Braga, Livraria Cruz, 1967); José J. Matos Orfão, *História da literatura portuguesa* (Porto, Adolfo Machado, 1968); Benjamim Abdala Jr. e Maria A. Paschoalin, *História social da literatura portuguesa* (São Paulo, Ática, 1982); João Palma-Ferreira, *Literatura portuguesa: história e crítica* (Lisboa, Imprensa Nacional-Casa da Moeda, 1985); Carlos Reis (org.), *História crítica da literatura portuguesa*, v. 1-9 (Lisboa, Verbo, 1998--2006); Angel Marcos y Pedro Serra, *Historia de la literatura portuguesa* (Salamanca, Luso-Española, 1999); José L. Gavilanes y Antônio Apolinário (orgs.), *Historia de la literatura portuguesa* (Madri, Cátedra, 2000) e José Carlos Seabra Pereira, *As literaturas em língua portuguesa (das origens aos nossos dias)* (Lisboa, Instituto Politécnico de Macau/Gradiva, 2020). Lembro ao leitor, ainda, uma obra muito útil ao estudo da literatura portuguesa – o *Dicionário cronológico de autores portugueses*, sob a coordenação de Eugénio Lisboa e Ilídio Rocha, editado em Lisboa, em seis volumes (1983-2001), pela Europa-América; todavia, no que toca a dicionários, destaque especial deve tributar-se àquele dirigido por Jacinto do Prado Coelho – o *Dicionário de literatura portuguesa, literatura brasileira, literatura galega e estilística literária* (Porto, Figueirinhas, 1978), 5 v.

Pois bem: sem desmerecer ou subestimar contribuições históricas e críticas publicadas no último meio século, considero a *História da literatura portuguesa* de Saraiva e Lopes ainda hoje uma *referência seminal e indispensável* pelo seu rigor histórico, pela sua extraordinária erudição e pela pertinência dos seus juízos críticos (ainda que não subscreva algumas de suas avaliações – divirjo, por exemplo, do trato que nela se dá a Bocage). Para informações biobibliográficas dos dois autores, suas jornadas comuns e posteriores divergências, ver Leonor C. Neves (org.), *Antônio José Saraiva e Óscar Lopes: correspondência* (Lisboa, Gradiva, 2005); a fotobiografia de Manuela Espírito Santo, *Óscar Lopes, retrato de rosto* (Matosinhos, Câmara Municipal de Matosinhos, 2017); José Carlos de Vasconcelos, *Antônio José Saraiva e Óscar Lopes: uma relação exemplar – intelectual, política, humana* (Lisboa, Gradiva, 2018); Luís R. Guerreiro, "Antônio José Saraiva, uma insubordinação romântica como vivência e metodologia", *Ler história*, Lisboa, ISCTE-IUL, 75, 2019.

Feita essa anotação marginal, volto ao quadro cultural do Renascimento português apresentado por Saraiva e Lopes e observo que ele pode ser acrescido com o recurso a José Sebastião da Silva Dias, *Os descobrimentos e a problemática cultural do século XVI* (Lisboa, Presença, 1982); Reyer Hooykaas, *O humanismo e os descobrimentos na ciência e nas letras portuguesas* (Lisboa, Gradiva, 1983) e Luís Felipe Barreto, *Os descobrimentos e a ordem do saber: uma análise sociocultural* (Lisboa, Gradiva, 1987).

[28] Sobre tais atividades, ver Rogelio Ponce de León, "Gramaticografia e lexicografia em Portugal durante o século XVI: do latim ao português", *Limite. Revista de Estudios Portugueses y de la Lusofonía*, Cáceres, Facultad de Filosofía y Letras/Universidad de Extremadura, 2009, v. 3.

[29] Para um minucioso detalhamento dos planos e medidas urbanísticas do período manuelino, bem como da construção dos Jerônimos e da Torre de

Belém, ver José-Augusto França, *Lisboa: história física e moral* (Lisboa, Horizonte, 2008), p. 129-70; para o período de D. João III, ver idem, p. 189-205. No seu trato desse período, França se vale do conceito de *maneirismo*, a que não apelo aqui; o leitor interessado nessa conceituação pode recorrer, entre outros, a Arnold Hauser, *El manierismo: crisis del Renacimiento y origen del arte moderno* (Madri, Guadarrama, 1965) e também a Gustav R. Hocke, *Maneirismo: o mundo como labirinto* (trad. Clemente Raphael Mahl, São Paulo, Perspectiva, 2005).

30 Ver Francisco Bethencourt, *História das Inquisições*, cit., p. 177-80, 263-8, 274-6, 279, 282-4 e 286-8.

31 Saraiva e Lopes, em *História da literatura portuguesa*, cit., deixam claro que o Renascimento "em Portugal realiza-se sob a égide da Coroa e o Paço serve como principal foco da cultura literária"; e mais informam que "a difusão da tipografia faz-se com relativa lentidão. As primeiras oficinas são de judeus e imprimem, a partir de 1487, livros para a comunidade judaica. Só em 1494 se imprime o primeiro livro em latim, o *Breviarium Bracarense*, em Braga, por um impressor alemão. São alemães os primeiros tipógrafos. Os primeiros livros portugueses, então impressos, são traduções [...]. Anos depois, em 1516, a impressão do *Cancioneiro geral*, de Garcia de Resende, é uma curiosa e significativa manifestação do interesse da Corte por assuntos literários [...]. No entanto, até 1536, a impressão de livros é escassa e excepcional [...]. Os livros [...] destinam-se a um público seleto, predominantemente cortesão, o único, aliás, com acesso ao objeto caro e raro que era o livro impresso nesta data. Mas desde cedo se imprimem também pequenos folhetos, com obras destinadas a mais larga difusão. É o caso do *Auto da barca do inferno*, de Gil Vicente, impresso cerca de 1518, e de outras obras que constituem a chamada 'literatura de cordel', cujos exemplares eram vendidos nas ruas".

O *Cancioneiro geral*, coligido por Garcia de Resende, reúne poemas redigidos entre 1449 e 1516 por três centenas de autores – uma boa edição, com estudo e fixação de texto por Aida F. Dias, saiu em 1990, em Lisboa, pela Imprensa Nacional-Casa da Moeda. Sobre o *Cancioneiro*, ver Hernâni Cidade, *O conceito de poesia como expressão da cultura* (Coimbra, Armênio Amado, 1957), p. 62-73, e a breve nota de Fidelino de Figueiredo, *História literária de Portugal* (São Paulo, Cia. Ed. Nacional, 1966), p. 102-7; a passagem dos 501 anos da publicação original do *Cancioneiro* foi tema da revista *Convergência Lusíada*, Rio de Janeiro, Centro de Estudos do Real Gabinete Português de Leitura, v. 28, n. 38, 2017.

32 Aproveito para, já a esta altura, salientar que o exame da vida e da obra de Camões é sumamente relevante também para avaliar da pertinência da vinculação que Bocage sempre reivindicou em relação ao gênio quinhentista.

Sobre o grande clássico, dentre muito material disponível, ver, sob a responsabilidade de Antônio Salgado Júnior, *Luís de Camões: obra completa* (Rio de Janeiro, Aguilar, 1963); Antônio José Saraiva e Óscar Lopes, *História da literatura portuguesa*, cit.; Jorge de Sena, *A estrutura de "Os Lusíadas" e outros estudos camonianos e de poesia peninsular do século XVI* (Lisboa, Edições 70, 1980); idem, *Trinta anos de Camões, 1948-1978: estudos camonianos e correlatos*, v. 1-2 (Lisboa, Edições 70, 1980); Armando de Castro, *Camões e a sociedade do seu tempo* (Lisboa, Caminho, 1980); Vergílio Ferreira et al., *Camões e a identidade nacional* (Lisboa, Imprensa Nacional-Casa da Moeda, 1983); Hernâni Cidade, *Vida e obra de Luís de Camões* (Lisboa, Presença, 1986); idem, *Luís de Camões: o lírico* (Lisboa, Presença, 1992); idem, *Luís de Camões: o épico* (Lisboa, Presença, 1995); Georges Le Gentil, *Camões: l'oeuvre épique & lyrique* (Paris, Chandeigne, 1995); Helder Macedo, *Camões e a viagem iniciática* (Rio de Janeiro, Móbile, 2013); Maria V. Leal de Matos, *Tópicos para a leitura de "Os Lusíadas"* (Coimbra, Almedina, 2014). Para outros tratamentos mais recentes, recorra-se a Victor Aguiar e Silva (coord.), *Dicionário de Luís de Camões* (Alfragide-Amadora, Caminho-Leya, 2011) e a Seabra Pereira e Manuel Ferro (coords.), *Actas da VI Reunião Internacional de Camonistas* (Coimbra, Imprensa da Universidade de Coimbra, 2012); Maria do Céu Fraga et al. (orgs.), *Camões e os contemporâneos* (Braga, Centro Interuniversitário de Estudos Camonianos/Universidade dos Açores, Universidade Católica Portuguesa, 2012).

[33] Ver, sob a direção de José Camões, *As obras de Gil Vicente*, v. 1-5 (Lisboa, Imprensa Nacional-Casa da Moeda, 2002); ademais das páginas que lhe dedicam Saraiva e Lopes, *História da literatura portuguesa*, cit., p. 179-208, ver Antônio José Saraiva, *Gil Vicente e o fim do teatro medieval* (Lisboa, Bertrand, 1981); Paul Teyssier, *Gil Vicente: o autor e a obra* (Lisboa, Instituto de Cultura e Língua Portuguesa, 1982); Stephen Reckert, *Espírito e letra de Gil Vicente* (Lisboa, Imprensa Nacional-Casa da Moeda, 1983); Cleonice Berardinelli, *Gil Vicente: autos* (Rio de Janeiro, Casa da Palavra, 2012); José Augusto C. Bernardes e José Camões (coords.), *Gil Vicente: compêndio* (Coimbra-Lisboa, Imprensa da Universidade de Coimbra-Imprensa Nacional-Casa da Moeda, 2018).

[34] As obras coligidas no *Cancioneiro geral* mostram o bilinguismo dos seus autores – e, recorde-se, também Camões versejou em castelhano.

[35] Veja-se a importante notação de Saraiva e Lopes, *História da literatura portuguesa*, cit., p. 199: "Gil Vicente participa no grande debate de ideias que agita a primeira metade do século XVI e que assume principalmente a forma de discussões teológicas. Alguns de seus autos, e especialmente o *Auto da Feira* [1527], são obras de polêmica religiosa. Circunstâncias particulares, entre as quais os litígios de D. João III com o clero nacional e

com a Santa Sé [...], deram-lhe oportunidade para, neste campo, ir muito mais longe do que qualquer outro autor português do século XVI. [...] A crítica das indulgências, perdões e semelhantes fontes de réditos para a Santa Sé fora levantada por Lutero e estava então na ordem do dia. É um tema repetidamente tratado pelos erasmistas. Gil Vicente não pode ser considerado erasmista (falta-lhe, por exemplo, o radical antibelicismo do sábio de Roterdã e sobeja-lhe um forte culto da Virgem), mas coincide nalguns pontos com uma crítica reformadora comum a Erasmo".

[36] Observam Saraiva e Lopes, em *História da literatura portuguesa*, cit., p. 195, que, na sátira vicentina, não figuram como alvos "mercadores e homens de negócio, intermediários capitalistas, armadores, contratadores etc., que ganhavam em Portugal importância crescente. Estes tipos estão, aparentemente, fora do circuito mental de Gil Vicente, provavelmente por não serem personagens padronizadas, por estarem fora da tipologia tradicional. Mas ao usurário, explorador dos 'pobres mesteirais', não faltam corretivos". Conforme os dois autores aqui referidos, "quem suporta a carga desta hierarquia social de parasitas e ociosos" é o lavrador: "Este sentimento da condição miserável do camponês, aliás sustentáculo dos privilégios feudais, tem um acento profundamente sincero em Gil Vicente e é a contrapartida grave do riso que ele prodigaliza a propósito das outras camadas [sociais]".

[37] "Tal como sucedeu em outros países da Europa, o gosto do teatro desenvolveu-se em Portugal ao longo do século XVI num público popular e burguês. [...] O teatro foi prejudicado em Portugal com proibições inquisitoriais muito severas e com a ofensiva dos jesuítas contra a representação de comédias. O Índex português de 1581 manda vigiar com atenção as peças de teatro e proíbe expressamente toda a crítica a pessoas eclesiásticas – isto é, ao poderoso e numerosíssimo elemento social de que se alimenta, mais que de qualquer outro, a sátira vicentina. O Índex de 1624 enumera 23 autos proibidos ou expurgados, não contando com os de Gil Vicente"; António José Saraiva e Óscar Lopes, *História da literatura portuguesa*, p. 209-10.

[38] Sobre o teatro de Camões, ver, entre muitas fontes, Hernâni Cidade, *Obras de Luís de Camões*, v. 3: *Os autos e o teatro do seu tempo: as cartas e o seu conteúdo biográfico* (Lisboa, Sá da Costa, 1956); Luís Francisco Rebello, *Variações sobre o teatro de Camões* (Lisboa, Caminho, 1980); Maria Idalina R. Rodrigues, "O teatro no teatro: a propósito de *El-Rei Seleuco* e de outros autos quinhentistas", em idem, *Estudos ibéricos: da cultura à literatura (séculos XIII a XVII)* (Lisboa, Ministério da Educação/Instituto de Cultura e Língua Portuguesa, 1987) e os ensaios pertinentes de Vanda Anastácio em *Leituras potencialmente perigosas* (Lisboa, Caleidoscópio, 2020).

Quanto à influência da obra vicentina, parece que de algum modo ela estendeu-se ao teatro espanhol até no século XVII – ver Gregori

N. Boiadzhiev et al., *Historia del teatro europeo: desde la Edad Media a nuestros dias*, v. 2 (Buenos Aires, Futuro, 1957) e Maria Idalina R. Rodrigues, *De Gil Vicente a Lope de Vega: vozes cruzadas no teatro ibérico* (Amadora/Lisboa, Teorema, 1999).

[39] Com os poetas (Sá de Miranda, Antônio Ferreira e o próprio Camões) envolvendo-se também na elaboração teatral, seara em que se destacou Jorge Ferreira de Vasconcelos – ver Silvina Pereira, *Jorge Ferreira de Vasconcelos: um homem do Renascimento* (Lisboa, BNP/Teatro Maizum, 2016).

Sobre o teatro português do século XVI, ver Luciana S. Picchio, *História do teatro português* (Lisboa, Portugália, 1969); Adrien Roig, *O teatro clássico em Portugal no século XVI* (Lisboa, Ministério da Educação/Instituto de Cultura e Língua Portuguesa, 1983) e Nair de N. Castro Soares, *Teatro clássico no século XVI* (Coimbra, Almedina, 1996).

[40] Para a textualidade desses autores, ver Sá de Miranda, *Obra completa* (Lisboa, Assírio & Alvim, 2021); Antônio Ferreira, *Poemas lusitanos* (Lisboa, Fundação Calouste Gulbenkian, 2000); João de Barros, *Ásia: décadas* (Lisboa, Imprensa Nacional-Casa da Moeda, 1988-2001), 4 v.; não é fácil acessar sua continuidade em Diogo do Couto, salvo na velha antologia de Antônio Baião, *Décadas* (Lisboa, Sá da Costa, 1947), 2 v., mas, de Couto, está disponível *O soldado prático* (Braga-Coimbra, Angelus Novus, 2009). Quanto a Bernardim Ribeiro, ver *Menina e moça* ou *Saudades* (Braga-Coimbra, Angelus Novus, 2008) e a Fernão Mendes Pinto, ver *Peregrinação* (Lisboa, Relógio d'Água, 2001), 2 v. – do primeiro, Saraiva e Lopes disseram que se harmoniza "com as tendências mais profundas do Renascimento", constituindo dele "uma das mais significativas expressões em Portugal"; do segundo, chegaram a afirmar que seu livro é "dos mais interessantes da literatura mundial" (*História da literatura portuguesa*, cit., p. 232, 311).

[41] As novelas de cavalaria se desenvolvem na Península Ibérica ainda no século XV e serão muito apreciadas até o século XVII; no século XVI, uma das mais influentes dentre elas foi exatamente o *Amadís*, acessível hoje na exemplar edição de Juan M. Cacho Blecua, *Amadís de Gaula* (Madri, Cátedra, 2001), 2 v.; resumidas notas sobre o *Amadís* encontram-se em Fidelino de Figueiredo, *História literária de Portugal*, cit., p. 89-93; para abordagens detalhadas, ver José M. Lucía Megías et al. (orgs.), *Amadís de Gaula: quinientos años después: estudios en homenaje a Juan Manuel Cacho Blecua* (Alcalá de Henares, Centro de Estudios Cervantinos, 2008).

No rastro do *Palmeirim* castelhano veio, provavelmente em 1544 e da lavra de Francisco de Moraes, o lusitano *Palmeirim de Inglaterra*, há pouco editado entre nós (São Paulo, Ateliê/Unicamp, 2016) por Lênia M. Mongelli, Raul C. G. Fernandes e Fernando Maués.

[42] Sobre a prosa doutrinária, ver Saraiva e Lopes, *História da literatura portuguesa*, cit., p. 264-6, 369-81; Antônio Soares Amora, *Presença da literatura portuguesa*, cit., p. 85-103, 108-112, e Gavilanes e Apolinário (orgs.), *Historia de la literatura portuguesa*, cit., p. 232 e seg.

Observe-se que as designações que, nesse parágrafo, utilizei entre aspas ("novela da psicologia amorosa" etc.) foram extraídas de historiadores da literatura portuguesa.

[43] Acerca do *português moderno* e, mais amplamente, de momentos distintos que balizam o desenvolvimento do nosso idioma, são substantivas e diferenciadas as contribuições de linguistas e de historiadores – para uma resenha de várias delas, ver Ana Paula Banza e Maria Filomena Gonçalves, *Roteiro da história da língua portuguesa* (Évora, Universidade de Évora/ Cátedra Unesco, 2018). Ver também a nota seguinte.

[44] Julgo que a lição de um velho mestre, enunciada há quase um século, permanece substancialmente correta: "O português moderno subdivide-se nas fases quinhentista, seiscentista e hodierna, podendo-se admitir como transição entre estas duas últimas a fase setecentista. São notáveis, sobretudo, os escritores quinhentistas por terem ousado romper com a velha tradição, pondo a linguagem escrita mais de acordo com o falar corrente, que nessa época se achava bastante diferenciado do falar de dois ou três séculos atrás. Modernizaram a linguagem e tornaram-na também mais elegante. [...] A todos, porém, excedeu Luís de Camões [...]. Camões não foi propriamente o criador do português moderno porque essa nova linguagem escrita já vinha empregada por outros escritores. Libertou-a, sim, de alguns arcaísmos e foi um artista consumado e sem rival em burilar a frase portuguesa, descobrindo e aproveitando todos os recursos de que dispunha o idioma para representar as ideias de modo elegante, enérgico e expressivo. Reconhecida a superioridade da linguagem camoniana, a sua influência fez-se sentir na literatura de então em diante até os nossos dias"; Manuel Said Ali, *apud* Evanildo Bechara (org.), *Estudo da língua portuguesa: textos de apoio* (Brasília, Funag, 2010), p. 21-2.

Observe-se que, em vida, Camões teve pouquíssimos textos publicados, parte deles em impressões muito imperfeitas – ver a "introdução geral" de Antônio Salgado Júnior à *Obra completa*, cit., esp. p. LVII-LXXIX. Excepcionais foram as condições da primeira edição de *Os Lusíadas*, composta em 1572, com Camões ainda vivo; dada uma verificável diferença entre seus exemplares, diz-se, tradicionalmente, que tal edição teria sido quase de imediato pirateada; todavia, um estudo de 2004 do professor Kenneth David Jackson, da Yale University, apresenta uma original hipótese para explicar as diferenças entre aqueles exemplares – ver seu escrito apenso à edição projetada por Álvaro Pimenta (Lisboa, A. C. D. Edições, 2004),

p. XV-XIX. Quanto à edição que saiu em 1584, parece que foi bem mutilada pela ação da censura inquisitorial.

Para um tratamento minimamente adequado da obra camoniana, ver os subsídios contidos nas indicações das notas 32 e 38, *supra*.

[45] Sobre a posição do romântico alemão em face de Camões, ver Catarina C. Martins, "Friedrich Schlegel e Camões", em Seabra Pereira e Manuel Ferro (coords.), *Actas da VI Reunião Internacional de Camonistas*, cit., p. 405-11. Ver também o segundo parágrafo da nota 49, *infra*.

[46] Antônio José Saraiva e Óscar Lopes, *História da literatura portuguesa*, cit., p. 325.

[47] Ibidem.

[48] As comédias de Camões (*Anfitriões*, *El-Rei Seleuco* e *Filodemo*) são abordadas por eles, na edição da *História da literatura portuguesa*, cit., que utilizo, às p. 357-64.

Note-se que um acadêmico respeitado escreveu – polemicamente – que, em Camões, "está no lírico e no épico sua verdadeira realização. O teatro é, no conjunto da sua obra, uma atividade marginal, algo que poderá ser visto até como exercício de experiência do poder de recursos artísticos de que dispunha"; Antônio Salgado Junior, *Luís de Camões: obra completa*, cit., p. LXXXVIII.

[49] Não é esta a oportunidade para discutir aquela valoração. De qualquer forma, vale recordar a anotação de Otto Maria Carpeaux segundo a qual "as epopeias virgilianas de todas as nações, nos séculos XVI e XVII [...], são todas elas artifícios enormes e, as mais das vezes, monstros de ilegibilidade"; Otto Maria Carpeaux, *História da literatura ocidental*, v. 1 (Brasília, Ed. Senado Federal, 2008), p. 429 – ressalve-se que, nessa mesma página, Carpeaux reconhece em Camões um "gênio épico".

Aqui me importa a questão do anacronismo. Há, para abordá-la, que considerar a rica argumentação expendida por Mikhail Bakhtin no ensaio "Epos e romance", em Mikhail Bakhtin, *Questões de literatura e de estética: a teoria do romance* (trad. Aurora Fornoni Bernardini et al., São Paulo, Editora Unesp/Hucitec, 1998). E cabe lembrar que, bem antes da publicação do belo ensaio de Bakhtin, o "jovem" Lukács já pusera em questão as possibilidades e condições da epopeia no mundo moderno – ver György Lukács, *A teoria do romance* (trad. José Marcos Mariani de Macedo, São Paulo, Duas Cidades/Editora 34, 2000); sobre o posicionamento desse autor em cotejo com as ideias de F. Schlegel, ver Anouch N. de O. Kurkdjian, "Antiguidade e modernidade na *Teoria do romance* de Georg Lukács", *Cadernos de filosofia alemã: crítica e modernidade*, São Paulo, Departamento de Filosofia/FFLCH/USP, v. 25, n. 1, jan.-jun. 2020. No Lukács da "maturidade", com fundamentação mais consistente, o questionamento posto em *A teoria do romance* se aprofunda e se desenvolve em vários textos – ver, por exemplo, "Nota sobre o romance", em José Paulo Netto (org.), *Lukács* (São Paulo, Ática, 1981), coleção Grandes Cientistas Sociais, "O romance como epopeia burguesa", em J. Chasin (org.), *Ensaios Ad hominem*, v. 2: *Música e literatura* (Santo André, Ad hominem, 1999) e "Narrar ou descrever?", em György Lukács, *Marxismo e teoria da literatura* (trad. Carlos Nelson Coutinho, São Paulo, Expressão Popular, 2010).

Ainda com pertinência ao referido anacronismo, escrevem Saraiva e Lopes: "Ressuscitar a epopeia homérica na época do Renascimento [...], quando a mitologia clássica, característica do gênero, era uma expressão irrecuperável a não ser para um certo naturalismo de insinuação estética [...], *historicamente, constituía uma impossibilidade.* [...] Criações eruditas e artificiosas, fora de tempo, os poemas renascentistas em que se procurou ressuscitar a epopeia clássica dentro dos cânones homéricos e virgilianos malograram-se [...]. Foi precisamente o problema da ressurreição da epopeia clássica segundo o padrão homérico que Camões procurou resolver, levando a cabo esse desiderato característico dos escritores humanistas"; Saraiva e Lopes, *História da literatura portuguesa*, cit., p. 344-5 (itálicos meus).

50 Camões valeu-se do metro tradicional (a redondilha, maior e menor) às inovações italianizantes (o soneto, decassilábico), versejando – em português e em castelhano – em canções, elegias, odes, éclogas... Aliás, não são poucos os estudiosos que consideram Camões, juntamente com Antero de Quental e Bocage, um dos três mestres maiores do sonetismo português.

51 Otto Maria Carpeaux apreciou como poucos a lírica de Camões, que foi, a seu juízo, um "grande poeta lírico e talvez o maior de todos os petrarquistas do século [XVI]"; *História da literatura ocidental*, cit., p. 407-8. Páginas à frente (p. 435), afirma que "Camões é um dos maiores poetas elegíacos de todos os tempos" e diz que, diante da sua lírica, "muitos, e com boas razões", vão preferi-la "à sua epopeia" (esta é, aliás, a preferência do signatário desta "Apresentação").

52 Veja-se como Saraiva e Lopes (*História da literatura portuguesa*, cit., p. 337-8) abordam essa insolubilidade: "A tensão camoniana entre a espiritualidade e a carnalidade, entre Laura e Vênus, situa num terreno concreto a tensão humana existente entre os objetos imediatos, finitos e definidos a que tende o comportamento instintivo, e os objetos do comportamento consciente, estes escalonados de um modo que, tanto quanto possível, vai recuando infinita e indefinidamente todos os obstáculos e limites às ansiedades humanas em progresso. Dentro da concepção do mundo em que o nosso poeta se formou, a mulher ora aparecia, em estilo cortês medieval e neoplatônico, como suserana distante ou mensageira dos Céus, ora, de um modo mais renascentista, como presa de caça nos jardins de

Vênus. Incapaz de uma síntese propriamente doutrinária, teve Camões gênio para nos transmitir, entre os dois polos da contradição, uma tensão poética bem superior à da simples plangência espiritualista de Petrarca, seu modelo; dá-nos uma idealidade amorosa mais realista nas suas raízes instintivas, uma mais larga realidade idealizada, e até por vezes [...] certos relances fundos de uma possível conversão recíproca entre os dois opostos, um esboço da própria marcha de dois pés, o pé do real e o pé do ideal, o definido e o indefinido, das ânsias em que o amor (como tudo o que é humano) se vai, afinal, constantemente criando como coisa humana".

[53] Antônio José Saraiva e Óscar Lopes, *História da literatura portuguesa*, cit., p. 338.

[54] Diga-se, antes de mais, que "[...] do mundo o desconcerto" é verso camoniano (ver "Oitavas", em Luís de Camões, *Obra completa*, cit., p. 369).

Sustentam Saraiva e Lopes (*História da literatura portuguesa*, cit., p. 339) que as injustiças sociais – que Camões decerto "profliga [...] em *Os Lusíadas*" – não são para o Camões lírico o problema central: é-o a "não correspondência entre os anseios, os valores, as razões e aquilo a que chamaríamos hoje o processo objetivo. [...] Esse problema sente-o existencialmente o poeta, está no âmago do próprio existir dele e não em simples congeminações sobre matéria objetiva, como são os tópicos filosóficos ou as instituições sociais. Ele reage como indivíduo, torna-se cônscio da sua experiência vivida. *O desconcerto do mundo reside na própria relação entre ele, pessoalmente, e um destino com que ele se encontra e que, ao mesmo tempo, lhe é opaco*" (os itálicos são meus). Essas breves linhas de Saraiva e Lopes condensam a hipótese de que palpita no Camões lírico uma antecipação "romântica" (a que se aludirá na nota 55, *infra*).

Anote-se aqui, marginalmente, que um episódio do canto X de *Os Lusíadas*, aquele em que o Gama é posto frente a uma "máquina do mundo", já deu azo a interessantes observações acerca do *desconcerto* do nosso Drummond em "A máquina do mundo", poema de *Claro enigma*, em *Poesia completa e prosa* (Rio de Janeiro, Nova Aguilar, 1977) – ver Maria Perla A. Morais e Frederico José A. Lopes, "O desconcerto da máquina do mundo: Drummond relendo a tradição camoniana", *Revista Língua & Literatura*, Frederico Westphalen, Departamento de Linguística, Letras e Artes/URI, v. 14, n. 22, ago. 2012.

[55] Ouça-se novamente Saraiva e Lopes (*História da literatura portuguesa*, cit., p. 332) acerca de tais notas: "O tom confessional e o individualismo exacerbado pela hostilidade do meio, o inconformismo em luta pela sobrevivência, expressos com uma intensidade que não tem paralelo em qualquer outro escritor clássico, conferem ao Camões de algumas canções e sonetos um caráter congênere daquele a que se convencionou chamar 'romântico'".

[56] Helder Macedo, *Camões e a viagem iniciática*, cit., p. 13.

[57] Parece-me expressiva a retomada da lírica camoniana por compositores brasileiros contemporâneos (como Renato Russo e Caetano Veloso). A propósito dessa presença do poeta na música brasileira dos dias correntes (e não só), ver Márcia Arruda Franco, "Camões em duas canções da MPB", *Floema: Caderno de Teoria e História Literária*, Vitória da Conquista, Departamento de Estudos Linguísticos e Literários/UESB, v. 6, n. 7, jul.-dez. 2010.

[58] Não tem cabimento, nesta "Apresentação", retomar a indicação dos principais marcos desse acervo; nas referências bibliográficas já consignadas até aqui sobre Camões se encontram materiais para uma, mesmo que não exaustiva, aproximação à épica camoniana.

[59] Veja-se a observação de um professor brasileiro, destacando que Camões, no seu poema épico, "tenha posto o máximo de sua inspiração poética nos episódios líricos (Inês de Castro, a Ilha dos Amores, o Gigante Adamastor, os Doze de Inglaterra, apenas para citar os principais)": "Contradizendo o caráter narrativo, heroico-guerreiro do poema, os momentos líricos constituem o que há de melhor, esteticamente, em *Os Lusíadas*" (Massaud Moisés, *A literatura portuguesa*, cit., p. 68-9).

[60] Veja-se esta passagem de Saraiva e Lopes (*História da literatura portuguesa*, cit., p. 347-8): "O que valoriza esteticamente *Os Lusíadas* não são [...] as qualidades propriamente épicas, não é o poder de criar heróis. São, em primeira evidência, as qualidades estilísticas com que se exprime uma visão luminosa da vida: o verso oratório em que se vazam os discursos do Velho do Restelo, de Nun'Álvares, do Gama, da própria Inês de Castro; as fórmulas lapidares, exatas, que se fixaram na memória coletiva nacional; a evocação majestosa dos esplendores do Olimpo e da beleza feminina (a 'bela forma humana', que as redondilhas 'Sôbolos rios' pretendem aniquilar); a nitidez e a precisão da frase, por vezes prejudicada com transposições e liberdades sintáticas modeladas sobre o Latim e com a sobrecarga de alusões mitológicas; a prodigiosa arte do ritmo que já tivemos ocasião de apreciar na obra lírica e que aqui se adapta, ora à movimentação e ao estampido das batalhas (em cuja narrativa abundam os ritmos onomatopeicos), ora à lentidão tediosa das calmarias, ora ao ardor espreguiçado do desejo amoroso, ora ao paraíso cristalino e cantante da ilha de Vênus. Cumpre todavia lembrar que *Os Lusíadas* pretendem vencer os poemas antigos em realismo, e exprimem deveras um senso novo do mundo e das maravilhas reais *(Que estranheza, que grandes qualidades!/ E tudo sem mentir, puras verdades!)*. Isto confere, afinal [...], uma função nova aos mitos antigos". Quanto "ao poder de criar heróis", Saraiva e Lopes não vacilam em escrever (p. 346): "Os heróis de Camões raramente parecem de carne; falta-lhes caráter e paixões. São, em geral, estátuas processionais, solenes e impassíveis".

Ao aludir aos "mitos antigos", os dois analistas assinalam (p. 349) que eles deixam de ser, em Camões, "simples alegoria": remetendo à "palpitação afrodisíaca que vibra em todo o poema", afirmam que "a expressão sugestiva e nobilitante deste panerotismo é uma das razões profundas do maravilhoso pagão de *Os Lusíadas*. O mito antigo [...] deixa de ser simples alegoria. Dá corpo visível a um impulso não racionalizado, a antropomorfização imaginosa de uma força vital. Neste sentido, o maravilhoso pagão é mais do que um ornamento retórico; compraz uma curiosidade, aliás faminta de todas as apetências amorosas e de violências registradas em anedotas míticas ou históricas, portuguesas ou antigas".

[61] Antônio José Saraiva e Óscar Lopes, *História da literatura portuguesa*, cit., p. 352.

[62] A longa citação que faço agora (extraída da *História da literatura portuguesa*, cit., p. 352-5) é absolutamente necessária para clarificar o núcleo da sólida argumentação de Saraiva e Lopes: "Embora não haja heróis de carne e osso no poema [*Os Lusíadas*], todo ele é um friso de nomes aristocráticos em constante paralelo emulador com outros da Antiguidade; e não resta lugar para a ação anônima doutras camadas nacionais. Nada mais frisante a este respeito do que a narrativa dos acontecimentos de 1383-1385, sobretudo se a confrontarmos com a sua fonte, Fernão Lopes. Camões omite o episódio central da luta contra os Castelhanos, o cerco de Lisboa, cujo heroísmo Fernão Lopes narrou com uma vibração autenticamente heroica. Omite a ação dos 'povos do reino', das 'uniões', e fala apenas de Nuno Álvares, D. João I e Antão Vasques de Almada, protagonista da batalha de Aljubarrota, na qual resume toda a resistência. Desta maneira fica, afinal, apoucada esta luta em que a nacionalidade se manifestou como um todo, precisamente contra uma minoria aristocrática que a não conhecia. Isso não impede, é certo, que n'*Os Lusíadas* encontremos as únicas críticas sociais, e até políticas, realmente desassombradas de Camões, feitas, evidentemente, sob o ponto de vista de uma ética aristocrática e monárquica ideal [...].

Essa valorização exclusiva dos feitos de guerra, essa concepção da história nacional como uma sequência de proezas de heróis militares – características significativas da mentalidade dominante em Portugal na segunda metade do século XVI – constituem hoje o peso morto ideológico de *Os Lusíadas*. No entanto, encontramos no poema outro miolo mais atual, na reação dos deuses à audácia dos descobridores portugueses: por um lado, a ideia de Pátria, entendida sob a forma de comunidade linguística e independência dinástica, dá um sentido novo à já antiga exaltação das linhagens e seus barões assinalados, como reflexo da centralização monárquica e do culto do idioma nacional, difundido no Renascimento pelos humanistas de origem burguesa; por outro lado, esse sentimento

patriótico, então reforçado por historiadores, gramáticos e geógrafos, liga-se n'*Os Lusíadas* a uma apologia dos poderes humanos. [...]
   Resumindo, Camões nada tem a ver com a mentalidade da burguesia então ascendente da Europa, com o comércio transoceânico visto como tal; *Os Lusíadas* exaltam uma expansão que, na sua fase decisiva foi conduzida em moldes monárquicos a favor da casta dominante, e não como concorrência burguesa, particular, à maneira da Holanda. No entanto, a aristocracia que o Épico se propõe imortalizar tem a consciência de estar a fazer uma revolução no mundo, revolução de que o poeta não vê o significado social, embora lhe atribua um significado político, religioso, científico e estético, que já basta para se orgulhar como ser humano integrado numa comunidade nacional. Talvez possa, por isso, falar-se de uma tensão entre dois sentimentos opostos: o da dignidade do Homem, quebrantador impenitente de todos os *vedados términos*, coletivamente candidato à divinização, e o da sua insignificância de *bicho da terra tão pequeno*. O primeiro destes sentimentos alimenta-se da maravilha de todo um mundo geográfico recém-descoberto e de toda a funda apetência carnal camoniana; o segundo, daquela *austera, apagada e vil tristeza* em que o poeta sufoca, daquela decadência nacional adivinhada pelo velho do Restelo, e de uma cosmologia ptolemaica cujas esferas o Homem não conseguiria atravessar sem se dividir e render à divindade".

[63] Antônio Salgado Jr., *Luís de Camões: obra completa*, cit., canto X, estrofe 145, p. 262.
[64] Antero de Quental, *Causas da decadência dos povos peninsulares nos últimos três séculos*, cit.
[65] Ver, na nota 22, *supra*, a documentação pertinente à Restauração.
   Ao leitor que acaso tenha dificuldades para situar eventos da evolução nacional lusa mencionados ao longo deste texto, sugere-se que recorra a Joel Serrão (org.), *Dicionário de história de Portugal* (Porto/Lisboa, Figueirinhas/ Iniciativas Editorais, 1963-1971), 4 v.
[66] Immanuel Wallerstein, *O sistema mundial moderno*, cit.
[67] Antônio José Saraiva e Óscar Lopes, *História da literatura portuguesa*, cit., p. 437.
[68] Manuel Villaverde Cabral, *O desenvolvimento do capitalismo em Portugal no século XIX*, cit.
[69] O leitor decerto compreende que não me é possível, nesta oportunidade, abordar, mesmo que brevemente, o processo econômico-político que subordinou o desenvolvimento português ao capitalismo inglês. Há que aludir, no entanto, a um passo decisivo desse processo: os compromissos firmados, na primeira década do século XVIII, entre a monarquia portuguesa e o governo inglês, de que foi peça central o Tratado de Methuen

(1703) – referência ao diplomata inglês John Methuen, que os conduziu junto ao representante plenipotenciário português, Manuel Teles da Silva. Tomado em si mesmo, o tratado – com cedências e privilégios em benefício dos ingleses – não foi, como alguns estudiosos já sustentaram, o principal impeditivo do desenvolvimento industrial português; mas, sem sombra de dúvidas, constituiu um instrumento privilegiado para concretizar a heteronomia econômica de Portugal entre o início do século XVIII e as primeiras décadas do século XIX.

Há copiosa documentação sobre o tratado, parte dela já assinalada na historiografia mencionada no curso desta "Apresentação", que pode ser ampliada com várias referências mais recentes – descontada a velha obra (1900) de J. M. Esteves Pereira, *A indústria portuguesa: séculos XII ao XIX* (reeditada em Lisboa, em 1979, por Guimarães Eds.), que colige informações expressivas sobre o passado: Sandro Sideri, *Comércio e poder: colonialismo informal nas relações anglo-portuguesas* (Lisboa, Cosmos, 1970); Armando de Castro, *A dominação inglesa em Portugal: estudo seguido de antologia. Textos do século XVIII e XIX* (Porto, Afrontamento, 1972); Joel Serrão e Gabriela Martins (orgs.), *Da indústria portuguesa: do Antigo Regime ao capitalismo* (Lisboa, Horizonte, 1978); H. E. S. Fischer, *De Methuen a Pombal: o comércio anglo-português de 1700 a 1770* (Lisboa, Gradiva, 1984); Nuno Luís Madureira, *Mercado e privilégios: a indústria portuguesa entre 1750 e 1834* (Lisboa, Estampa, 1997); Antônio Almodôvar e José Luiz Cardoso, *A History of Portuguese Economic Thought* (Londres-Nova York, Routledge, 1998), esp. caps. 1-2; Arnaldo Melo et al., *História do trabalho e das ocupações* (Oeiras, Celta, 2001), 3 v.; Luiz F. B. Belatto, "O tratado de Methuen: interpretações e desmistificações", *Klepsidra. Revista Virtual de História*, São Paulo, ano 2000, n. 4; José Luís Cardoso et al. (orgs.), *O Tratado de Methuen, 1703: diplomacia, guerra, política e economia* (Lisboa, Horizonte, 2003); João Fragoso e Maria de F. Gouveia (orgs.), *Na trama das redes: política e negócios no império português (séculos XVI-XVIII)* (Rio de Janeiro, Civilização Brasileira, 2010) e Sezinando L. Menezes e Célio J. Costa, "Considerações em torno da origem de uma verdade historiográfica: o Tratado de Methuen (1703), a destruição da produção manufatureira em Portugal e o ouro do Brasil", *Acta Scientiarum*, Maringá, Eduem, v. 34, n. 2, jul.-dez. 2012.

Permito-me chamar a atenção do leitor para o fato de, na documentação disponível sobre o tratado de Methuen, um texto fundamental e brilhante ser o ensaio do grande historiador brasileiro Nelson Werneck Sodré, intitulado justamente *O tratado de Methuen* (Rio de Janeiro, Instituto Superior de Estudos Brasileiros, 1957), depois coligido em sua obra *A ideologia do colonialismo* (Rio de Janeiro, Civilização Brasileira, 1965). Sobre esse ensaio primoroso, ver o verbete pertinente (de Lígia Maria O. Silva) em Marcos

Silva (org.), *Dicionário crítico Nelson Werneck Sodré* (Rio de Janeiro, Editora UFRJ, 2008).

[70] Ver, entre muitas fontes, as diferentes análises de Maximiano M. Menz, "Reflexões sobre duas crises econômicas no império português: 1688 e 1770", *Vária história*, Belo Horizonte, PPG-História-Fafich/UFMG, v. 29, n. 49, jan.-abril 2013, e Pablo O. Mont Serrath, "Crise geral e política manufatureira em Portugal na segunda metade do século XVIII: novos indícios e questionamentos", *Saeculum. Revista de História,* João Pessoa, Departamento de História/UFPB, n. 29, jul.-dez. 2013.

[71] Sobre a "era de Pombal", ver esp. as notas 101 e102, *infra*.

O leitor vem decerto acompanhando meu cuidado em oferecer subsídios bibliográficos mais recentes e/ou atualizados às lições de Saraiva e Lopes, embora enfatizando que os dois autores sempre fizeram um esforço para ampliar suas fontes ao longo das várias reedições da sua obra. Bem sei que a complementação de uma larga documentação (seja ela nova, olvidada ou menos trabalhada) ora peca por excesso, ora corre o risco de imperdoáveis omissões – mas tenho me preocupado em indicar sobretudo, com as minhas adições, o crescimento da massa crítica. No caso das crises dos séculos XVII e XVIII, tal crescimento mostra-se, há muito, exponencial. Procurando não reiterar informações que o leitor encontra em notas anteriores e na própria obra de Saraiva e Lopes, colijo abaixo fontes que não estiveram ao alcance de ambos ou que eles não puderam explorar mais detidamente. O leitor verificará que algumas dessas fontes desbordam os contextos que distinguem as duas crises.

Quanto à crise do século XVII, remeto especialmente a A. D. Lublinskaya, *La crisis del siglo XVII y la sociedad del absolutismo* (Barcelona, Crítica, 1979); Peter Kriedte, *Camponeses, senhores e mercadores: a Europa e a economia mundial (1500-1800)* (Lisboa, Teorema, 1980); Jan de Vries, *A economia da Europa numa época de crise* (Lisboa, D. Quixote, 1983); Trevor Aston (org.), *Crisis en Europa: 1560-1660* (Madri, Alianza, 1983) – neste livro, destaca-se o contributo de E. J. Hobsbawm, "La crisis del siglo XVII"); Carl Hanson, *Economia e sociedade no Portugal barroco: 1668-1703* (Lisboa, D. Quixote, 1986); Ângela B. Xavier, *El Rei aonde pode e não aonde quer: razões na política no Portugal seiscentista* (Lisboa, Colibri, 1998); a reedição de velha obra (1929) de João Lúcio Azevedo, *Épocas de Portugal econômico* (Lisboa, Clássica, 1988); Frédéric Mauro, *Portugal, o Brasil e o Atlântico (1570-1670)* (Lisboa, Estampa, 1989); Ruggiero Romano, *Coyunturas opuestas: la crisis del siglo XVII en Europa e Hispanoamerica* (México, Colegio de México/Fondo de Cultura Económica, 1993); Sanjay Subrahmanyam, *O império asiático português, 1500-1700: uma história política e econômica* (São Paulo, Difel, 1995); os caps. 1 e 2 de Antônio Almodôvar e José Luiz Cardoso, *A History of*

Portuguese Economic Thought, cit.; Evaldo C. de Mello, *O negócio do Brasil: Portugal, os Países Baixos e o Nordeste (1641-1669)* (Rio de Janeiro, Topbooks, 1998); Geoffrey S. Parker, *The General Crisis of the Seventeenth Century* (Londres, Routledge, 1997) e *Global Crisis: War, Climate Change and Catastrophe in the Sevententh Century* (New Haven, Yale University Press, 2013); Nuno G. F. Monteiro, "Identificação da política setecentista. Notas sobre Portugal no início do período joanino", *Análise social,* Lisboa, ICS-UL, v. 35, n. 157, inverno de 2001; Leonor F. Costa, *Império e grupos mercantis: entre o Oriente e o Atlântico (século XVII)* (Lisboa, Horizonte, 2002); Hugh Trevor-Roper, *A crise do século XVII: religião, a reforma e a mudança social* (Rio de Janeiro, Topbooks, 2007); Gabriel A. A. Rossini, "Notas acerca das políticas fabril-manufatureira e monetária portuguesas implementadas em fim do século XVII", *XXXI Encontro da Associação Portuguesa de História Econômica e Social,* Coimbra, 2011 (disponível em: <http://www.abphe.org.br>; acesso em: 15 set. 2022); Carlos M. Faísca, "O preço da crise: níveis de vida no Portugal seiscentista", *Revista de História da Sociedade e da Cultura,* Coimbra, Centro de História da Sociedade e da Cultura/Universidade de Coimbra, n. 12, 2012; o denso e erudito texto de Antônio M. Hespanha, "As finanças portuguesas nos séculos XVII e XVIII", *Cadernos do Programa de Pós-Graduação em Direito,* Porto Alegre, Universidade Federal do Rio Grande do Sul, v. 8, n. 2, 2013; ver, ainda, o singular ensaio de Antônio V. Ribeiro, "Crise e consciência: ensaio sobre a descristianização de Portugal no século XVII", *Via Spiritus,* v. 23, Porto, Universidade do Porto, 2016.

É supérfluo observar que a problemática das duas crises aparece analisada em diferentes histórias de Portugal já citadas anteriormente. As fontes referidas em seguida, nas quais os processos da crise do século XVIII são mais evidentes e conectados à colônia brasileira, decerto poderão enriquecer o material referido antes: Armando de Castro, *Introdução ao estudo da economia portuguesa (fins do século XVIII a princípios do XX)* (Lisboa, Cosmos, 1947); Vitorino Magalhães Godinho, *Prix et monnaies au Portugal: 1750-1850* (Paris, Armand Colin, 1955), reproduzido em idem, *Ensaios II* (Lisboa, Sá da Costa, 1968); Antônio F. Ferreira, *A acumulação capitalista em Portugal: das origens da nacionalidade aos inícios do século XIX* (Porto, Afrontamento, 1977); Sérgio Buarque de Holanda (org.), *História geral da civilização brasileira,* v. 1: *A época colonial* (São Paulo, Difel, 1960), 2 v.; Jorge Borges de Macedo, *Problemas de história da indústria portuguesa no século XVIII* (Lisboa, Gráficas Bertrand, 1963); Virgílio Noya Pinto, *O ouro brasileiro e o comércio anglo-português* (São Paulo, Cia. Editora Nacional, 1979); José J. Andrade Arruda, *O Brasil no comércio colonial* (São Paulo, Ática, 1980); Miriam H. Pereira, "A crise do Estado do Antigo Regime: alguns problemas conceituais e de cronologia", *Ler história,*

Lisboa, ISCTE-IUL, n. 2, 1983; Gabriel Tortella, *Una historia económica comparada de los países del sur de Europa: los casos de España, Italia y Portugal* (Madri, Universidad de Alcalá de Henares, 1985); Charles Wilson e Geoffrey Parker (orgs.), *Una introducción a las fuentes de la historia económica europea, 1550-1800* (México, Siglo XXI, 1986); Eloy F. Clemente, "A história econômica de Portugal (séculos XIX-XX)", *Análise social*, Lisboa, ICS-UL, v. 24, n. 103-104, 1988; José Luís Cardoso, *O pensamento econômico em Portugal nos finais do século XVIII (1780-1808)* (Lisboa, Estampa, 1989); Fernando M. Costa et al. (orgs.), *Do Antigo Regime ao liberalismo: 1750-1850* (Lisboa, Vega, 1989); Valentim Alexandre, *Os sentidos do Império: questão nacional e questão colonial na crise do Antigo Regime Português* (Porto, Afrontamento, 1993); Jorge Miguel Pedreira, *Estrutura industrial e mercado colonial: Portugal e Brasil (1780-1830)* (Lisboa/Linda-a-Velha, Difel, 1994); Eugénia Mata e Nuno Valério, *História econômica de Portugal: uma perspectiva global* (Lisboa, Presença, 1994); Silvana Casmirri e Manuel S. Cortina (orgs.), *La Europa del Sur en la época liberal. España, Italia y Portugal: Una perspectiva comparada* (Santander/ Cassino, Universidad de Cantabria/Università di Cassino, 1998); A. J. R. Russell-Wood, *Um mundo em movimento: os portugueses na África, Ásia e América (1415-1808)* (Lisboa/Linda-a-Velha, Difel, 1998); Albert Silbert, *Do Portugal do Antigo Regime ao Portugal oitocentista* (Lisboa, Horizonte, 1977) e *Portugal na Europa oitocentista* (Lisboa, Salamandra, 1998); Dauril Alden, "O período final do Brasil colônia: 1750-1808", em Leslie Bethell (org.), *História da América Latina*, v. 2 (São Paulo, Edusp, 1999); José J. Andrade Arruda, "Decadência ou crise do império luso-brasileiro: o novo padrão de colonização do século XVIII", *Revista USP*, São Paulo, USP, n. 46, jun.-ago. 2000; João Fragoso et al. (orgs.), *'O Antigo Regime nos trópicos: a dinâmica imperial portuguesa (séculos XVI-XVIII)* (Rio de Janeiro, Civilização Brasileira, 2001); José Tengarrinha (org.), *História de Portugal* (Bauru/São Paulo, Edusc/Unesp, 2001); Antônio de Oliveira, *Movimentos sociais e poder em Portugal no século XVII* (Coimbra, Instituto de História Econômica e Social da Faculdade de Letras, 2002); Alberto da Costa e Silva, *A Manilha e o Libambo: a África e a escravidão, de 1500 a 1700* (Rio de Janeiro, Nova Fronteira, 2002); Nuno Gonçalo Monteiro, *O crepúsculo dos grandes: a casa e o patrimônio da aristocracia em Portugal (1750-1832)* (Lisboa, Imprensa Nacional-Casa da Moeda, 2003); Isabel F. da Mota, *Academia Real de História: os intelectuais, o poder cultural e o poder monárquico no séc. XVIII* (Coimbra, Minerva, 2003); Rita M. Sousa, *Moeda e metais preciosos no Portugal setecentista: 1688-1797* (Lisboa, Imprensa Nacional-Casa da Moeda, 2005); Pedro Lains et al. (orgs.), *História econômica de Portugal: 1700-2000* (Lisboa, Imprensa de Ciências Sociais, 2005), 3 v.; Fernando Antonio Novais, "A proibição das manufaturas no Brasil e a política econômica portuguesa do fim do século XVIII", em Fernando Antonio Novais, *Aproximações: ensaios de história e historiografia*, cit., 2005; Maria F. Bicalho e Vera L. Amaral Ferlini (orgs.), *Modos de governar: ideias e práticas políticas no império português (séculos XVI a XIX)* (São Paulo, Alameda, 2005); Norberto F. da Cunha, *Elites e acadêmicos na cultura portuguesa setecentista* (Lisboa, Imprensa Nacional-Casa da Moeda, 2006); Stuart B. Schwartz et al. (orgs.), *O Brasil no império marítimo português* (Bauru, Edusc, 2009); Eugénia Mata e Nuno Valério, *The Concise Economic History of Portugal: a Comprehensive Guide* (Coimbra, Almedina, 2011); Leonor F. Costa et al., *O ouro do Brasil: 1700-1807* (Lisboa, Imprensa Nacional-Casa da Moeda, 2013); José D. Rodrigues, *Reformas e Iluminismo no mundo atlântico: o caso português* (Rio de Janeiro, Instituto Histórico e Geográfico Brasileiro, maio-ago. 2021), com ampla bibliografia.

Observo ao leitor mais interessado em precisar o pensamento econômico português que ele pode recorrer ainda a duas fontes qualificadas: Antônio Almodôvar (org.), *Estudos sobre o pensamento econômico em Portugal* (Porto, Faculdade de Economia/Universidade do Porto, 1990) e José Luís Cardoso (coord.), *Dicionário histórico de economistas portugueses* (Lisboa, Temas de Debates, 2001).

[72] Parece-me correto distinguir, como fez Sérgio Paulo Rouanet – ainda que eu não subscreva todas as implicações dos seus estudos –, entre *Iluminismo* e *Ilustração* (ou *Esclarecimento*, do alemão *Aufklärung*). O brilhante ensaísta anotou: "Pertencem ao *Iluminismo* as correntes de ideias que combatem o mito e o poder, utilizando argumentos racionais. A definição é grosseira, mas basta para nossos fins. O movimento intelectual que floresceu no século XVIII pode ser denominado a *Ilustração*. Ela foi uma importantíssima realização histórica do *Iluminismo* – talvez a mais importante, mas não a primeira e certamente não a última"; Sergio Paulo Rouanet, *As razões do Iluminismo,* cit., p. 301-2. A maioria dos autores que tratam de Bocage vale-se da solução *Iluminismo* – por isso, em suas eventuais citações e referências, adotarei a forma por que optaram.

É preciso sublinhar com ênfase que *a Ilustração, assim como toda a tradição iluminista, não constituiu nunca um bloco de ideias homogêneo*. Não me é possível, aqui, deter-me sobre essa problemática. Apenas indico que ensaios do acima citado Rouanet são esclarecedores na detecção da complexidade/heterogeneidade iluminista; destaco dois deles: "O desejo libertino entre o Iluminismo e o Contra-Iluminismo", em Adauto Novaes (org.), *O desejo* (São Paulo, Cia. das Letras, 1990) e "Dilemas da moral iluminista", em idem, *Ética* (São Paulo, Cia. das Letras, 1992), nos quais o arguto crítico não se ocupa expressamente de Bocage; quem cuidou deste, tratando em especial do seu componente pré-romântico, foi Leodegário Amarante de Azevedo Filho,

O *Contra-Iluminismo na poesia de Bocage* (Rio de Janeiro, SBLL, 2003); a questão foi também objeto das reflexões de Eloísa P. Corrêa, "Uma revolução chamada Bocage: inadaptação e libertação", *Caligrama. Revista de Estudos Românicos,* Belo Horizonte, UFMG, v. 18, n. 1, 2013.

Para aprofundar o conhecimento do Iluminismo – ou, se se quiser, da Ilustração –, três textos seminais e já notórios são muito relevantes: o de Immanuel Kant, de 1784, "Resposta à pergunta: que é o Iluminismo?", em Immanuel Kant, *A paz perpétua e outros opúsculos* (Lisboa, Edições 70, 1989); o de Ernst Cassirer, de 1932, em Ernst Cassirer, *A filosofia do Iluminismo* (trad. Álvaro Cabral, Campinas, Ed. Unicamp, 1997) e o de Theodor W. Adorno e Max Horkheimer, de 1947, *Dialética do Esclarecimento* (trad. Guido Antonio de Almeida, Rio de Janeiro, Zahar, 1985). Para outras abordagens, entre tantas, ver Lucien Goldmann, *La Ilustración y la sociedad actual* (Caracas, Monte Ávila, 1968); Giovanni Solinas et al., *Saggi sull'Illuminismo* (Cagliari, Università di Cagliari, 1973); Vv. Aa., *Lezioni sull'Illuminismo: Atti del Seminario di Studi organizzati dalla Provincia di Reggio-Emilia,* out. 1978-fev. 1979 (Milão, Feltrinelli, 1980); Mario Matucci (org.), *Lumières et Illuminisme: Actes du Colloque International (Cortona)* (Pisa, Pacini, 1985); Jürgen Habermas, "O entrosamento entre o mito e o Iluminismo: Horkheimer e Adorno", em J. Habermas, *O discurso filosófico da modernidade* (Lisboa, D. Quixote, 1990); Luiz R. Salinas Fortes, *O Iluminismo e os reis filósofos* (São Paulo, Brasiliense, 1993); Peter Gay, *The Enlightenment: an Interpretation* (Nova York, W. W. Norton, 1996); Robert Darnton, *O Iluminismo como negócio* (trad. Laura Teixeira Motta e Maria Lucia Machado, São Paulo, Cia. das Letras, 1996); Daniel Roche (org.), *Le monde des Lumières* (Paris, Fayard, 1999); Sergio Moravia, *La scienza dell'uomo nel Settecento* (Bari, Laterza, 2000); Pedro Calafate (org.), *História do pensamento filosófico português: as Luzes,* v. 3 (Lisboa, Caminho, 2001); Winfried Müller, *Die Aufklärung* (Munique, Oldenbourg, 2002); Franco Venturi, *Utopia e reforma no Iluminismo,* cit.; Jorge Grespan, *Revolução Francesa e Iluminismo* (São Paulo, Contexto, 2003); Ana C. Araújo, *A cultura das Luzes em Portugal: temas e problemas* (Lisboa, Horizonte, 2003); Amândio Coxito, *Estudos sobre filosofia em Portugal na época do Iluminismo* (Lisboa, Imprensa Nacional-Casa da Moeda, 2006); D. Ramada Curto, *Cultura escrita: séculos XV a XVIII* (Lisboa, Imprensa de Ciências Sociais, 2007); Tzvetan Todorov, *O espírito das Luzes* (trad. Mônica Cristina Corrêa, São Paulo, Barcarola, 2008); Jonathan I. Israel, *O Iluminismo radical: a filosofia e a construção da modernidade (1650-1750)* (trad. Claudio Blanc, São Paulo, Madras, 2009); Gabriel Paquette, *Enlightened Reform in Southern Europe and its Atlantic Colonies: 1750-1830* (Londres, Routledge, 2009); Carlo Borghero et al., *Dal cartesianismo all'Illuminismo radicale* (Florença, Le

Lettere, 2010); Dan Edelstein, *The Enlightenment: a Genealogy* (Chicago, Chicago University Press, 2010); Steffen Martus, *Aufklärung: das deutsche 18. Jahrhundert – ein Epochenbild* (Berlim, Berlin Rowohlt, 2015); André de M. Araújo, "História, literatura e antropologia no Iluminismo tardio alemão", *Pandaemonium Germanicum*, São Paulo, FFLCH/USP, v. 22, n. 37, maio-ago. 2019; Cláudio Denipoti, "Viajantes e livros: leitura, posse e comércio de livros em Portugal no século XVIII", *Locus – Revista de História*, Juiz de Fora, PPG-História, UFJF, v. 25, n. 1, 2019. Em várias das fontes citadas nesta nota (bem como na nota 102, *infra*) se encontram alusões à incidência da *Enciclopédia* francesa sobre pensadores portugueses – aliás, dentre eles, houve um, Ribeiro Sanches, que foi o único a contribuir na obra encabeçada por Diderot e D'Alembert.

Devo registrar, enfim, que Lukács sempre distinguiu o Iluminismo alemão do francês, assinalando a peculiaridade de cada um deles. Em várias passagens de seus escritos (inclusive nas suas obras de maior porte, como a *Estética* e a *Ontologia do ser social*), é possível encontrar significativas reflexões atinentes ao Iluminismo, sobretudo ao alemão. Nesta oportunidade, ademais de assinalar que muitas comparecem em seu *Goethe e seu tempo* (trad. Nélio Schneider e R. V. Fortes, São Paulo, Boitempo, 2021), limito-me a indicar uns poucos desses escritos – o belo ensaio "Minna von Barnhelm", em *Goethe und seine Zeit* (Neuwied/Berlim, Luchterhand, 1964) – a edição brasileira dessa obra não incluiu esse texto; "A propósito de la estética de Schiller", em *Aportaciones a la historia de la estética* (México, Grijalbo, 1966); o cap. 4 de *Introdução a uma estética marxista* (trad. Carlos Nelson Coutinho e Leandro Konder, Rio de Janeiro, Civilização Brasileira, 1970) e a parte inicial ("Progresso e reazione nella letteratura tedesca") de *Breve storia della letteratura tedesca: dal Settecento ad oggi* (Turim, Einaudi, 1976).

[73] Escrevem Saraiva e Lopes: "Perseguida e dizimada no seu conjunto, a pretexto de judaísmo, pela Inquisição e pelas leis de 'limpeza e sangue', em grande parte forçada à emigração e à liquidação dos seus bens confiscáveis (terras e indústrias), assim como à transferência para o estrangeiro de parte dos seus capitais, *a burguesia portuguesa tende a ser exclusivamente mercantil*. Com a ajuda dos jesuítas, consegue interessar a Coroa na formação de grandes companhias semelhantes às holandesas que haviam expulsado missões e fazendeiros portugueses do Maranhão e do Oriente. Ensaios de economia, tais os de Luís Mendes de Vasconcelos (1608), Severim de Faria (1655) e Ribeiro de Macedo (1675), que defendiam uma política de fomento em moldes industriais burgueses e mercantilistas, só se traduzem em diplomas legais quando a concorrência crescente das Antilhas afeta seriamente o comércio açucareiro do Brasil, cerca de 1670. Então é que a burguesia, pelos representantes do Porto às últimas cortes, as de 1697-1698, faz ouvir o seu pensamento, condenando as exortações e arbitrariedades do

funcionalismo e da justiça, a concentração dos bens imóveis nas ordens religiosas, o luxo da aristocracia, o escoamento de moeda para o estrangeiro. O marquês de Fronteira [D. João de Mascarenhas, 1633-1681] e o terceiro conde de Ericeira [D. Luís de Menezes, 1632-1690], ministro de Pedro II [1648-1706], publicam então pragmáticas a favor das indústrias nacionais em 1677, 1688 e 1698"; Antônio José Saraiva e Óscar Lopes, *História da literatura portuguesa*, cit., p. 439 (os itálicos são meus). Ao leitor interessado em resgatar o pensamento desses autores, sugiro consultar Antônio Sérgio, *Antologia dos economistas portugueses: século XVII* (Lisboa, Sá da Costa, 1975 [1924]). Em relação à "liquidação dos seus bens confiscáveis", referida por Saraiva e Lopes, ver o exaustivo trabalho de Isabel M. R. M. Drumond Braga, *Bens de hereges. Inquisição e cultura material: Portugal e Brasil (séculos XVII-XVIII)* (Coimbra, Imprensa da Universidade de Coimbra, 2012). Sobre aquelas pragmáticas, iniciativas malogradas que foram uma espécie de canto de cisne das aspirações burguesas lusitanas, ver Gabriel A. A. Rossini, "As pragmáticas portuguesas de fins do século XVII: política fabril e manufatura reativa", *Saeculum. Revista de História*, João Pessoa, Departamento de História/UFPB, n. 22, jan.-jun. 2010.

[74] José-Augusto França, *Lisboa pombalina e o Iluminismo*, cit.

[75] Ver José-Augusto França, *Lisboa: história física e moral*, cit., esp. os esclarecedores e informadíssimos caps. V a VIII. Destaque-se a excelência das páginas que França dedica à Restauração – p. 259 e seg.

[76] O crescimento demográfico do período está registrado: a população continental, estimada em 1580-1590 em 1,2 milhão habitantes, em 1700 chega a 2,1 milhões de pessoas, em 1758 alcança 2.409.698 e em 1801 vê-se calculada em 2.912.770 habitantes.

Acerca da mobilidade social, ver Jorge Miguel Pedreira, "Os negociantes de Lisboa na segunda metade do século XVIII: padrões de recrutamento e percursos sociais", *Análise social*, Lisboa, ICS-UL, v. 27, n. 116-117, 1992, "Tratos e contratos: atividades, interesses, e orientações dos investimentos dos negociantes da praça de Lisboa (1755-1822)", *Análise Social*, Lisboa, ICS-UL, v. 31, n. 135, 1996, e "Negócio e capitalismo. Os negociantes de Lisboa (1750-1820)", *Tempo*, Niterói, Departamento de História/UFF, v. 8, n. 15, dez. 2003; fonte muito acreditada sobre o tema é o erudito ensaio do jurista Antônio M. Hespanha, "A mobilidade social na sociedade do Antigo Regime", *Tempo*, Niterói, Departamento de História/UFF, v. 21, n. 11, 2006. Há elementos relevantes também em Nuno Luís Madureira, *Mercado e privilégios: a indústria portuguesa entre 1750 e 1834*, cit., e em Arnaldo Melo et al., *História do trabalho e das ocupações* (Oeiras, Celta, 2001), 3 v.; mais indicadores estão contidos em Rodrigo B. Monteiro et al. (orgs.), *Raízes do privilégio: mobilidade social no mundo ibérico do Antigo*

Regime (Rio de Janeiro, Civilização Brasileira, 2011). Chama a atenção do analista o fato de ainda hoje, mesmo com a massa crítica acumulada, um estudo sobre os mesteirais de Lisboa redigido nos anos 1950 – *A história da organização dos mesteres na cidade de Lisboa* (Braga, Associação Jurídica de Braga, 1958) – pelo jurisconsulto e ideólogo fascista Marcelo Caetano, sucessor de Salazar que se homiziou no Brasil na sequência imediata da Revolução dos Cravos, ser ainda objeto de citação: prova, mais que da sua força analítica, da dificuldade de avançar nessa linha de pesquisa. Para avaliar novas alternativas nesse âmbito de investigação, ver o ensaio de Rita S. Nóvoa e Maria de L. Rosa, "O estudo dos arquivos de família do Antigo Regime em Portugal: percursos e temas de investigação", *Revista Brasileira de História*, São Paulo, Associação Nacional de História/Anpuh, v. 38, n. 78 (dossiê "História e arquivo"), maio-ago., 2018.

[77] Antônio José Saraiva e Óscar Lopes, *História da literatura portuguesa*, cit., p. 440. *Sebenta* – no linguajar dos estudantes de Coimbra, apontamentos/ apostilas que vulgarizam conhecimentos e, circulando em cópias, tornam-se tão manuseados que se apresentam como que ensebadas.

[78] Observe-se que Saraiva e Lopes, na sua *História da literatura portuguesa*, cit., se ocuparam longamente, e não só, das expressões literárias do século XVII – ver p. 429-542 – que dedicam à "Restauração e época joanina", um primor de análise histórica e crítico-literária nos limites em que a realizaram; em face delas, o resumo que a seguir faço nesta "Apresentação" não passa de uma pálida imagem do *seiscentismo*; assim, nesse resumo, nem sequer me detive nas parcas e insuficientes considerações em que os dois historiadores aludem a Gregório de Matos, que reconhecem ser "um precursor de Bocage" (Saraiva e Lopes, *História da literatura portuguesa*, cit., p. 475-6; esclarecedor é o comentário de Hernâni Cidade, *O conceito de poesia como expressão da cultura*, cit., p. 131-4). Veja-se que o *Boca do Inferno* baiano recebe, entre nós, cada vez mais cuidados – ver, por exemplo, Fernando R. Peres, *Gregório de Mattos – uma revisão biográfica* (Salvador, Macunaíma, 1983); Segismundo Spina, *A poesia de Gregório de Matos* (São Paulo, Edusp, 1995); João A. Hansen, *Gregório de Matos e a Bahia do século XVII* (São Paulo, Ateliê, 2004).

Para comprovar que Saraiva e Lopes cuidam *não só* das expressões literárias, basta remeter, por exemplo, à substancialidade das suas exposições, sintéticas porém ricas em informações, sobre o desenvolvimento das ideias na Inglaterra dos Tudor (ver *História da literatura portuguesa*, cit., p. 430-2) e sobre o classicismo francês de Luís XIV (idem, p. 432-4).

Por outra parte, Saraiva e Lopes se referem à condição feminina na passagem do século XVII ao século XVIII. Na sua *História da literatura portuguesa*, assinalam o fato de que então se registra uma significativa e inédita intervenção de mulheres na literatura, destacando os nomes de Sóror

Violante do Céu, Teresa Margarida da Silva e Orta e de Sóror Mariana Alcoforado, a quem se atribuem as ulteriormente famosas *Cartas portuguesas* – Mariana Alcoforado, *Cartas portuguesas* (ed. bilíngue, Lisboa, Assírio & Alvim, 1993 [ed. bras.: Porto Alegre, L&PM, 2000]). Com efeito, Saraiva e Lopes mencionam a "marcha para a emancipação intelectual e social das mulheres", que à época conheceu "um dos seus momentos mais dramáticos" (ver *História da literatura portuguesa*, cit., p. 470-1). Vale recorrer, aqui, ao ensaio de Susana M. Alves-Jesus e José Eduardo Franco, "A lenta afirmação da mulher nos ideários socioeducativos: educação feminina nos intelectuais iluministas no século das Luzes em Portugal", *Interfaces científicas – humanas e sociais*, Aracaju, Ed. Univ. Tiradentes, v. 11, n. 2, 2022.

[79] Em passos da sua *História da literatura portuguesa*, cit., Saraiva e Lopes citam a "poesia barroca portuguesa", a "época barroca peninsular", o "apogeu do barroco em Portugal" e noutros a "mentalidade barroca"; às p. 434-7, sintetizam o conteúdo do que designam por barroco (inclusive o espanhol). E escrevem que "um sensível desenvolvimento da burguesia durante o século XVII sob o estímulo da colonização brasileira e um tardio reforço do absolutismo e do feudalismo decadente, graças às minas do Brasil sob D. João V" [que reinou de 1706 a 1750] haveriam de justificar a designação "de *Época Barroca* para o período de intensa crise política, social e cultural que se processa entre a Restauração e as reformas de Pombal" e registram mesmo "um surto retardatário do barroco em Portugal" (idem, p. 437); numa rápida referência ao "estilo rococó", dizem-no "correspondente à última e decisiva fase da decadência feudal nas cortes bourbônicas e outras, [que] prolonga o barroco peninsular [...]" (idem, p. 549; sobre o rococó, ver a análise cuidadosa de Otto Maria Carpeaux, *História da literatura ocidental*, v. 2, cit., p. 995-1042).

O estudo do barroco, na sequência da obra de 1888, de Heinrich Wölfflin [ed. bras.: *Renascença e barroco*, trad. Mary Amazonas Leite de Barros e Antonio Steffen, São Paulo, Perspectiva, 2010], assim como de outros estilos de arte, acumulou no século XX um enorme acervo de investigações – no caso do barroco, particularmente no campo da pintura e da arquitetura. Já referi materiais elucidativos de A. Hauser, nas notas 25 e 29, *supra*. No arrolamento que se segue (que pouco se ocupa da pintura e da arquitetura), há indicações para aprofundar o debate aberto por Wölfflin: René Wellek, "O conceito de barroco na cultura literária", em René Wellek, *Conceitos de crítica* (trad. Oscar Mendes, São Paulo, Cultrix, 1963); Severo Sarduy, *Barroco* (Buenos Aires, Sudamericana, 1974); Didier Solier, *La littérature baroque en Europe* (Paris, PUF, 1988); Albert S. Gérard, *Baroque Tragedies: Comparative Essays on Seventeenth Century Drama* (Liège, Université de Liège, 1993); Afrânio Coutinho, *Do barroco (ensaios)* (Rio de Janeiro,

Ed. UFRJ/Ed. Tempo Brasileiro, 1994); Affonso Ávila, *O lúdico e as projeções do mundo barroco* (São Paulo, Perspectiva, 1994), mas também Affonso Ávila (org.), *Barroco: teoria e análise* (São Paulo, Perspectiva, 1997); Erwin Panofsky, *Three Essays on Stile* (Cambridge, MIT Press, 1995); Claude-Gilbert Dubois, *Le baroque en Europe et en France* (Paris, PUF, 1995); Rosario Villari (org.), *O homem barroco* (Lisboa, Presença, 1995); José A. Maravall, *A cultura do barroco: análise de uma estrutura histórica* (São Paulo, Edusp, 1997); Irlemar Chiampi, *Barroco e modernidade* (São Paulo, Perspectiva, 1998); Jean Rousset, *Dernier regard sur le baroque* (Paris, José Corti, 1998); Affonso R. de Sant'Anna, *Barroco: do quadrado à elipse* (Rio de Janeiro, Rocco, 2000); Walter Moser e Nicolas Goyer (orgs.), *Résurgences baroques: les trajectoires d'un processus transculturel* (Bruxelas, Lettre Volée, 2001); Helmuth Hatzfeld, *Estudos sobre o barroco* (2. ed., trad. Célia Berretini, São Paulo, Perspectiva, 2002); Vítor Serrão, *História da arte em Portugal*, v. 4: *O barroco* (Lisboa, Presença, 2003); Giulio C. Argan, *Imagem e persuasão: ensaios sobre o barroco* (trad. Maurício Santana Dias, São Paulo, Cia. das Letras, 2004); Otto Maria Carpeaux, *História da literatura ocidental*, v. 2, cit., 2008, parte V; German Bazin, *Barroco e rococó* (trad. Álvaro Cabral, São Paulo, WMF Martins Fontes, 2010); Jean-Claude Vuillemin, *Épistemè baroque: le mot et la chose* (Paris, Hermann, 2013); Sergio Romagnolo, *A dobra e o vazio: questões sobre o barroco e a arte contemporânea* (São Paulo, Unesp, 2018). Lembre-se, ainda, da tese clássica de Walter Benjamin, *Origem do drama barroco alemão* (trad. Sergio Paulo Rouanet, São Paulo, Brasiliense, 1984) que, tendo um objeto muito específico, nos oferece decisivas pistas de pesquisa.

As diversas histórias literárias portuguesas, já citadas, conferem um trato significativo ao barroco (destaque-se, por exemplo, o trabalho de Maria L. G. Pires e José A. M. Freitas Carvalho, em Carlos Reis (org.), *História crítica da literatura portuguesa*, v. 3: *Maneirismo e barroco*. Veja-se também: Victor Aguiar e Silva, *Maneirismo e barroco na poesia lírica portuguesa* (Coimbra, Centro de Estudos Românicos, 1971); Aníbal P. Castro, "Os códigos poéticos em Portugal do renascimento ao barroco. Seus fundamentos. Sua evolução", *Revista da Universidade de Coimbra*, Coimbra, Imprensa da Universidade, v. 31, 1985; Maria L. G. Pires, *Xadrez de palavras: estudos de literatura barroca* (Lisboa, Cosmos, 1996); a contribuição de Margarida Vieira Lima a Miguel Tamen e Helena C. Buescu (orgs.), *A Revisionary History of Portuguese Literature* (Nova York-Abingdon, Routledge, 2012). Entre os especialistas portugueses credenciados, é de mencionar Ana Hatherly, autora de *O ladrão cristalino: aspectos do imaginário barroco* (Lisboa, Cosmos, 1997) e de *Poesia incurável: aspectos da sensibilidade barroca* (Lisboa, Estampa, 2003). Por outra parte, anote-se que, há pouco, sob a responsabilidade editorial de Cilaine A. Cunha e Mayra Laudana, publicou-se entre nós uma interessante seleta de textos de João A. Hansen, *Agudezas seiscentistas e outros ensaios* (São Paulo, Edusp, 2019), que é bem útil para se revisitar o barroco.

80 Antônio José Saraiva e Óscar Lopes, *História da literatura portuguesa*, cit., p. 434.

81 Escrevem eles sobre a lírica barroca: "[...] Notam-se defeitos como o exagero descabelado da superlativação encomiástica [...]; antíteses forçadas; a pedantaria e monotonia de estilo resultantes do uso estafado dos mesmos hipérbatos, dos mesmos ritmos sintáticos de aposição e predicação, do mesmo metaforismo, do mesmo processo de entrelaçar dois, três ou quatro temas dentro do soneto. [...] Um sentimentalismo amaneirado e verboso, um enlanguescimento efeminado [...] que se derrete em *desmaios*, em *suspiros, gemidos, lágrimas, mágoas, rigores*; e a que os mitos sensuais de Júpiter, Narciso e Adônis dão pretexto para as expansões mais decadentes e inconfessáveis". E concluem: "[...] Considerada em seus espécimes mais significativos, esta poesia tem incontestavelmente um conteúdo, *pois assinala a degenerescência de certa forma social de cultura*"; Saraiva e Lopes, *História da literatura portuguesa*, cit., p. 469 (esses últimos itálicos são meus). Traços marcantes do barroco literário português comparecem nos seus cancioneiros: *Fênix Renascida* (1715-1728) e *Postilhão de Apolo* (1761-1762) – ver Saraiva e Lopes, *História da literatura portuguesa*, cit., p. 467-8; ver esp. Alcir Pécora (org.), *Poesia seiscentista: Fênix Renascida e Postilhão de Apolo* (São Paulo, Hedra, 2002).

Embora frisando a ideia de "degenerescência de certa *forma social de cultura*", nossos dois autores *não a elevam a traço pertinente a todo o barroco de Portugal*. Não se deve esquecer que a questão da *decadência* da literatura portuguesa no curso do seiscentismo é própria da crítica do século XIX – está contida já no famoso ensaio de Almeida Garrett, *Bosquejo da poesia e língua portuguesa*, 1826 – ver *Obras completas de Almeida Garrett*, v. 4 (Lisboa, Círculo de Leitores, 1984) – e foi depois explorada por Teófilo Braga (*Os seiscentistas*), em *História da literatura portuguesa*, v. 3 (Lisboa, Imprensa Nacional/Casa da Moeda, 1984). Sobre essa questão, ver a breve e ponderada reflexão de Antônio Soares Amora, *Presença da literatura portuguesa*, cit., p. 114-8. Vale, enfim, a leitura da ampla e qualificada exposição sobre "o século barroco", que se encontra no cap. 6 de Hernâni Cidade, *O conceito de poesia como expressão da cultura*, cit.

82 Antônio José Saraiva e Óscar Lopes, *História da literatura portuguesa*, cit., p. 443.

83 D. Francisco Manuel frequentou a *Academia dos Generosos*, que funcionou irregularmente de 1647 a 1717. As academias – depois conhecidas como

arcádias – surgiram em Portugal entre os inícios do século XVII e meados do século XVIII e vários são os especialistas que identificam, na história literária portuguesa, um período de *arcadismo* (também designado por *neoclassicismo*).

Linhas antes de apresentar em longa lista as principais academias que se constituíram no país, diz Fidelino de Figueiredo: "Nas academias literárias, cujo modelo vinha da Itália, a atividade poética e oratória foi o preferido desígnio, mas sem exclusão de problemas morais e de outras ordens, algumas vezes grandemente fúteis [...]. Numerosas e ativas, morrendo e renascendo como plantas parasitas a um tempo débeis e vivazes, difundiram-se em Lisboa, nas províncias e nas colônias" (*História literária de Portugal*, cit., p. 201). Saraiva e Lopes sugerem que as academias se expandiram favorecidas pelo fato de a corte não operar como "um foco brilhante de mecenato, deixando nesse aspecto o campo livre a uma série de academias" (*História da literatura portuguesa*, cit., p. 439); mais adiante, observam que elas "foram surgindo, na metrópole e no Brasil, à sombra de certas casas senhoriais ou então de certos altos dignitários eclesiásticos. [...] Nestas academias os filhos letrados da burguesia, que ascendiam pela Universidade às altas magistraturas, ombreavam com a aristocracia de sangue. Mas o espírito cortês, o amaneiramento das relações tornou-se nelas a nota dominante, o que não permitia intrusões plebeias [...] Nos anos que de perto precedem e seguem a Restauração, é bem sensível o fato de os poetas mais cotados constituírem um grupo fechado estreitamente dependente da alta aristocracia [...]" e ressaltam que uma das consequências do academismo "é a falta de cunho nacional" (*História da literatura portuguesa*, cit., p. 465-6). Por seu turno, Antônio Soares Amora, em *Presença da literatura portuguesa*, cit., p. 116, nota que "academias poéticas e retóricas" desenvolviam "uma atividade literária de segunda categoria".

Sobre esse tema, ver João Palma-Ferreira, *Academias literárias dos séculos XVII e XVIII* (Lisboa, Biblioteca Nacional, 1982); com outro escopo, vale a leitura de Norberto F. Cunha, *Elites e acadêmicos na cultura portuguesa setecentista* (Lisboa, Imprensa Nacional-Casa da Moeda, 2000); para elementos que envolvem o Brasil, ver Iris Kantor, *Esquecidos e renascidos: historiografia acadêmica luso-americana (1724-1759)* (São Paulo/Salvador, Hucitec/Centro de Estudos Baianos-UFBA, 2004) – a questão das academias que se formam no Brasil no período colonial é tratada rápida, mas adequadamente, por Antônio Candido, *Formação da literatura brasileira (momentos decisivos)*, cit., p. 73-5, e por Nelson Werneck Sodré, *História da literatura brasileira* (Rio de Janeiro, Civilização Brasileira, 1964), p. 107-8.

Considere o leitor que as observações acima referem-se sobretudo às academias de natureza literária; seria temerário estendê-las sem mais às academias com objetivos científicos, que se desenvolveram principalmente no século XVIII, como a Academia Real de História (1720) e a Academia das Ciências de Lisboa (1779). Sobre estas, ver José Pinto Peixoto, *A revolução cultural e científica dos séculos XVII e XVIII e a gênese das academias* (Lisboa, ACL, 1986); a útil sinopse de Teresa C. Carvalho Piva e Adílio J. Marques, "As academias científicas e a Academia de Ciências de Lisboa", em Cibele C. Silva e Luis Salvatico (orgs.), *Filosofia e história da ciência no Cone Sul* (Porto Alegre, Associação de Filosofia e História da Ciência no Cone Sul, 2012) e elementos interessantes repontam em Rui Namorado Rosa, *Estudos sobre a ciência em Portugal* (Lisboa, Página a Página, 2018) e em Daniela Bleichmar et al. (orgs.), *Science in the Spanish and Portuguese Empires: 1500-1800* (Stanford, Stanford University Press, 2009) tem-se uma ampla panorâmica ibérica que traz subsídios ao objeto em tela.

[84] Entre as obras dedicadas a D. Francisco Manuel, uma das mais importantes já completou cem anos: é a de Edgar Prestage, *D. Francisco Manuel de Melo: esboço biográfico* (Coimbra, Universidade de Coimbra, 1914); há edição fac-similar (Lisboa, Fenda, 1996) – apesar de tanto tempo decorrido desde sua primeira edição, o estudioso Jaques M. Brand julgou, não faz muito, que "a biografia de Prestage, professor de Literatura Portuguesa na Universidade de Manchester, é ainda hoje a principal fonte para o conhecimento da vida de D. Francisco Manuel" – ver Jaques M. Brand, em Maria R. Pimentel e Maria R. Monteiro (orgs.), *D. Francisco Manuel de Melo: o mundo é comédia* (Lisboa, Colibri, 2011), p. 250.

Editoras portuguesas – com destaque, mas não com exclusividade, para a Clássica, a Sá da Costa e a Imprensa Nacional/Casa da Moeda, todas de Lisboa, e também a Angelus Novus, de Braga-Coimbra – têm publicado obras de Francisco Manuel de Melo; no Brasil, dele registro poucas edições: a do *Tácito portuguêz: vida, e morte, dittos e feytos de el-rei D. João IV* (Rio de Janeiro, Academia Brasileira de Letras, 1940), a da epanáfora *Restauração de Pernambuco* (Recife, Secretaria do Interior, 1944) e a d'*A tuba de Calíope* (São Paulo, Brasiliense/Edusp, 1998); tenho ainda notícia da publicação, em edição que não pude examinar, dos *Apólogos Dialogaes*, pelo editor A. J. Castilho, do Rio de Janeiro, em 1920 – porém hoje acessíveis em boa edição portuguesa: D. Francisco Manuel de Melo, *Apólogos Dialogais*, v. 1-2 (Braga-Coimbra, Angelus Novus, 1998).

Para outras abordagens da obra de F. M. de Melo, ver José V. Pina Martins, "A poesia de D. Francisco Manuel de Melo", em J. V. Pina Martins, *Cultura portuguesa* (Lisboa, Verbo, 1974); Antônio B. Vistarini, *Francisco Manuel de Melo (1608-1666): textos y contextos del barroco peninsular* (Palma de Mallorca, Universitat de les Illes Balears, 1992); Marta T. Anacleto et al. (coords.), *Francisco Manuel de Melo e o barroco peninsular* (Coimbra, Imprensa da Universidade de Coimbra/Ediciones Universidad de Salamanca,

2010); ver também, centrada em F. M. de Melo, a *Revista de Estudos Ibéricos*, Porto, Faculdade de Letras/Universidade do Porto, n. 6, 2009.

85 Na epistolografia, D. Francisco Manuel legou-nos um grande acervo, com milhares de cartas – sobre elas, ver o comentário de Massaud Moisés, *A literatura portuguesa*, cit., p. 93.

O essencial do labor historiográfico de D. Francisco Manuel foi coligido, em 1660, por ele mesmo, nas suas *Epanáforas de vária história portuguesa* – de que há uma "edição semidiplomática", preparada por Evelina Verdelho (Coimbra, Centro de Estudos de Linguística Geral e Aplicada/Faculdade de Letras/Universidade de Coimbra, 2007).

A *epanáfora*, segundo o próprio D. Francisco Manuel, é uma história que "sem advertência chega ao fim de sua ação, havendo de caminho informado os leitores de tudo o que lhe pertencia" (*apud* Saraiva e Lopes, *História da literatura portuguesa*, cit., p. 458). Das cinco epanáforas deixadas por D. Francisco Manuel, Saraiva e Lopes destacam particularmente a "epanáfora política" sobre as "Alterações de Évora" (ver, na citada edição de Verdelho, p. 5-98), que, a juízo de ambos, é "o mais notável documento e interpretação de história social desde Fernão Lopes" (Saraiva e Lopes, *História da literatura portuguesa*, cit., p. 459). Mas nossos dois autores, contudo, reconhecem que D. Francisco Manuel "não tinha, provavelmente, nem temperamento nem condições para uma historiografia de fôlego" (idem, p. 460) – para uma análise mais recente desse ponto, ver Bruno M. B. Leite, "Que não seja o esmalte mais que o ouro. Teoria do discurso histórico no pensamento de D. Francisco Manuel de Melo", *Clio. Revista de Pesquisa Histórica*, Recife, Programa de Pós-Graduação em História/Universidade Federal de Pernambuco, n. 36, jul.-dez. 2018.

86 Sobre o *gongorismo* (também denominado *cultismo*) e o *conceptismo*, tendências do barroco ibérico, coetâneas e interagentes, as fontes de consulta são as mais variadas; veja-se, por exemplo, Massaud Moisés, *Dicionário de termos literários* (São Paulo, Cultrix, 1974) ou Kathleen Morner e Ralph Rausch, *Dictionary of Literary Terms* (Lincolnwood, National Textbook Company, 1991) – ver ainda a nota 119, *infra*. Um pesquisador recorda que as duas tendências foram dominantes na literatura portuguesa a partir de meados do século XVII – mas que "só uma, entretanto, produziu escritores de real significação literária: foi o conceptismo, flagrante na poderosa dialética oratória de Vieira, na sutilíssima análise das paixões feita pela poesia de Violante do Céu [...] e de Francisco Manuel de Melo [...] e pela epistolografia amorosa de Mariana Alcoforado [...]"; Antônio Soares Amora, *Presença da literatura portuguesa*, cit., p. 117.

87 Sobre a *Carta de guia de casados*, um professor brasileiro anotou que se trata de "uma espécie de manual do casamento, escrito com graça, humor

e vivacidade no surpreender os escaninhos das relações matrimoniais, por alguém que, paradoxalmente, morreu solteirão"; passados três séculos, a *Carta*... "contém muita atualidade: com rara argúcia, o moralista surpreendeu na sociedade do tempo alguns lances ainda hoje vivos em matéria de casamento" (Massaud Moisés, *A literatura portuguesa*, cit., p. 93-4).

Não se pode deixar de sublinhar, nesta e noutras obras de D. Francisco Manuel, para além da sua qualidade literária, um viés moralista que subalterniza a condição da mulher e que, decerto, não é apanágio exclusivo dele, como se constata em Georges Duby e Michelle Perrot (orgs.), *História das mulheres no Ocidente*, v. 3: Natalie Z. Davis e Arlette Farge (orgs.): *Do Renascimento à Idade Moderna* (Porto, Afrontamento, s.d.) e especialmente, no caso de Espanha e Portugal, em Maria de L. Correia Fernandes, *Espelhos, cartas e guias: casamento e espiritualidade na Península Ibérica (1450-1700)* (Porto, Instituto de Cultura Portuguesa/Faculdade de Letras da Universidade do Porto, 1995). Leia-se também o cap. 1 ("O discurso normativo preexistente") de Maria Antônia Lopes, *Mulheres, espaço e sociabilidade: segunda metade do século XVIII* (Lisboa, Horizonte, 1989).

Ninguém melhor que José Cardoso Pires, o notável romancista de *O delfim* (1968), pôs a nu o moralismo – de persistente vigência na cultura portuguesa – da *Carta de guia de casados*: na sua deliciosamente ácida *Cartilha do marialva* (6. ed., Lisboa, Moraes, 1976), há páginas brilhantes e inesquecíveis de crítica a essa obra de D. Francisco Manuel.

[88] Nessa obra, que sofreu "correções" por mãos censórias, há – consideram Saraiva e Lopes – "laivos de heresia": o *Tratado da ciência cabala* "mostra-o inclinado, ainda que muito cautelosamente, para as ciências ocultas" (cit., p. 435).

[89] Antônio José Saraiva e Óscar Lopes, *História da literatura portuguesa*, cit., p. 446.

[90] Ibidem, p. 443, 448.

[91] Ver Hernâni Cidade, *O conceito de poesia como expressão da cultura*, cit., p. 120-1.

[92] Ver José Eduardo Franco e Pedro Calafate (orgs.), *Antônio Vieira, Obra completa*, São Paulo, Loyola, 30 v., p. 2015 e seg.; a produção do ilustre jesuíta está registrada em José Pedro Paiva (coord.), *Padre Antônio Vieira, 1608-1697: bibliografia* (Lisboa, Biblioteca Nacional, 1999).

[93] A atenção à obra do padre Vieira não é recente; contudo, nos últimos trinta anos, ela vem crescendo visivelmente, a partir de uma expressiva produção acadêmica, facilmente verificável em Portugal, mas também no Brasil – ver a relação de teses e dissertações pertinentes a Vieira entre 1987 e 2008, divulgada pela Capes no seu site oficial, e os trabalhos de Maria Cristina P. I. Hayashi et al., esp. "A obra do Padre Antônio Vieira na agenda das

pesquisas acadêmicas no Brasil", *Educação Temática Digital*, Campinas: Faculdade de Educação/Unicamp, v. 14, n. 1, jan.-jun. 2012. Da enorme massa crítica acessível, recolho alguns materiais que propiciam ricas e diferenciadas aproximações à biografia e aos escritos do combativo padre, a começar por duas obras há muito editadas e recentemente republicadas, posto que o tempo não as diminuiu: a de João Lúcio de Azevedo, *História de Antônio Vieira* (São Paulo, Alameda, 2008 [1918]), 2 v., e a de Raymond Cantel (ed. orig. 1960), *Prophétisme et messianisme dans l'oeuvre d'Antonio Vieira* (Paris, Gallimard, 1990). Ao leitor que pretende avançar no conhecimento do espólio vieiriano, sugiro a consulta a Hernâni Cidade, *Padre Antônio Vieira* (Lisboa, Presença, 1975); João A. Hansen, "Vieira, estilo do céu, xadrez de palavras", *Discurso*, São Paulo, USP, n. 9, 1978; Luis G. Palacín, *Vieira e a visão trágica do barroco* (São Paulo/Brasília, Hucitec/INL/Fundação Pró-Memória, 1986); Margarida V. Mendes, *A oratória barroca de Vieira* (Lisboa, Caminho, 1989); Alcir Pécora, *Teatro do sacramento: a unidade teológico-retórico-política dos sermões de Antônio Vieira* (São Paulo/Campinas, USP/Unicamp, 1994) e "A escravidão nos sermões do Padre Antônio Vieira", *Estudos Avançados*, São Paulo, Instituto de Estudos Avançados/USP, v. 33, n. 97, set.-dez. 2019; Paulo Borges, *A plenificação da história em Pe. Antônio Vieira* (Porto, Lello & Irmão, 1995); Margarida V. Mendes (org.), *Vieira escritor* (Lisboa, Cosmos, 1997); aos vários estudos referentes a Vieira publicados em *Brotéria*, Lisboa, Ed. Jesuítas Portugueses, v. 145, n. 418, out.-nov. 1997; Alfredo Bosi, "Vieira e o reino deste mundo", prefácio a Antônio Vieira, *De profecia e Inquisição* (Brasília, Senado Federal, 1998); Thomas M. Cohen, *The Fire of Tongues and the Missionary Church in Brazil and Portugal* (Stanford, Stanford University Press, 1998); Vv. Aa., *Terceiro centenário da morte do Padre Antônio Vieira, Congresso Internacional, Atas,* Braga, Universidade Católica Portuguesa/Província Portuguesa da Companhia de Jesus, 3 v., 1999; José Eduardo Franco, "Teologia e utopia em Antônio Vieira", *Lusitania Sacra*, Lisboa, Centro de Estudos de História Religiosa/PUC, 2ª série, 11, 1999; Sezinando L. Menezes, *O Padre Antônio Vieira, a cruz e a espada* (Maringá, Eduem, 2000); Thomas Cohen e Stuart B. Schwartz (orgs.), Antonio Vieira and the Luso-Brazilian Baroque, *The Luso-Brazilian Review*, Madison, The University of Wisconsin Press, v. 40, n. 1, 2003; Arnaldo Niskier, *Padre Antônio Vieira e os judeus* (Rio de Janeiro, Consultor, 2004); Miguel Real, *Padre Antônio Vieira e a cultura portuguesa* (Porto, Quidnovi, 2008); Sílvia M. Azevedo e Vanessa C. Ribeiro (orgs.), *Vieira: vida e palavra* (São Paulo, Loyola, 2008); José Eduardo Franco e Maria I. M. Cabanas, *O padre Antônio Vieira e as mulheres – o mito barroco do universo feminino* (Porto, Campo das Letras, 2008); Alfredo Bosi, "Vieira ou a cruz da desigualdade", em idem, *Dialética da colonização* (São Paulo, Cia. das Letras, 2008); José Eduardo Franco (coord.), *Entre a selva e a corte: novos olhares sobre Vieira* (Lisboa, Esfera do Caos, 2009); Lélia P. Duarte e Maria T. A. Alves (orgs.), *Padre Antônio Vieira: 400 anos depois* (Belo Horizonte, PUC-MG, 2009); João Pedro Paiva, "Revisitar o processo inquisitorial do Padre Antônio Vieira", *Lusitania Sacra*, Lisboa, Centro de Estudos de História Religiosa/PUC, 2ª série, 23, 2011; João A. Hansen et al. (orgs.), *Estudos sobre Vieira* (São Paulo, Ateliê, 2011); Ronaldo Vainfas, *Antônio Vieira: jesuíta do rei* (São Paulo, Cia. das Letras, 2011); José Eduardo Franco et al. (coords.), *Vieira: esse povo de palavras* (Lisboa, Esfera do Caos, 2016); Arnaldo Espírito Santo et al. (orgs.), *Estudos sobre o Padre Antônio Vieira*, v. 1-2 (Lisboa, Imprensa Nacional-Casa da Moeda, 2017); Murilo C. Vilarinho, "Escravismo colonial brasileiro: o negro em alguns escritos jesuíticos do padre Antônio Vieira no século XVII", *Mosaico*, Goiânia, UFG, v. 13, 2020.

[94] Antônio José Saraiva e Óscar Lopes, *História da literatura portuguesa*, cit., p. 507.

[95] "[...] Antônio Vieira recomendou uma política fundada no poder econômico da burguesia mercantil, constituída pelos cristãos-novos. [...] Esta política tinha contra si o Santo Ofício, que não representava apenas uma tradição já secular de intolerância religiosa, mas também uma rede extensa de gente a viver de confiscos e sinecuras, um escudo do grupo dominante tradicional contra a burguesia mercantil e uma sentinela da ideologia tradicional enraizada na massa popular. Ainda assim, Vieira obteve de D. João IV a criação da Companhia Geral do Comércio do Brasil (1649) que, à semelhança das congêneres rivais holandesas, gozava de monopólio comercial e cujo capital se manteve por vários anos fora dos confiscos inquisitoriais. *Vieira foi, deste modo, um precursor da política econômica pombalina* [...]. É de notar que chegou mesmo a propor a nobilitação pelo rei da profissão de mercador" (Saraiva e Lopes, *História da literatura portuguesa*, cit., p. 505-6 [itálicos meus]).

[96] Antônio José Saraiva e Óscar Lopes, *História da literatura portuguesa*, cit., p. 515.

[97] E Saraiva e Lopes imediatamente aduzem: "Talvez coubesse aqui ponderar que o incutir de motivações raro se identifica com a demonstração lógica, embora tenha de recorrer à linguagem, que, na crença comum, obedece a regras tidas como lógicas. Talvez que o discurso de Vieira seja uma linguagem como outra qualquer cujo conteúdo não deve ser aferido apenas pela validade lógica dos nexos que ligam as ideias e os sentimentos que o orador pretende inculcar-nos".

A autoridade que Vieira conquistou explica o fato de lhe serem falsamente atribuídos materiais que efetivamente não provinham da sua lavra –

o caso mais conhecido diz respeito a *Arte de furtar*, deliciosa sátira panfletária que circulou nos meados do XVII em inúmeras edições falsas depois de 1652 (no Brasil, uma das primeiras edições é de 1919, lançada no Rio de Janeiro pela Livraria Garnier; para uma ed. bras. bem acessível, ver *Anônimo do século XVIII: Arte de furtar* (Porto Alegre, L&PM, 2005). A discussão acerca de sua autoria avançou até meados do século XX, mas hoje parece estabelecido que o texto foi redigido por outro jesuíta, o padre Manuel da Costa – ver a introdução de Roger Bismut, que cuidou de uma edição crítica de *Arte de Furtar* (Lisboa, Imprensa Nacional-Casa da Moeda, 1991). Sobre o caso, vale a leitura do curto e informado artigo de Sílvio Elia, "O enigma da *Arte de furtar*", *Confluência,* Rio de Janeiro, Instituto de Língua Portuguesa/Liceu Literário Português, n. 17-18, 1999.

[98] Especialmente nesses três escritos, Vieira expõe a dimensão profético-mí(s)tica do seu ideário, também já bastante estudada – ver, por exemplo, Alessandro Manduco, "História e Quinto Império em Antônio Vieira", *Topoi*, Rio de Janeiro, PPG-História Social, UFRJ, v. 6, n. 11, jul.-dez. 2005, e Devide R. Alves e Rita C. Mendes Pereira, "O sermão e o pregador: elementos essenciais ao projeto político-religioso do Quinto Império português em Antônio Vieira", *Locus – Revista de História*, Juiz de Fora, PPG-História, UFJF, v. 23, n. 2, 2017.

Recorde-se que, no século XX, Fernando Pessoa, no seu ulteriormente consagrado *Mensagem* (1934), aspirou também a um mítico V Império português, aludindo explicitamente a Bandarra e a Vieira – ver Fernando Pessoa, *Obra completa* (Rio de Janeiro, José Aguilar, 1969), p. 86. De e sobre Bandarra, sapateiro que ainda na primeira metade do século XVI popularizou temas do que seria o messianismo português (em trovas que, já em 1531, eram bem conhecidas em Lisboa), ver Gonçalo Annes Bandarra, *Profecias do Bandarra* (Lisboa, Vega, 1989); Antônio da S. Neves, *Bandarra: o profeta de Trancoso* (Lisboa, Europa-América, 1990) e Leandro H. Magalhães, "Bandarra e a expansão ultramarina: centralização política e identidade lusitana", *Diálogos*. Maringá, DHI/PPH/UEM, v. 12, n. 2-3, 2008.

[99] Nos últimos cinquenta anos, vários especialistas portugueses publicaram materiais substantivos acerca do *estilo literário* de Vieira – como alguns deles estão apontados na bibliografia citada na nota 93, *supra*, não os indicarei novamente; quanto ao Brasil, também aqui, notadamente nos últimos trinta anos, cresceu muito a produção, sobretudo acadêmica, dirigida ao mesmo objeto. Resumirei em seguida, quanto ao estilo vieiriano, o juízo dos dois historiadores portugueses aos quais tanto tenho recorrido e duas contribuições brasileiras pertinentes ao estilo vieiriano – a segunda das quais tipifica muito da elaboração acadêmica mais recente.

Escrevem Saraiva e Lopes que "a obra de Vieira ficou durante muito tempo como um dos paradigmas da prosa portuguesa e ainda hoje é um dos seus bons modelos. A propriedade vocabular, a economia dos adjetivos, a precisão, a clareza, o ritmo nervoso e contido, uma certa força máscula de sedução, uma constante elegância e simplicidade de corte tornam essa prosa inconfundível. Nela se alinham a educação escolástica e retórica das escolas jesuítas; uma longa experiência da arte de convencer; uma grande intuição psicológica que essa experiência apurou; [...] uma certa grandeza de visão que impede o orador de cair no nível do corriqueiro e uma premente urgência prática nos efeitos a conseguir. Daqui resulta uma prosa eminentemente funcional, sem deixar de se manter ao nível formal de universalidade necessário a toda a obra de arte perdurável" (Saraiva e Lopes, *História da literatura portuguesa*, cit., p. 518].

Para o ensaísta José Guilherme Merquior, entre "as linhas básicas da arte compositiva de Vieira" salienta-se "a guirlanda de metáforas, desfraldadas em amplo movimento alegórico; o amor à antítese; a frase de ritmo rápido, sincopado, enérgico [...]. Em seu estilo, a magia transfiguratória do barroco obteve um dos maiores êxitos de sua propensão a sintetizar contrários: [...] converteu a meditação sobre o sentido *atemporal* da mensagem cristã em focalização crítica de circunstâncias *históricas*"; J. G. Merquior, *De Anchieta a Euclides* (Rio de Janeiro, José Olympio, 1979), p. 18-9.

E uma pesquisadora assevera: "[...] Os sermões de Vieira são talvez o mais adequado ambiente linguístico oferecido pela Língua Portuguesa para a exibição de todas as funções da linguagem, na sua multiplicidade e complexidade. Todas elas estão aí presentes, é verdade, mas as mais atuantes são, talvez, a função conativa, pela qual a palavra apela para o destinatário, e a função poética, pela qual a palavra se exibe no espelho de si mesma, dando realce à sua parte externa, que é o significante. [...] Essas duas funções de qualquer texto, a conativa e a poética, se exercem sem parcimônia nos *Sermões*, dando-lhes o tom predominante, sem prejuízo das outras funções, que aí também se exercem. Essa é, talvez, a maior originalidade dos *Sermões* de Vieira que, neste particular, não encontram paralelo na língua portuguesa"; Ângela V. Leão, "Vieira, um estilo de pregar", *Scripta*, Belo Horizonte, Centro de Estudos Afro-Brasileiros/PUC-MG, v. 1, n. 2, 1º sem. de 1998, p. 158-9.

[100] A menção de Fernando Pessoa comparece em *Mensagem* – ver a *Obra completa*, cit., p. 86; a frase de Saramago, retiro-a da intervenção do professor Carlos Reis, quando da sessão de lançamento da *Obra completa do padre Antônio Vieira*, no Salão Nobre da Universidade de Lisboa, em 31 de dezembro de 2014.

Quanto à importância de Vieira na práxis literária de Saramago, ver, por exemplo, Joanna Courteau, "*Ensaio sobre a cegueira: José Saramago ou Padre Antônio Vieira?*", *Letras de Hoje*, Porto Alegre, Curso de Pós-Graduação/PUC-RS, v. 34, n. 4, dez. 1999.

[101] Um conhecido historiador considerou há muito a fórmula "era de Pombal" algo impressionista e precisou: "[...] Pombal pertence à sua época, ao Estado a que serviu, aos grupos de que dependeu, ao ambiente histórico que o criou e orientou. Dentro deste condicionalismo, tem a grandeza de um chefe de governo que compreende alguns problemas da sua pátria, aos quais tentou fazer face"; Jorge Borges de Macedo, "Portugal e a economia pombalina", São Paulo, *Revista de História*, FFLCH/USP, ano V, v. 9, n. 19, 1954, p. 97.

[102] Para uma aproximação à vida e à obra de Pombal, ver Jorge Borges de Macedo, *A situação econômica no tempo de Pombal* (Lisboa, Gradiva, 1989 [1951]) e *O marquês de Pombal (1699-1782)* (Lisboa, Biblioteca Nacional, 1982); Joaquim V. Serrão, *O marquês de Pombal: o homem, o diplomata e o estadista* (Lisboa, Ed. Câmaras Municipais de Lisboa, Oeiras e Pombal, 1982) e o v. 6 ("O despotismo iluminado") da sua *História de Portugal* (Lisboa, Verbo, 1982); Álvaro T. Soares, *Marquês de Pombal* (Brasília, UnB, 1983); Manuel Antunes (org.), *Como interpretar Pombal – no bicentenário de sua morte* (Lisboa, Brotéria, 1983); Maria Helena C. Santos (coord.), *Pombal revisitado* (Lisboa, Estampa, 1984); José S. da Silva Dias, *Pombalismo e projeto político* (Lisboa, Centro de História da Cultura/Universidade Nova de Lisboa, 1984); Tulio Halperin-Dongui, *Reforma y disolución de los impérios ibéricos: 1750-1850* (Madri, Alianza, 1985); Kenneth Maxwell, *Marquês de Pombal: paradoxo do Iluminismo* (Rio de Janeiro, Paz e Terra, 1997); Ana C. Araújo (coord.), *O marquês de Pombal e a universidade* (Coimbra, Imprensa da Universidade de Coimbra, 2000); José Eduardo Franco e Annabela Rita, *O mito do marquês de Pombal* (Lisboa, Prefácio, 2004); João Lúcio de Azevedo, *O marquês de Pombal e sua época* (São Paulo, Alameda, 2004 [1909]); Sandra A. P. Franco, "Reformas pombalinas e o Iluminismo em Portugal", *Fênix. Revista de História e Estudos Culturais*, Uberlândia, Núcleo de Estudos em História da Arte e da Cultura/Universidade Federal de Uberlândia, ano IV, v. 4, n. 4, out.-nov.-dez. 2007; Nuno G. Monteiro, *D. José: na sombra de Pombal* (Lisboa, Imprensa Nacional-Casa de Moeda, 2008); Flávio R. de Carvalho, *Um iluminismo português? A reforma da Universidade de Coimbra (1772)* (São Paulo, Annablume, 2008); João V. Loureiro, "O reformismo político pombalino e seus reflexos na experiência jurídica da colônia brasileira", *Revista dos Estudantes de Direito da Universidade de Brasília*, Brasília, UnB, n. 7, 2008; José Eduardo Franco, "Massacres ou martírios do marquês de Pombal? Memória e mito", *Revista Lusófona de Ciências das Religiões*, Lisboa, Universidade Lusófona de Humanidades e Tecnologias, ano VIII, n. 15, 2009; Rui Ramos et al. (orgs.), *História de Portugal* (Lisboa, A Esfera dos Livros, 2009), esp. caps. VII a IX, parte

II, sécs. XV-XVIII); Carlota Boto, "A dimensão iluminista da reforma pombalina dos estudos: das primeiras letras à universidade", *Revista Brasileira de Educação*, Rio de Janeiro, Anped, v. 15, n. 44, ago. 2010; Antônio C. Almeida Santos, "Pombal e a política econômica portuguesa na segunda metade do Setecentos", *Anais do V Congresso Internacional de História*, Maringá, Eduem, 2011; Francisco J. C. Falcón e Cláudia Rodrigues (orgs.), *A época pombalina no mundo luso-brasileiro* (Rio de Janeiro, Ed. FGV, 2015); José M. Rodríguez Pardo, "La disputa académica entre oratorianos y jesuítas en el Portugal del siglo XVIII. Su relación con el despotismo ilustrado del marqués de Pombal", *Historia y Grafía*, México, Universidad Iberoamericana, ano 26, n. 51, jul.-dez. 2018. Textos de vários especialistas foram reunidos, sob a coordenação de Luís R. Torgal e Isabel Vargues, em "O marquês de Pombal e o seu tempo", *Revista de História das Ideias*, Coimbra, Instituto de História e Teoria das Ideias/Universidade de Coimbra, I-IV, 1982; e a *Revista de Estudos de Cultura*. S. Cristóvão. Núcleo de Estudos de Cultura/Universidade Federal de Sergipe, destinou o seu v. 15, n. 15, set.-dez. 2019 ao tema "Pombal educador". Para aspectos da política cultural pombalina, ver, além das várias histórias da literatura portuguesa já citadas, J. J. Carvalhão, *Literatura e política: pombalismo e antipombalismo* (Coimbra, Minerva, 1991) e I. Teixeira, *Mecenato pombalino e poesia neoclássica* (São Paulo, Edusp, 1999).

No que toca ao *despotismo esclarecido* (ou *ilustrado*), para além de indicações contidas em notas anteriores (ver *supra*, esp. as notas 11, 71 a 73, 83 e 101), há também farta bibliografia, na qual ainda sobrelevam: Pierre Francastel (org.), *Utopie et institutions au XVIIIe siècle: le pragmatisme des Lumières* (Paris/Haia, Mouton, 1963); Leonard Krieger, *An Essay on the Theory of Enlightened Despotism* (Chicago, University of Chicago Press, 1975); Antônio M. Hespanha (org.), *Poder e instituições na Europa do Antigo Regime* (Lisboa, Fundação Calouste Gulbenkian, 1984); Francisco J. C. Falcón, *Despotismo esclarecido* (São Paulo, Ática, 1986); Antonio D. Ortiz, *Las claves del despotismo ilustrado: 1715-1789* (Madri, Planeta, 1990); H. M. Scott (org.), *Enlightened Absolutism: Reform and Reformers in Later Eighteenth Century Europe* (Nova York, Red Globe Press, 1990); Luis S. Agesta, *El pensamiento político del despotismo ilustrado* (Madri, Sínteses, 1993); Pierre-Yves Beaurepaire, *Le mythe de l'Europe française au XVIIIe siècle* (Paris, Autrement, 2007). Para um trato mais focado em nosso objeto, citem-se ademais Aníbal P. Castro, *Retórica de teorização literária em Portugal: do humanismo ao neoclassicismo*. Coimbra, Universidade de Coimbra, 1973; Joaquim V. Serrão, *A historiografia portuguesa: doutrina e crítica*, v. 3: *Século XVIII* (Lisboa, Verbo, 1974); Fernando Antonio Novais, "O reformismo ilustrado luso-brasileiro: alguns aspectos", *Revista Brasileira de História*, São Paulo, Anpuh, n. 7, 1984; João Luís Lisboa,

Ciência e política: ler nos finais do Antigo Regime (Lisboa, Inic, 1991); André Belo, *A Gazeta e os livros: a Gazeta de Lisboa e a vulgarização do impresso* (Lisboa, Imprensa de Ciências Sociais, 2001); Ana R. Cloclet da Silva, *Inventando a nação: intelectuais ilustrados e estadistas luso-brasileiros na crise do Antigo Regime português (1750-1822)* (São Paulo, Hucitec/Fapesp, 2006); Isabel M. B. Almeida, *A ideia de liberdade em Portugal: do contratualismo absolutista às sequelas do triênio vintista* [por essa última designação se conhece o período político da história portuguesa de agosto de 1820 a abril de 1823] (Coimbra, Almedina, 2012); Marina F. Paulino, "Os reformismos ilustrados português e espanhol: propostas para a compreensão de transformações comuns sob o prisma discursivo do *tempo*", *Revista Hydra*, São Paulo, Unifesp, v. 2, n. 4, jul. 2018; Clécia M. Silva, "O despotismo ilustrado luso e suas implicações nas questões militares", *XIX Encontro de História da Anpuh/RJ*, Rio de Janeiro, 21-25 set. 2020.

[103] O processo de reconstrução de Lisboa após o terremoto de 1755 (ver a próxima nota) foi minuciosamente descrito e analisado – praticamente em todos os seus aspectos – por José-Augusto França em seu indispensável *Lisboa pombalina e o Iluminismo*, cit., caps. III a VII. Em outra obra – *Lisboa: história física e moral*, cit., esp. p. 340-444 –, França volta ao tema, numa riquíssima e exemplar abordagem dos aspectos estético-arquitetônicos da reconstrução da capital.

Registre-se que o erguimento do Palácio de Queluz, hoje Palácio Nacional de Queluz, obra iniciada em 1747 e cujo interior foi concluído em 1786, não tem nada a ver com a ação do marquês na reconstrução de Lisboa (Queluz, aliás, não foi afetada pelo terremoto). Escreve um abalizado estudioso: "Se a nova Lisboa foi obra do marquês de Pombal e da classe burguesa em que se apoiava para as suas reformas, a própria corte criou uma obra sua. [...] *Ao espírito moderno e racional que preside à reconstrução da capital opõe o espírito de prazer e fantasia que vem da primeira metade do século.* [...] Queluz é o *Sans-Souci* da corte portuguesa. [...] É aí que reside o que chamaremos o paradoxo de Queluz. Cada vez mais fechado em si próprio, afastado do mundo nacional que mudava, do gosto de uma nova sociedade propositadamente ignorada, o palácio crescia [...], tornava-se o brinquedo de um príncipe bonacheirão – *antes de se tornar o centro de reação contra o mundo de Pombal e, também, mais tarde, o lugar privilegiado dos absolutistas nas suas intrigas dinásticas*"; José-Augusto França, *Lisboa pombalina e o Iluminismo*, cit., p. 279 e 282 (itálicos meus).

[104] Após anos de vida diplomática (servindo ao reino português em Londres e em Viena), Pombal assumiu, em 1750, o equivalente ao Ministério das Relações Exteriores e, em 1755, ao dos Negócios Interiores, tornando-se o *homem forte* do governo de D. José I. Impondo, *pelo alto*, uma

série de reformas modernizantes, desagradou importantes segmentos da nobreza e do clero – o que levou a sua demissão em 1777, pela mão da rainha D. Maria I, ato a que se seguiu a "viradeira", série de medidas antipombalinas.

O terremoto (em português lusitano, *terramoto*) foi um evento formidável e de repercussão internacional, impressionando personalidades como Kant e Voltaire. Uma das descrições mais precisas da tragédia começa assim: "No primeiro dia de novembro de 1755, um sábado, dia de Todos os Santos, pelas 9 horas e 40 minutos da manhã, Lisboa foi sacudida por um terramoto de extrema violência. Em poucos minutos, a cidade foi revolvida; a seguir, tornou-se pasto de um incêndio que durou seis dias. Ao fim, não restava grande coisa desta capital que vimos desenvolver-se durante seis séculos. A cidade que se vangloriara de ser a mais rica do Ocidente era agora 'como um deserto da Arábia'. *Nunca uma catástrofe semelhante tinha caído, ao longo da história conhecida, sobre uma cidade cuja população se elevava a um quarto de milhão de habitantes*"; José-Augusto França, *Lisboa pombalina e o Iluminismo*, cit., p. 59 (itálicos meus).

Para implicações culturais e científicas do terremoto, ver Ana C. Araújo et al. (orgs.), *O terramoto de 1755: impactos históricos* (Lisboa, Horizonte, 2007) e Maria F. Rollo et al., *História e ciência da catástrofe: 250º aniversário do terramoto de 1755* (Lisboa, Colibri/Universidade Nova de Lisboa, 2007). Especialmente para descrições, relatos etc., ver, entre muitos títulos, Rui Tavares, *O pequeno livro do grande terramoto* (Lisboa, Tinta da China, 2005); Suzanne Chantal, *A vida quotidiana em Portugal no tempo do terramoto* (Lisboa, Livros do Brasil, 2005); E. Pacie, *The Wrath of a God: the History of the Great Lisbon Earthquake* (Londres, Quercus, 2008); Nicholas Shrady, *O último dia do mundo: fúria, ruína e razão no grande terremoto de Lisboa de 1755* (Rio de Janeiro, Objetiva, 2011); Mary del Priore, *O mal sobre a terra: uma história do terremoto de Lisboa* (Rio de Janeiro, Topbooks, 2015).

[105] Os *estrangeirados*, intelectuais formados no exterior e que, de uma forma ou outra, demandavam reformas em Portugal, foram sintética e suficientemente estudados por Saraiva e Lopes, na sua *História da literatura portuguesa* (cit., p. 558 e seg.) – com a justa maior atenção a Verney (idem, p. 571-81); observe-se que a bibliografia referida a este e ao seu *Verdadeiro método de estudar* (1746) tem se avolumado nos últimos anos, inclusive com significativa expansão no Brasil.

Para aproximações mais recentes à questão dos *estrangeirados*, ver, ademais de títulos já mencionados, Tiago C. P. Reis Miranda, "*Estrangeirados*. A questão do isolacionismo português nos séculos XVII e XVIII", *Revista de História*, São Paulo, USP, n. 123-124, ago.-jul. 1990-1991; Ana Carneiro et al., "Enlightenment Science in Portugal: the

Estrangeirados and Their Communication Networks", *Social Studies of Science*, Newbury Park, Sage, v. 30, n. 4, ago. 2000; Onésimo T. Almeida, "Estrangeirados, Iluminismo, *Enlightenment* – uma revisitação de conceitos no contexto português", *Portuguese Literary & Cultural Studies*, Dartmouth, Tagus Press/Centro de Estudos e Cultura Portuguesa/University of Massachusetts, 2016.

[106] Antônio José Saraiva e Óscar Lopes, *História da literatura portuguesa*, cit., p. 557.

[107] Ver o primeiro parágrafo da nota 16, *supra*; mas leia-se: "A Revolução de 1820, pronunciamento militar portuense e nortenho orientado por juristas e proprietários [...], obedece à intenção [... de] impor à monarquia uma constituição [... e] dar um golpe mortal na estrutura ainda feudal da economia, da organização administrativa, judicial e fiscal. Ao mesmo tempo, porém, os chefes da Revolução propunham-se fazer regressar ao seu estatuto colonial o Brasil, que, em consequência de para ali se ter transferido a corte de D. João VI, se tornara reino sob a coroa deste rei. Esta atitude e ainda o fortalecimento político da burguesia sul-americana, diretamente apoiada nos concorrentes do nosso comércio transatlântico, determinam a revolução também liberal e, além disso, autonomista do Brasil (1822). Com as lutas liberais abre-se um novo capítulo na nossa história, tanto social como cultural e literária"; Saraiva e Lopes, *História da literatura portuguesa*, cit., p. 558.

[108] Antônio José Saraiva e Óscar Lopes, *História da literatura portuguesa*, cit., p. 547.

[109] "[...] A segunda metade do século [XVIII] vai abrir com a ditadura de Sebastião de Carvalho e Melo, um *estrangeirado* particularmente enérgico e conduzido aliás a soluções drásticas por uma crise crescente do comércio externo. Sob o ponto de vista político, o regime pombalino representa entre nós o apogeu do absolutismo. [...] Os principais instrumentos da repressão ideológica, a Inquisição e a Censura, são remodelados e postos sob direta dependência do Trono [...]. Mas a reforma da Inquisição suprime a velha discriminação contra os cristãos-novos, que se identifica com a burguesia mercantil, e a reforma da religiosidade tradicional. Restaura-se a exigência do *beneplácito régio* para os decretos pontifícios; os Jesuítas são expulsos em 1759 e, no ano seguinte [...], conduz ao corte de relações com a Cúria Romana; o processo dos Távoras (1759) esmaga a resistência da velha nobreza, e o do bispo de Coimbra (1768) subjuga o clero secular. *Afinam-se as peças das máquinas administrativa, policial e fiscal do Estado, que se identifica sobretudo com a alta burguesia*"; Saraiva e Lopes, *História da literatura portuguesa*, cit., p. 556-7 (nesta última frase, os itálicos são meus).

Sobre a censura, ver o exaustivo trabalho de Maria T. E. Payan Martins, *A censura literária em Portugal nos séculos XVII e XVIII* (Lisboa, Fundação Calouste Gulbenkian/Fundação para a Ciência e a Tecnologia, 2005); ver também Cláudio Denipoti (ademais do seu artigo, citado na nota 72, *supra*) e Thais N. Lima e Fonseca, "Censura e mercê – os pedidos de leitura e posse de livros proibidos em Portugal no século XVIII", *Revista Brasileira de História da Ciência*, Rio de Janeiro, Sociedade Brasileira de História da Ciência, v. 4, n. 2, jul.-dez. 2011. Figura importante nos anos de repressão ideológica e homem de confiança de Pombal foi Pina Manique, que recebeu trato leniente em Laurinda Abreu, *Pina Manique: um reformador no Portugal das Luzes* (Lisboa, Gradiva, 2013); sobre a intervenção desse personagem, veja-se Maria L. Gama, "A Intendência Geral da Polícia de Pina Manique (1780-1805): criação e construção de um novo paradigma na política penal em Portugal nos finais do Antigo Regime", *Revista Jurídica*, Madri, Universidad Autónoma de Madrid, n. 33, 2016.

Na sequência de um atentado (setembro de 1758) contra D. José I, conduziu-se – sigilosamente, mas sob a orientação de Pombal – um processo contra parte da família Távora, tradicional ramo da velha nobreza, suspeita de envolvimento (com a assistência de um jesuíta) na tentativa de regicídio. Os acusados foram executados, com requintes de crueldade, em cerimônia pública (janeiro de 1759). Até hoje são questionados os procedimentos processuais que levaram à condenação dos prováveis envolvidos – ver, entre muitos títulos, A. Pedro Gil (org.), *O processo dos Távoras* (Lisboa, Amigos do Livro, 1978) e Guilherme G. de Oliveira Santos et al., *O processo dos Távoras: a revisão – instauração, depoimentos e sentenças* (Lisboa, Caleidoscópio, 2017). A postura de Pombal contra os jesuítas acentuou-se a partir do processo dos Távoras – ver, por exemplo, Manuel J. Gomes (org.), *O processo dos Távoras: a expulsão dos jesuítas* (Lisboa, Afrodite, 1974). A versão jesuítica da expulsão dos padres loiolistas (1759) comparece num longo manuscrito, publicado mais de século e meio depois de redigido: José Caeiro, *História da expulsão da Companhia de Jesus da Província de Portugal (século XVIII)* (Lisboa, Verbo, 1991-1999), 3 v. Para uma aproximação competente, mas pouco isenta em relação a Pombal, o que, aliás, caracteriza seus estudos, ver José Eduardo Franco, *O mito dos jesuítas em Portugal, no Brasil e no Oriente (séculos XVI a XX)*, v. 1: *Das origens ao marquês de Pombal* (Lisboa, Gradiva, 2006).

[110] "[...] A política econômica pombalina caracteriza-se pela proteção de companhias monopolistas, que controla todos os ramos mais rendosos do comércio ultramarino, a preparação e exportação do vinho do Porto e a pesca do atum, deixando à concorrência da pequena burguesia os setores comerciais secundários. O agravamento da crise econômica desde 1760,

devido sobretudo à redistribuição das vias comerciais como resultado da Guerra dos Sete Anos e à quebra de produtividade das minas brasileiras, provoca a deslocação de parte do grande capital dessas companhias para monopólios industriais, com sanção e comparticipação do Estado (sedas e outras indústrias de consumo suntuário, têxteis, vidro, louça etc.). [...] *Sob o aspecto econômico-social, como sob o aspecto cultural, a política pombalina é, essencialmente, a realização do programa mercantilista, defendido já desde fins do século XVII por Ribeiro de Macedo e os Ericeiras e depois pelos estrangeirados.* [...] D. Maria I sobe ao trono em 1777, na fase de recuo da crise econômica portuguesa [...]. A política pombalina de fomento prossegue, embora os monopólios sejam em geral substituídos por um regime de concorrência. Formula-se mesmo, em dada altura, o problema de extinguir as restrições feudais à aquisição e exploração da terra, de que cerca de um terço se acumulara na posse das instituições religiosas. Por inícios do século XIX, o país equilibrava a sua balança de importações e exportações; o capitalismo dava os seus primeiros passos para a eliminação do artesanato em certas indústrias, nomeadamente na têxtil; [...] Correia da Silva e outros fisiocratas [...] preconizavam a transformação do regime agrário feudal. Tal evolução geral é atalhada pelas invasões francesas, que põem fim a um século de neutralidade portuguesa a todo custo; em face do Bloqueio Continental [...], as dependências do comércio atlântico forçam à opção a favor da Inglaterra. [...] À ocupação francesa sucedeu, aliás, a inglesa, permitindo aos nossos aliados ditar condições de comércio que abriram os portos do Brasil aos seus produtos"; Saraiva e Lopes, *História da literatura portuguesa,* cit., p. 557-8 (os itálicos são meus).

Observe-se que a política econômica de Pombal registra influências de W. Petty, economista inglês que ele estudou com cuidado. A mero título de curiosidade, recorde-se que Marx considerava Petty o "pai da economia política inglesa", pensador de uma "ousadia genial" (ver Karl Marx, *Para a crítica da economia política* [e outros escritos], São Paulo, Abril Cultural, 1982, coleção Os Economistas), p. 47-8.

[111] Note-se que terremotos não eram inéditos em Lisboa; a cidade já conhecera, considerado apenas o século XVIII, dois deles, um em 1724 e outro em 1750, mas o de 1755 foi, como o chamei (nota 104, *supra*), um *evento formidável* – não há exagero nessa caracterização. Seu impacto imediato pode ser verificado no âmbito demográfico: estima-se a população de Lisboa, em 1755, em 191.052 habitantes; em 1801, ela não ultrapassava 169.506 pessoas. Não há estimativas confiáveis acerca do total de mortos, seja decorrentes do terremoto, seja dos incêndios que logo se alastraram – historiadores apresentam cifras daqueles dias de novembro que variam de 10 mil a 50 mil vítimas fatais.

Observe-se que, em escala bem menos destrutiva do que na capital, o terremoto de 1755 fez-se sentir no país de norte (Porto) a sul (Algarve) e nas ilhas atlânticas (Açores e Madeira).

Do ponto de vista histórico-econômico, abalizado analista escreve que, *"com o terramoto de 1755 e o advento de Pombal, entramos decididamente no período de declínio do Antigo Regime.* Os cabedais da burguesia mercantil – acumulados essencialmente no comércio brasileiro – vão deixar de se contentar com as suas incursões na agricultura do Alto Douro, que aliás partilhavam desfavoravelmente com o grande comércio inglês, e do Sul, onde até então tinha tido lugar o essencial do movimento de vedações e ainda um que outro monopólio manufatureiro (tabaco etc.), e vão alargar o seu campo de atividades às próprias manufaturas cuja constituição na época pombalina é conhecida. Menos atenção se tem dado aos capitais empatados na reconstrução de Lisboa, que não só permitiram a uma parte dessa burguesia mercantil apropriar-se da renda fundiária urbana, até então nas mãos da aristocracia tradicional, como multiplicaram significativamente o ciclo da construção civil, desde a extração de pedra à indústria da cerâmica, passando pela serração de madeira, vidraria etc., sem esquecer, no termo do ciclo, a nova massa de salários distribuídos aos operários"; Manuel Villaverde Cabral, "Sobre o século XIX português: a transição para o capitalismo", *Análise social,* Lisboa, v. XII, n. 45, 1976 (itálicos meus).

[112] A partir de 1750, registra-se a queda da produção aurífera brasileira e, entre 1760 e 1770, reduz-se sensivelmente a exportação de produtos coloniais (tabaco, açúcar) – ver o ensaio de Menz citado na nota 70, *supra.* Para dados mais amplos, ver Macedo, "Portugal e a economia pombalina", artigo citado na nota 101, *supra.*

[113] Sequer sob a "viradeira" (ver a nota 104, *supra*) foi possível reverter completamente a política cultural pombalina – cujo espírito manteve-se, por exemplo, na criação, inclusive por adversários do marquês, da Academia Real das Ciências, em dezembro de 1779 (sua designação atual – Academia das Ciências de Lisboa – surge na sequência da proclamação da República, em 1910). Sobre essa instituição, ver, entre muitos títulos, Ilídio Amaral, *Nótulas históricas sobre os primeiros tempos da Academia das Ciências de Lisboa* (Lisboa, Colibri, 2012) e José Alberto Silva, *A Academia Real das Ciências de Lisboa (1779-1834)* (Lisboa, Colibri, 2019); ver também José V. Pina Martins, "A Academia de Ciências de Lisboa, um pouco da sua história e da sua atividade até ao nosso tempo", *Colóquio/Ciências,* Lisboa, Fundação Calouste Gulbenkian, n. 19, 1997.

[114] O romance *Memorial do convento* (Lisboa, Caminho, 1982), que deu notoriedade a José Saramago, constitui uma esplêndida (re)elaboração estética da construção desse monumento. Ver Teresa C. Cerdeira da Silva,

José Saramago, entre a história e a ficção: uma saga de portugueses (Lisboa, D. Quixote, 1989).

[115] Ver Saraiva e Lopes, *História da literatura portuguesa*, cit., p. 560-2; especialmente, mas não apenas, sobre o impacto estético (arquitetônico e pictórico) do arejamento aludido, ver José-Augusto França, *Lisboa: história física e moral*, cit., cap. 8. Ainda acerca daquele arejamento, ver Luís M. O. Barros Cardoso, "Heteróclise e poliformismo da cultura portuguesa no século XVIII", *Millenium*, Viseu, Instituto Politécnico de Viseu, n. 16, out. 1999.

Leve-se em conta que, patrocinada por D. João V, nasce em Lisboa (1720) a Academia Real de História, espaço em que começam a ressoar influxos iluministas; ver, ademais de fontes já citadas, Isabel F. Mota, *A Academia Real de História: os intelectuais, o poder cultural e o poder monárquico no século XVIII* (Coimbra, Minerva, 2003).

Creio caber aqui uma notação acerca da Maçonaria, tantas vezes perseguida e clandestina, desempenhando a partir do século XIX papel relevante na política portuguesa. Há estudos a indicar que as primeiras lojas maçônicas surgem em Portugal, por influência inglesa, ainda sob o reinado D. João V – ver, por exemplo, A. H. de Oliveira Marques, *História da Maçonaria em Portugal: das origens ao triunfo* (Lisboa, Presença, 1990) e Antônio Ventura, *Uma história da Maçonaria em Portugal*, v. 1 (Lisboa, Círculo de Leitores, 2013); Pablo A. Iglesias Magalhães, "O caçador de pedreiros-livres: José Anastácio Lopes Cardoso e sua atuação contra a Maçonaria Luso-Brasílica (1799-1804)", *História*, São Paulo, Departamento de História/USP, n. 176, 2017; para uma pesquisa mais ampla, ver Maria da Graça S. Dias e J. S. da Silva Dias, *Os primórdios da Maçonaria em Portugal* (Lisboa, Instituto Nacional de Investigação Científica, 1986), 4 v. A notação é cabível porque, quando a Maçonaria portuguesa passa, na última década do século XVIII, a avançar sob influência francesa com Pina Manique andando à caça dos *pedreiros livres*, Bocage esteve vinculado à organização, provavelmente entre 1795 e 1797 – "Certo é que o poeta [Bocage] pertenceu durante determinado período a uma loja maçônica, mas em pouco tempo desentendeu-se com os seus principais membros"; noutro passo, o mesmo biógrafo diz que "o poeta estava mesmo filiado à maçonaria"; Adelto Gonçalves, *Bocage: O perfil perdido*, cit., p. 215 e 329. Ver ainda Jorge Morais, *Bocage maçom* (Lisboa, Via Occidentalis, 2007).

Sobre a mencionada influência francesa, é desnecessário assinalar que, à época aqui em tela (e não só nela), foi especialmente operante na esfera cultural-literária – ver as várias contribuições pertinentes em *Les rapports culturels et littéraires entre le Portugal et la France: Actes du Colloque/Paris,11-16 de octobre/1982* (Paris, Centre Culturel Calouste Gulbenkian, 1983) e Saulo Neiva (org.), *La France et le monde luso-brésilien: échanges et représentations (XVIᵉ-XVIIIᵉ siècles)* (Clermont-Ferrand, Presses Universitaires Blaise Pascal, 2005).

[116] "O tempo de D. João V, ou seja, a primeira metade do século XVIII, caracteriza-se por esta contradição fundamental: por um lado, a mineração brasileira permite um reagrupamento defensivo da aristocracia nobiliária e clerical junto do trono absolutista, dando lugar a uma florescência retardatária da cultura barroca; por outro lado, Portugal não pode isolar-se do ambiente europeu nem prescindir inteiramente das inovações técnicas, científicas e artísticas surgidas no estrangeiro. Nas secretarias do Estado, na Academia Real, no paço do rei e nos dos infantes, na própria jerarquia eclesiástica, os *estrangeirados*, que têm em vista o aburguesamento do país, acham-se em luta surda com o tradicional estado de coisas. [...] É certo que o alto funcionalismo de formação universitária e os arrematantes dos contratos fiscais da Coroa vão ascendendo à aristocracia; poucas famílias nobres se podem ainda orgulhar de uma contínua *limpeza de sangue* [...] e algumas decaíram socialmente, mas as comendas e os rendimentos da Coroa mantêm, espetacularmente, o edifício absolutista-feudal", Saraiva e Lopes, *História da literatura portuguesa,* cit., p. 555-6.

[117] Antônio José Saraiva e Óscar Lopes, *História da literatura portuguesa,* cit., p. 560 e 595.

[118] Destaque-se, entre vários títulos, o *Vocabulário Português e Latino* de Rafael Bluteau (1712), revisado e reestruturado em 1789 por Antônio de Morais Silva, a *Ortografia* (1734) de Madureira Feijó, a *Arte poética ou as regras da verdadeira poesia* (1748) de Cândido Lusitano (nome arcádico de Francisco José Freire), o *Exame crítico de uma silva poética* (1749) de José Xavier Valadares e Sousa (sob o pseudônimo de Diogo Novaes Pacheco), as *Enfermidades da língua portuguesa* (1759) de Manuel José de Paiva – e ainda a polêmica travada (1747-1748) entre o marquês de Valença e Alexandre de Gusmão. Anotam Saraiva e Lopes acerca das proposições derivadas do sentido dessas obras (cit., p. 595-8): "De um excesso de fantasia descabelada vai cair-se num excesso de regulamentação racional, que em parte denuncia o domínio da expressão literária por juristas, por filhos da burguesia feitos desembargadores ou funcionários do 'despotismo esclarecido' a legislar metodicamente para o Parnaso. [...] Tais obras vazaram-se no mesmo molde que produziu as cartas iniciais do *Verdadeiro método de estudar* [de Verney, de 1746], como se verifica pela extrema rigidez com que decretam reformas radicais de ordem fonética [...] e ainda de ordem morfológica, sintática e lexical. [...] [Estas obras estão saturadas da] convicção, que também norteia Verney, de que o léxico de um idioma se pode fixar e selecionar *a priori*. De resto, o ideal de espartilhar qualquer idioma dentro de uma gramática perfeitamente *lógica* é típico do

racionalismo mecanicista, embora se encontre já o seu modelo na gramática francesa dos jansenistas de Port-Royal".

Sobre Verney, ver Alberto A. Banha de Andrade, *Verney e a cultura de seu tempo* (Coimbra, Universidade de Coimbra, 1966); Joaquim Ferreira Gomes et al. (orgs.), *Verney e o iluminismo em Portugal* (Braga, Centro de Estudos Humanísticos/Universidade do Minho, 1995) e Antônio B. Teixeira et al. (coords.), *Luís Antônio Verney e a cultura luso-brasileira do seu tempo* (Lisboa, MIL/DG, 2016).

A *Gramática de Port-Royal* (1660), de A. Arnauld e C. Lancelot, tem edição em português (trad. Bruno Fregni Bassetto, São Paulo, Martins Fontes, 2001); sobre o jansenismo em terras lusitanas, ver Cândido dos Santos, "Os jansenistas franceses e os estudos eclesiásticos na época de Pombal", *Máthesis*, Braga/Lisboa/Porto/Viseu, Universidade Católica Portuguesa/Faculdade de Letras, n. 13, 2004, e esp. *O jansenismo em Portugal* (Porto, Universidade Católica Portuguesa, 2007). Recorde-se que no seu tratamento do que caracterizava como "visão trágica do mundo", L. Goldmann ofereceu uma interpretação marxista, original e ainda hoje muito valorizada, de Pascal e Racine, que ele compreende, respectivamente no plano ideológico e literário, como *jansenistas consequentes* – ver Lucien Goldmann, *El hombre y lo absoluto: el Dios oculto* (Barcelona, Península, 1968 – ed. orig. francesa, 1955).

[119] Acerca dessa nomenclatura, ver Jacinto do Prado Coelho, *Dicionário de literatura portuguesa, literatura brasileira, literatura galega e estilística literária*, cit., e Massaud Moisés, além de Kathleen Morner e Ralph Rausch, citados na nota 86, *supra*; ver também J. A. Cuddon, *A Dictionary of Literary Terms and Literary Theory* (Oxford, Blackwell, 1991).

Saraiva e Lopes, na sua aqui tão referenciada *História da literatura portuguesa*, tratam longa, exaustiva e eruditamente esse período neoclássico no que chamam de "5ª. época" da literatura portuguesa (p. 546-662). Registre-se que os dois historiadores assinalam a importância, como reação ao barroco, da *Arte poética* (1674) de Boileau, traduzida em 1697 pelo 4º Conde de Ericeira e bem conhecida mesmo antes de ser publicada (há, no Brasil, outra tradução desta obra: Nicholas Boileau-Despréaux, *A arte poética*, trad. Celia Berrettini, São Paulo, Perspectiva, 2012); também nessa oportunidade, fazem observações sobre "o arcadismo no Brasil" (p. 638-43). Ainda sobre o neoclassicismo, ver o v. 4 (2010) da obra organizada por Carlos Reis, *História crítica da literatura portuguesa*, cit.; e vale reler também as páginas pertinentes ao "século das Luzes" que Hernâni Cidade dedica ao tema em *O conceito de poesia*, cit., p. 142-70) e aquelas de Antônio Soares Amora, *Presença da literatura portuguesa*, cit., p. 222 e seg.

[120] Sobre a Arcádia Lusitana, ver esp. Teófilo Braga, *A Arcádia lusitana* e *Os árcades* (Lisboa, Imprensa Nacional/Casa da Moeda, 1984) e Fidelino de

Figueiredo, *História literária de Portugal*, cit., 283-6; bem mais recente é o trabalho de Rita Marnoto, responsável pelo v. 4 da obra organizada por Carlos Reis (org.), *História crítica da literatura portuguesa*, cit., e, dessa mesma estudiosa, "Heranças bucólicas na Arcádia Lusitana", *Estudos italianos em Portugal*, Lisboa, Instituto Italiano de Cultura, nova série, n. 3, 2008; instigante é a breve intervenção de Vanda Anastácio, "O terramoto de 1755: marco da história literária?", em Ana C. Araújo et al., *O terramoto de 1755: impactos históricos*, cit.

[121] Antônio José Saraiva e Óscar Lopes, *História da literatura portuguesa*, cit., p. 597.

[122] Observe-se, em face da Arcádia, a posição de Pombal: o marquês estimulou suas primeiras atividades e chegou a assistir a algumas das suas sessões, mas desconfiava dos Oratorianos, muito ligados a ela.

"Os oratonianos eram membros do clero secular que se congregavam para certos fins, sem deixar a subordinação direta à autoridade episcopal e sem constituírem propriamente uma ordem. Pela sua origem social predominante e pelo seu contacto quotidiano, refletiam as preocupações da classe média [...]. Os ministros de D. João V publicaram desde 1708 e, mais definitivamente, a partir de 1725, diversos alvarás que permitiam aos oratorianos concorrer com os jesuítas nos Estudos Menores, acabando mesmo em 1750 por lhes ceder em Lisboa magníficas instalações apropriadas à função docente [...]. O monopólio jesuíta era, ao mesmo tempo, quebrado por outras ordens religiosas de pedagogia mais atualizada, como a dos teatinos e ainda por mestres laicos. A rivalidade entre oratorianos e jesuítas vem-se acentuando desde inícios do século XVIII e atinge o seu momento mais dramático numa polêmica iniciada em 1729 em que os primeiros põem em xeque a *Arte de Gramática Latina* do jesuíta Manuel Álvares", Saraiva e Lopes, *História da literatura portuguesa*, cit., p. 565.

Não se esqueça de que Bocage foi apanhado, em agosto de 1797, pelos esbirros de Pina Manique e levado para a prisão do Limoeiro, ali ficando até novembro; em seguida, vai para o Mosteiro de São Bento, a ser "doutrinado" pelos beneditinos e, enfim, para o Hospital das Necessidades, no qual a "doutrinação" prosseguirá aos cuidados dos oratorianos. Parece que o poeta é de fato libertado no último dia de 1798 (data que é motivo de divergências entre biógrafos). Para detalhes do encarceramento de Bocage e da sua vida prisional, ver as p. 229-48 da documentada biografia de Adelto Gonçalves, *Bocage: o perfil perdido*, cit.

[123] Antônio José Saraiva e Óscar Lopes, *História da literatura portuguesa*, cit., p. 606.

[124] Todas essas figuras do arcadismo português são estudadas na obra de Saraiva e Lopes, em fontes citadas anteriormente e esp. na nota 119, *supra*.

[125] Fidelino de Figueiredo, *História literária de Portugal*, cit., p. 283 (itálicos meus).

[126] A propósito da camisa de força neoclássica, veja-se Joaci P. Furtado, "Os almotaceis do bom-gosto: a boa poesia no Setecentos português, por ela mesma", *História,* Franca, Unesp, n. 36, dossiê "Livros. Bibliotecas e intelectuais no mundo ibero-americano (séculos XVI ao XVIII)", 2017.

[127] Inclusive os próprios Saraiva e Lopes, cujo juízo acerca da obra bocagiana, na sua *História da literatura portuguesa,* cit., a meu ver discutível, posto que muito limitado, deve ser parcialmente evocado aqui, porquanto situa bem a questão do pré-romantismo do vate. Escrevem eles que o poeta "é já romântico por temperamento apesar de muito vocabulário e muito alegorismo arcádicos e dos seus laivos de iluminismo. [...] *O que o distingue melhor é a matéria psicológica que traz pela primeira vez à poesia portuguesa: o sentimento agudo da personalidade, o horror do aniquilamento na morte.* Tal egotismo percebe-se ainda na maneira abstrata e retórica com que, em nome da Razão, se revolta contra a humilhação da dependência e contra o despotismo; no gosto do fúnebre e do noturno, e nos clamores não menos retóricos de ciúme, de blasfêmia ou contrição. [...] Em qualquer caso, a expressão mais vivida, original e comunicativa dos seus horrores encontra-se nos seus sonetos, epístolas e no poema narrativo *Trabalhos da vida humana,* onde refere as suas provações e aflições do cárcere"; Saraiva e Lopes, *História da literatura portuguesa,* cit., p. 656-9 (itálicos meus). Veja-se também Óscar Lopes, "Bocage – Fronteiras de um individualismo", em *Ler e depois* (Porto, Inova, 1970).

O *poema narrativo* acima mencionado, redigido em redondilhas, encontra-se em *Obras completas de Bocage,* cit., t. II, p. 427-37.

[128] Ver Alexandre Herculano, *Opúsculos,* v. 5 (Lisboa, Presença, 1986), p. 14 (os itálicos da citação são meus).

[129] "A Companhia dos Guardas-Marinhas inaugura-se em 1782 e Bocage vem imediatamente frequentá-la", diz Hernâni Cidade (prefácio a Bocage, *Obras escolhidas,* cit.), p. IX. Documentos examinados por Adelto Gonçalves oferecem indicações equívocas: se um mostra que Bocage permaneceu vinculado ao Regimento de Artilharia de Setúbal até setembro de 1783, recebendo nesse mês autorização para passar à Armada Real, outro assinala que já em agosto de 1782 essa passagem à marinha fora aprovada (Adelto Gonçalves, *Bocage: o perfil perdido,* cit.), p. 94. Ver também a conferência de Francisco A. Cutileiro – "Bocage guarda-marinha. A sua vida e a sua época" – pronunciada na Academia da Marinha em 30 de janeiro de 1982 e posteriormente publicada em *Memórias* (Lisboa, Academia da Marinha, 1985).

[130] Escreve o seu mais rigoroso biógrafo: "Depois de receber baixa como desertor da Companhia de Guardas-Marinhas, é um mistério que [Bocage] tenha sido contemplado por um decreto assinado pela rainha que o nomeava guarda-marinha da Armada no Estado da Índia. O ato de deserção era considerado grave crime que só podia ser perdoado por sua majestade. A única explicação é o fato de que o Reino dispunha de poucos braços para a tarefa de colonização do ultramar, o que levava o governo sempre a fazer vistas grossas a qualquer espécie de crime, desde que o réu estivesse disposto a ser despachado para as colônias, especialmente para os Estados da Índia"; idem, p. 102; nesta fonte, p. 105-47, encontra-se a melhor reconstituição da viagem de Bocage para o Oriente, com sua passagem pelo Rio de Janeiro, e da sua estância aventureira naquelas plagas.

Sobre a produção de Bocage no Oriente, ver Regina Célia Carvalho Pereira da Silva, "Produzione lirica di Manuel Barbosa du Bocage durante il suo soggiorno a Goa", *Annali dell'Università degli studi Suor Orsola Benincasa di Napoli*, Napoli, Università Suor Orsola Benincasa, v. 10, 2009.

[131] Ver Hernâni Cidade, *Bocage*, cit., p. 32; o mesmo mestre, em prefácio escrito décadas mais tarde às *Obras escolhidas*, cit., p. XV, assevera que, mesmo comportando-se novamente como desertor em Goa, Bocage recebeu uma promoção funcional em fins de 1787 "atendendo aos [seus] serviços e merecimentos".

[132] Em Adelto Gonçalves, *Bocage: o perfil perdido*, cit., p. 91, temos: "Em agosto de 1781, a rainha [D. Maria I] desaprovara publicamente a apologia que o marquês de Pombal, caído em desgraça, fizera de seu ministério, ao defender-se de acusações de corrupção. Para a rainha, Pombal era merecedor de 'castigo exemplar': só lhe perdoara a penas corporais porque levara em conta sua grave moléstia e decrépita idade, mas lhe ordenara que permanecesse a 20 léguas da Corte".

[133] Lembre-se, todavia, que as obras de iniciativa estatal implementadas pelo marquês e pela equipe de arquitetos por ele mobilizada se interrompem em fins de 1799. O alcance e os limites da reconstrução material da cidade, comandada pelo grande estadista, foram detalhadamente analisados nas duas obras de José-Augusto França já citadas (*Lisboa pombalina e o Iluminismo* e *Lisboa: história física e moral*).

[134] Ainda que não tenha especificamente como objeto a problemática da sociabilidade lisboeta, na referida obra de José-Augusto França, *Lisboa pombalina e o Iluminismo*, há um capítulo que oferece riquíssimos subsídios para o seu trato, entre argutas notações sobre as artes plásticas (ver p. 239-78).

[135] Não são poucas as fontes que relatam/analisam a sociabilidade emergente da/na Lisboa pombalina – cito apenas algumas: Maria A. Lopes, *Mulheres, espaço e sociabilidade: a transformação dos papéis femininos em Portugal*

à luz das fontes literárias (Lisboa, Horizonte, 1989); Nuno L. Madureira, *Cidade: espaço e quotidiano – Lisboa (1740-1830)* (Lisboa, Horizonte, 1992); Maria A. Lousada, "A rua, a taberna e o salão: elementos para uma geografia das sociabilidades lisboetas nos finais do Antigo Regime", em Maria da Graça M. Ventura (coord.), *Os espaços de sociabilidade na Ibero-América (sécs. XVI-XIX)* (Lisboa, Colibri, 2004); Vanda Anastácio, "*Cherchez la femme* (À propos d'une forme de sociabilité littéraire à Lisbonne à la fin du XVIIIe siècle)", *Sociabilités intellectuelles XVI-XX siècles*, v. 49 (Paris, Centre Culturel Calouste Gulbenkian, 2005) e "Poesia e sociabilidade: Bocage, a marquesa de Alorna e a viscondessa de Balsemão", em Martin Newmann (org.), *Manuel Maria du Bocage* (Bonn, Romansticher Verlag, 2006); novamente Maria A. Lousada, "Vida privada, sociabilidades culturais e emergência do espaço público", em Nuno G. Monteiro (org.), *História da vida privada em Portugal: a Idade Moderna* (Lisboa, Círculo de Leitores, 2011). São interessantes algumas das páginas de Graça I. Cordeiro e F. Vidal (orgs.), *A rua: espaço, tempo, sociabilidade* (Lisboa, Horizonte, 2008). Também são ilustrativas as impressões de estrangeiros sobre a vida portuguesa entre a segunda metade do século XVIII e os primórdios do século XIX, recolhidas por Nuno S. Ferreira, "Cenas do quotidiano social português", *Lusíada História,* Lisboa, Universidade Lusíada, n. 7, 2010.

Ressalto que a referência a uma nova sociabilidade já reponta em Saraiva e Lopes (cit., p. 619), que observam: "O desenvolvimento material e cultural da burguesia em fins do século XVIII, produzindo novos hábitos de sociabilidade [...]".

Sobre a marquesa de Alorna (Leonor de Almeida Portugal de Lorena e Lencastre – criptônimo árcade: Alcipe), a quem Bocage dedica o terceiro volume das suas *Rimas* –, ver esp. Vanda Anastácio, *A marquesa de Alorna (1750-1839): estudos* (Lisboa, Prefácio, 2009); veja-se também o trato da sua fortuna crítica em Joana J. Borges, "A mulher e a crítica: aspectos e questões na fortuna crítica da marquesa de Alorna", *Revista Desassossego*, São Paulo, FFLCH/USP, v. 9, n. 18, dez. 2017.

[136] Noutra oportunidade, em artigo breve – "Espaços com história na Lisboa dos séculos XVIII e XIX. Do Martinho ao Nicola", *RiCognizioni. Rivista di Lingue, Letterature e Culture Moderne*, Turim, Università di Torino, v. 1, n. 1, 2014 –, Lousada fez interessante abordagem dos cafés lisboetas da época.

[137] Observa a pesquisadora que esse quadro tem a ver com a reanimação geral do comércio que se verifica na capital – entre 1783 e 1833, surgem cerca de 2.500 lojas; em 1825, já se contariam mais de 1.600 estabelecimentos voltados para a venda de comes e bebes.

[138] A atividade repressiva do intendente levou um refugiado francês, descrevendo Lisboa em 1796, a afirmar que "o nome de Pina Manique

inspira terror geral e é a medo que se pronuncia" (*apud* Adelto Gonçalves, *Bocage: o perfil perdido,* cit., p. 185).

[139] Vanda Anastácio, aliás, reuniu amostras representativas da produção feminina em *Uma antologia improvável: a escrita das mulheres (séculos XVI a XVIII)* (Lisboa, Relógio d'Água, 2013).

[140] Sabe-se da relevância da formulação de Fourier quanto à situação das mulheres, expressa já em 1808, quando, na sua *Théorie des quatre mouvements*, escreveu: "[...] A mudança de uma época histórica sempre se deixa determinar em função do progresso das mulheres em relação à liberdade, porque é aqui, na relação da mulher com o homem [...], que aparece de maneira mais evidente a vitória da natureza humana sobre a brutalidade. O grau de emancipação da mulher é a medida natural do grau de emancipação geral". Também é sabido o respeito de Marx e Engels para com Fourier, visível na obra de ambos desde os anos 1840 e que não se apequena com o passar do tempo, como se verifica especialmente no trabalho de Engels – ver o *Anti-Dühring* (trad. Nélio Schneider, São Paulo, Boitempo, 2015), p. 293-4.

[141] Hernâni Cidade, *Bocage,* cit., p. 24.

[142] Os dois últimos versos postos em itálico por Hernâni Cidade são bocagianos, extraídos de um soneto cuja íntegra o leitor encontra em Bocage, *Poesias eróticas, burlescas e satíricas,* cit. na nota 3, *supra,* p. 109 – é importante tomar em conta, ao pé dessa mesma página, a nota do organizador da edição, Daniel Pires, que esclarece as mudanças textuais a que Bocage foi obrigado para evitar a interveniência da censura nesse poema. O soneto está reproduzido na presente antologia à p. 69.

[143] Adelto Gonçalves, *Bocage: o perfil perdido,* cit., p. 158-9.

[144] Ver também os artigos de Lousada citados há pouco (notas 135 e 136, *supra*). Sobre o Café Nicola, ver a nota 8, *supra*; quanto ao botequim das Parras, Adelto Gonçalves afirma que "era o local preferido de Bocage. Havia na loja de bebidas um gabinete reservado, onde os poetas se reuniam e a este espaço chamavam de *Agulheiro dos Sábios*" (*Bocage: o perfil perdido,* cit., p. 179, 181-2). O proprietário da casa, José Pedro da Silva, "que havia sido gerente do vizinho Café Nicola", "era amigo de figurões do governo, mas também simpatizava com as ideias francesas"; "o botequim durou até a década de 1850, mas sem a direção de José Pedro, que optaria por uma carreira mais segura no funcionalismo régio". José Pedro, ao que se sabe, permaneceu amigo de Bocage até os últimos dias da vida do poeta, contribuindo para amenizar as agruras do vate nos seus anos derradeiros (ver Adelto Gonçalves, *Bocage: o perfil perdido,* cit., p. 351-2). Esse cuidadoso biógrafo (idem, p. 184) realça que "o botequim das Parras e o Café Nicola eram os centros nervosos da capital, onde se podia não só ouvir

maledicências a respeito de altas figuras da vida política como também plantar notícias falsas ou alarmistas. Para o poder, a política era vista como algo que só dizia respeito ao príncipe regente e seus altos funcionários. Por isso, quem quisesse conhecer notícias a respeito do funcionamento interno do sistema perderia tempo se recorresse à *Gazeta de Lisboa*, exceto se se contentasse com pronunciamentos oficiais ou atos públicos do governo. Consta que diplomatas estrangeiros enviavam agentes para buscar notícias nesses locais". Sobre *zoilo*, ver a nota 2, *supra*; quanto a *naire*, designa, aqui pejorativamente, indivíduo nobre recrutado para tropas de rajás. E acerca da função social do botequim, não se esqueça a lição de Hernâni Cidade (*Bocage*, cit., p. 16): "O *botequim*, no século XVIII, estabelece a transição entre a *arcádia poética* e o *clube revolucionário*".

Sobre a *Gazeta de Lisboa*, periódico oficialista que circulou de 1715 a 1820, e que vem referida na nota 98 dos poemas bocagianos, ver, na nota 102, *supra*, o livro de André Belo e mais o ensaio de Eurico J. Gomes Dias sobre o que este designa como o "primeiro ciclo" do periódico, "A *Gazeta de Lisboa* (1715-1760) enquanto paradigma da imprensa periódica portuguesa setecentista", *População e Sociedade*, Porto, Cepese, v. 32, dez. 2019.

[145] Sobre as péssimas condições da saúde pública, sobre a insegurança nas ruas e sobre sujeira da Lisboa em que viveu Bocage, ver Hernâni Cidade, *Bocage*, cit., p. 13-4, e Adelto Gonçalves, *Bocage: o perfil perdido*, cit., p. 155-7.

[146] Adelto Gonçalves, *Bocage: o perfil perdido*, cit., p. 157.

[147] Valham, também aqui, as palavras de Hernâni Cidade (*Bocage*, cit., p. 24-5): "[...] O ser poeta não é então [nos tempos de Bocage], entre nós, como um pouco o havia de ser no século seguinte, uma dignidade que por si própria marque lugar elevado na hierarquia do espírito. Para nobres, clérigos ou altos funcionários é um luxo intelectual, uma habilidade em cujo exercício se procura mais deleite que orgulho. Para pessoas sem bens nem funções que lhos supram, não sendo uma aptidão cuja atividade a sociedade ou o Estado categorizem e premeiem como indispensável valor cultural, apenas constitui, sob o ponto de vista da vida prática e dignidade pessoal, perigosíssima tentação para a boêmia miserável ou para a prezada domesticidade. [...] Se, como sucedia na França de Luís XIV, fosse o Estado, na pessoa do rei, o protetor dos poetas, ainda estes poderiam ter a relativa independência moral que fazia da poesia de Boileau, por exemplo, uma altíssima categoria na vida espiritual da nação. Com Mecenas que apenas lhes davam raros jantares ou quinzenas usadas, a poesia não excederá, em geral, o nível do soneto encomiástico, e o poeta, na turba dos dependentes, ficaria muito abaixo do padre capelão. É Nicolau Tolentino que o diz, numa carta ao visconde de Vila Nova de Cerveira: 'O nome de

poeta é desprezado da maior parte dos homens [...], é quase um vício o ser poeta; confundem-no com o homem sem caráter e imputam à poesia os erros da humanidade'".

Leve-se em conta, também, a observação de Saraiva e Lopes (cit., p. 602), ao comentar que, à época, "os centros de polarização literária tendem a ser os botequins e os salões. Entre o crepúsculo do mecenato monárquico ou senhorial e o dealbar da profissionalização editorial e jornalística, alguns dos escritores mais representativos, sobretudo poetas, ficam reduzidos a uma situação de boêmia, de vida aventurosa ou miserável que lhes inspira um sentimento de revolta, de iconoclastia, de crise ideológica e moral". Não me deterei, aqui, no trato do arcadismo lusitano que lhe conferem Saraiva e Lopes (cit., p. 591-628), mas reitero, também a propósito dele, a sua exemplaridade: os dois historiadores fazem da Nova Arcádia e dos árcades uma análise rigorosa, evidenciando seus ganhos e limites, suas contradições e conflitos, clarificando dimensões tradicionalmente pouco examinadas – por exemplo, sua sátira social e sua concepção de tragédia.

[148] *Outeiros freiráticos*: como esclarece Lousada, no primeiro dos seus textos citados na nota 135, *supra*, "consistiam em reuniões poéticas que tinham lugar nos conventos de freiras, tendo sido muito comuns durante o século XVIII".

[149] Essa passagem de Hernâni Cidade segue-se imediatamente à citação que dele fiz na nota 147, *supra* [os itálicos não constam do original]. *Estoira-vergas*: brigão, valente, encrenqueiro.

[150] Ver, entre inúmeros trabalhos, Rafael Santana, "Bocage, leitor de Camões", *Scripta*, Belo Horizonte: Instituto de Ciências Humanas/PUC-MG, v. 17, n. 33, 2013, e Flávia P. Aguiar, "Um processo de referenciação: breves diálogos entre Camões e Bocage", *Texto Poético*, Campinas, Associação Nacional de Pós-Graduação e Pesquisa em Letras e Linguística, v. 17, n. 32, jan.-abril 2021. Cabe ressaltar que Bocage admirou não apenas o classicismo de Camões, mas bebeu também em fontes de clássicos da Antiguidade – ver a erudita conferência de Maria H. Rocha Pereira, "Bocage e o legado clássico", *Humanitas*, Coimbra, Universidade de Coimbra, n. 19-20, 1967-1968; Elias J. T. Feijó, "Já Camões não sou! A impossibilidade de centralidade para Bocage no campo literário no século XIX", em Maria Luísa Malato Borralho (org.), *Leituras de Bocage*, cit., e Paulo R. Sodré, "Tópica horaciana nos versos burlescos de Bocage", *Via Atlântica*, São Paulo, USP, n. 32, dez. 2017; veja-se também Francisco J. Varela Ponte, "Meléndez Valdés y el português Bocage: un acercamiento a la poesia anacreóntica a ambos lados de la frontera", *Revista de Estúdios Extremeños*, Badajoz, Centro de Estudios Extremeños/Diputación Provincial, v. 73, n. extraordinário, 1, 2017.

[151] Ver *Obras completas de Bocage*, cit., t. I, p. 80. Nesse último terceto, reverberam alusões a *Os Lusíadas*. *Lieu*: figura mitológica, filho de Zeus e Sémele.

[152] Ver idem, cit., t. I, p. 215.
O *Gigante* aqui referido, como na transcrição precedente, é Adamastor, figura do canto V de *Os Lusíadas*.

[153] Ver idem, cit., t. II, p. 180.

[154] De Domingos Caldas Barbosa, ver, além da hoje pouco acessível *Viola de Lereno* (Rio de Janeiro, Imprensa Nacional, 1944), 2 v., o volume, sob o mesmo título, lançado pela Civilização Brasileira, RJ em 1980. Sobre *Lereno*, ver José Ramos Tinhorão, *Domingos Caldas Barbosa: o poeta da viola, da modinha e do lundu (1740-1800)* (São Paulo, Editora 34, 2004) e Luíza Sawaya, *Domingos Caldas Barbosa, herdeiro de Horácio* (Lisboa, Esfera do Caos, 2016). Veja-se ainda o artigo de Adriana C. Rennó, "Além da viola: Caldas Barbosa e o cânon poético neoclássico", *Gragoatá*, Niterói, UFF, n. 17, 2004.

[155] Sobre Macedo, ver Maria I. Ornellas de Andrade, *José Agostinho de Macedo: um iluminista paradoxal* e *A contra-revolução em Portugal: José Agostinho de Macedo* (Lisboa, Colibri, 2001 e 2004) e Antônio M. Ferreira, *Macedo: uma biografia da infâmia* (Porto, Sextante, 2011). Ver também as breves, mas adequadas, informações que dele oferece Adelto Gonçalves (*Bocage: o perfil perdido*, cit., p. 160-4).

Transcrevo ainda o perfil de Macedo – que será útil para quando nos referirmos à polêmica entre ele e Bocage – esboçado pelo habitualmente sóbrio Fidelino de Figueiredo, *História literária de Portugal*, cit., p. 316-7: "Homem de sentimentos violentos, sem a correspondente firmeza moral, volúvel até ao cinismo [...], sempre dominado por uma irresistível hostilidade contra tudo e contra todos [...], vaidoso até ao ridículo, até perder o sentido das proporções, vingativo e interesseiro, José Agostinho pôs ao serviço da expansão desenfreada da sua acometividade o seu talento e o seu saber. A sua obra foi o amor-próprio em ação, sem finalidade mais alta que o triunfo ocasional [...]. Audaz e medroso, arremeteu e fugiu, insultou e humilhou-se. Perseverante e habilidoso, lisonjeiro enquanto lhe era útil a adulação, José Agostinho, que muito delinquiu, conseguiu conservar sempre valimento e proteção. Na sua vastíssima bibliografia encontramos o reflexo da sua duplicidade moral, do seu humor violento, do exagero hipercrítico [...]". Também vale ter em mente como Adelto Gonçalves, com a precisão que caracteriza a maioria dos seus juízos, sintetiza o perfil ideológico de Macedo, popularmente chamado de *padre lagosta*: "Até o fim da vida seria um acérrimo inimigo de jacobinos, maçons e de tudo o que cheirasse a liberalismo"; Adelto Gonçalves, *Bocage: o perfil perdido*, cit., p. 182.

[156] "Como eram reuniões despretensiosas, sem nenhuma preocupação com os ventos políticos que sopravam do lado de lá dos Pireneus, o Intendente Pina Manique não lhes fazia conta. E, quando se interessou, foi para sugerir aos poetas que passassem a ocupar as ruínas do Castelo de São Jorge, no alto da Alfama"; Adelto Gonçalves, *Bocage: o perfil perdido*, cit., p. 167. Subsequentemente, Pina Manique, pretendendo de fato cooptar os acadêmicos, promoveu no Castelo atividades laudatórias à família real, das quais Bocage chegou a participar.

[157] Não se confunda a *guerra dos vates* com a *guerra dos poetas* "que, cerca de 1767, e por motivos fúteis, opôs a [Correia] Garção e à Arcádia [Lusitana] um grupo de poetas dissidentes de que faziam parte Filinto Elísio, José Basílio da Gama e Silva Alvarenga"; Saraiva e Lopes, *História da literatura portuguesa,* cit., p. 601-2.

[158] Transcrição conforme Daniel Pires, extraída de *Obras completas de Bocage*, cit., t. I, p. 251-2 – trata-se de poema só publicado após a morte do poeta, mas que circulou amplamente em cópias manuscritas. Comenta Hernâni Cidade (*Bocage*, cit., p. 39): "A sátira explodiu como uma bomba. Bocage, presumido autor, é apaixonadamente invectivado por uns – como apaixonadamente exaltado por outros". A autoria é discutida, mas Daniel Pires (*Obras completas de Bocage*, cit., p. 251) reconhece que "o estilo é, insofismavelmente, seu [de Bocage]". Vejam-se, sintetizadas, as anotações do editor Daniel Pires ao texto da sátira (idem, p. 251-2): a *rainha Ginga* é Ana de Sousa, angolana que se insurgiu contra a soberania portuguesa; *chanfana*: vísceras de boi; *banza*: instrumento musical de quatro cordas – a palavra provém do quimbundo; *gestos e visagens de mandinga*: referência à origem de Caldas Barbosa, filho de uma angolana e um português; *Conde*: o Conde de Pombeiro (em cuja casa reuniam-se os acadêmicos); *Talaveiras*: forma pejorativa de designar criados, referindo-se Bocage à subserviência de alguns de seus pares; *bode*: o próprio Caldas Barbosa, que tocava especialmente as canções em voga na corte; *Belmiro*: criptônimo de Belchior Manuel Curvo Semedo; *ex-frade*: José Agostinho de Macedo.

[159] O texto não enferma do racismo como o conhecemos hoje, mas está encharcado de uma moralidade inequivocamente "branca", que se encontra às vezes também na obra erótica e licenciosa de Bocage e, menos que portadora de preconceitos pessoais do autor, expressa um modo de representação literária, bem comum à época, que pode abrir o passo ao racismo que posteriormente ganhará fundamentos pseudocientíficos – ver Fernando Morato, "A nojenta prole da rainha Ginga, em parte aos homens semelhante: Bocage e a representação de negros e afrodescendentes no neoclassicismo português", *Revista Letras*, Curitiba, UFPR, n. 97, jan.-jun. 2018. Leia-se também Marie-Hélène Piwnik, "Racismo

e antissemitismo em Bocage?", em Maria Luísa Malato Borralho (org.), *Leituras de Bocage*, cit.

[160] Hernâni Cidade, na edição do seu *Bocage*, citado na nota 3, *supra*, oferece, às p. 39-50, ilustrativas amostras de textos que então circularam. Ver também Adelto Gonçalves, *Bocage: o perfil perdido*, cit., p. 173-8.

[161] Adelto Gonçalves, *Bocage: o perfil perdido*, cit., p. 172.

[162] Ibidem, p. 293.

[163] Parece que, reconciliado com Bocage, Macedo teria cometido mais um ato de vilania: visitando o poeta em seus dias de agonia, haveria furtado manuscritos bocagianos – ver ibidem, p. 369.

[164] Como se verifica quando, em agosto de 1794, o italiano Vicenzo Lunardi fez em Lisboa experimentos com balões tripulados, despertando o entusiasmo popular. Então, ambos se apressaram para manifestar-se sobre o evento; mas enquanto Macedo preparava um folheto seu, Bocage adiantou-se publicando em setembro o "Elogio poético à admirável intrepidez com que, em domingo, 24 de agosto de 1794, subiu o capitão Lunardi no balão aerostático" – nesta peça, contra críticas aos elogios a Lunardi por este ser um estrangeiro, Bocage sustenta que "o sábio é cidadão do mundo inteiro" (ver *Obras completas de Bocage*, cit., t. II, p. 473-8). O interesse de Bocage sobre a *sabedoria* científica, ilustrada e racionalista, foi tema de um pequeno ensaio (originalmente de 1965) de Antônio Gedeão, pseudônimo de Rômulo de Carvalho, professor, divulgador da ciência e poeta de nomeada, intitulado "O sentimento científico de Bocage", coligido em Antônio Gedeão, *Obra completa* (Lisboa, Relógio d'Água, 2004).

Sabe-se que, uma vez tornados adversários, até mesmo na boêmia lisboeta os dois se evitavam: "José Agostinho de Macedo, depois da briga com Bocage, não colocava mais os pés no botequim das Parras, mas ia a uma chapelaria de propriedade de Daniel de Sousa, também ao Rossio [...]"; Adelto Gonçalves, *Bocage: o perfil perdido*, cit., p. 182.

[165] Ambos gozavam de popularidade na noite lisboeta; entretanto, na última década do século XVIII, quem desfrutava do maior prestígio na capital era o versejador José Daniel Rodrigues da Costa, protegido de um irmão de Pina Manique – sobre a figura, diz Adelto Gonçalves (*Bocage: o perfil perdido*, cit., p. 225) que carecia de talento, mas, "bem-humorado e benquisto, era bajulador e rigidamente a favor de quem detinha o poder". Depois de sua morte, em 1832, viu-se praticamente esquecido pelo público e pelos historiadores da literatura; acerca dele, ver Socorro de F. P. Barbosa, "José Daniel Rodrigues da Costa e a imprensa periódica jocosa de Portugal do século XVIII", *Tempo*, Niterói, Departamento de História/UFF, v. 22, n. 43, maio-ago. 2017.

[166] "Depois da *Pena de Talião* [ver a próxima nota]), Bocage não respondeu a mais nenhuma provocação de Macedo, talvez porque intuísse que já havia dito tudo o que tinha a dizer sobre o desafeto. Disso, porém, o religioso haveria de se vangloriar anos depois, tomando o seu silêncio como aceitação da derrota. [...] Bocage talvez tenha concluído que não valeria a pena descer mais, até porque Macedo não tinha limites"; Adelto Gonçalves, *Bocage: o perfil perdido*, cit., p. 307.

[167] A polêmica entre Bocage e Macedo vem tangenciada e/ou tratada em todas as histórias da literatura portuguesa que citei; destaco sobre ela apenas três textos mais recentes: o cap. 10 ("Expulso do Parnaso") da biografia elaborada por Adelto Gonçalves (*Bocage: o perfil perdido*, cit.); o estudo de Maria I. Ornellas de Andrade, "Macedo e Bocage: um duelo de vaidades", em Maria Luísa Malato Borralho (org.), *Leituras de Bocage*, cit., e o cap. 16 ("A polêmica com José Agostinho de Macedo") da obra de Daniel Pires, *Bocage ou o elogio da inquietude* (Lisboa, Imprensa Nacional, 2019).

A sátira *Pena de Talião* encontra-se em *Obras completas de Bocage*, cit., t. I, p. 465-80; no t. II desta edição, às p. 663-80, estão reproduzidas as duas sátiras de Macedo contra Bocage.

[168] Na edição das suas *Obras completas*, organizada por Daniel Pires, todo um volume (2018), com quase 900 páginas, reúne as traduções da lavra de Bocage; o excelente prefácio do organizador é de leitura obrigatória para o conhecimento pleno da estatura intelectual do poeta e do seu relevante papel na história da tradução em Portugal.

[169] Como o leitor há de ver examinando os textos que compõem a presente antologia, tem-se debitado a Bocage páginas que lhe são estranhas ou, no mínimo, são de autoria duvidosa.

[170] Veja-se o que escreve um professor brasileiro, aliás sério e citado nesta "Apresentação": "Cedo, [Bocage] apaixona-se por Gertrudes (que aparece como Gertrúria em sua poesia) [...]"; viaja ao Oriente e, "ao chegar [à Lisboa], sabe com tristeza que Gertrudes se casara com seu irmão. Desgostoso, entrega-se a uma vida desregrada e boêmia [...]"; Massaud Moisés, *A literatura portuguesa*, cit., p. 119. Ora, *sabemos que Bocage aportara em Lisboa em agosto de 1790* e que seu irmão, Gil Francisco, desposara, *não antes de junho de 1791*, Gertrudes Margarida da Cunha d'Eça de Castro (ou Gertrudes Homem da Cunha de Eça), suposta namorada do poeta no período anterior à sua partida para o Oriente – temos, pois, um Bocage que se "desgosta" de um casamento ainda não realizado... Mais: em que se funda a identificação da indigitada (por Massaud Moisés) Gertrudes e a Gertrúria da poesia? A Gertrúria dos poemas bocagianos não teria sido outra mulher, que também esteve próxima de Bocage, Ana Gertrudes Marecos? "[...] Não saberei dizê-lo" – a dúvida ocorre a Hernâni

Cidade (prefácio a *Bocage, Obras escolhidas*, cit. na nota 3, *supra*, p. XII). Sobre os amores do poeta, ainda vale a leitura do antigo livro do mesmo Hernâni Cidade, *Bocage*, citado igualmente na nota 3, *supra*, p. 51-6: ver também Adelto Gonçalves, *Bocage: o perfil perdido*, cit., p. 206-10 e 363-4.

Diga-se de passagem que devemos a Jacinto do Prado Coelho um dos mais provocativos e estimulantes ensaios sobre o mundo poético-amoroso de Bocage – "Bocage: a vocação do obscuro" –, publicado originalmente (dezembro de 1965) em *O Tempo e o Modo. Revista de Pensamento e Ação*, editada em Lisboa entre 1963 e 1977, primeiramente por democratas de diferentes matizes e, depois de 1974, por um grupo de esquerdistas; J. Prado Coelho coligiu posteriormente o belo ensaio em seu livro *A letra e o leitor* (Lisboa, Moraes, 1977).

[171] Daniel Pires, em *Obras completas de Bocage*, cit., Introdução.

[172] Ibidem, p. 32. Uma análise da "Epístola a Marília" foi intentada por Márcia E. Bortone, "Bocage: a poética da ruptura", *Signótica*, Goiânia, UFG, v. 9, n. 1, dez.-1997, e, na primeira década do nosso século, Florence J. Nys relacionou essa epístola a outra peça de Bocage (também coligida na presente antologia) – ver F. J. Nys, *As fontes francesas das cartas de Olinda e Alzira, de Bocage* (Braga, Centro de Estudos Humanísticos/Universidade do Minho, 2005).

[173] Depois de constatar que, "ao final de 1796, Bocage continuava à margem da política de aproximação de Pina Manique com poetas e intelectuais", no movimento do chefe da repressão buscando cooptá-los, o biógrafo que venho citando prossegue dizendo que "ao mesmo tempo, Bocage começou a radicalizar a sua opção em favor dos ideais iluministas [...]. Fazia-o, naturalmente, em função das notícias que vinham da França, como provam vários sonetos datados dessa época. Aquelas notícias, ainda que devidamente distorcidas ou escamoteadas pela *Gazeta de Lisboa*, exerciam na vida lisboeta uma influência muito poderosa e, discutidas em botequins e nas ruas, começavam a abalar os alicerces das concepções em que se assentava o sistema de governo da monarquia. Se a essa atmosfera não escapavam sequer operários de uma fábrica de chapéus na Rua Formosa, que entoavam canções francesas traduzidas em português, muito menos ficaria imune um homem com a sensibilidade e a inteligência de Bocage, que acompanhava atentamente a evolução dos acontecimentos na França"; Adelto Gonçalves, *Bocage: o perfil perdido*, cit., p. 219-20.

[174] Ver a anotação de Daniel Pires em Bocage, *Poesias eróticas, burlescas e satíricas*, cit., p. 43.

[175] Daniel Pires preocupou-se em determinar, além dos manuscritos de Bocage apreendidos na habitação da Praça da Alegria, outros indicativos

das leituras/interesses do poeta – oferecendo rica informação no "Estudo introdutório", cit., p. 19-23.

[176] Quando foi solto, o amigo de Bocage – que viria a ser o avô de Antero de Quental – foi obrigado a regressar aos Açores (Ponta Delgada); ali fez carreira política, chegando a eleger-se representante dos Açores na corte constituinte eleita após a revolução de 1820.

[177] Sobre esse amigo e protetor de Bocage, ver Miguel Gorjão-Henriques, "José Seabra da Silva e sua família: iconografia e mobilidade social no Antigo Regime", *Direito e Justiça*, Lisboa, Universidade Católica Portuguesa Editora, n. especial, "Estudos dedicados ao prof. Dr. Nuno José Espinosa Gomes da Silva", v. 2, 2013.

[178] Ver Francisco Bethencourt, *História das Inquisições*, cit., p. 42.

[179] Sabe-se que, anos depois, em fins de 1802, Bocage foi novamente delatado à Inquisição como maçom – a delação não redundou em nenhum procedimento contra ele (ver Adelto Gonçalves, *Bocage: o perfil perdido*, cit., p. 324-9).

[180] Consta que Seabra da Silva oferecera a Bocage um emprego na Biblioteca Pública de Lisboa, em funcionamento desde 1796. O poeta "teria recusado a oferta porque queria conservar a sua independência"; Adelto Gonçalves, *Bocage: o perfil perdido*, cit., p. 246.

[181] Com o que pôde ele apropriar-se mais ricamente do legado de Ovídio, clássico antigo que sempre admirou – grande estudioso de Bocage não hesita em escrever que "Ovídio foi indubitavelmente a influência mais determinante de Bocage, que se revia na sua poesia e no seu percurso de vida" (ver Daniel Pires, "Estudo introdutório", cit., p. 23).

[182] Permito-me dizer ao leitor que a menção à perda de ilusões sempre a mim me remete a uma passagem de velho sábio alemão, quando jovem: "O apelo [aos homens] para que abandonem as ilusões a respeito da sua condição é *o apelo para abandonarem uma condição que precisa de ilusões*" (Karl Marx, "Crítica da filosofia do Direito de Hegel. Introdução", em *Crítica da filosofia do direito de Hegel* (trad. Rubens Enderle e Leonardo de Deus, São Paulo, Boitempo, 2005), p. 145-6.

[183] Parte significativa dos seus estudiosos argumenta e/ou sugere que Bocage saiu do mencionado "processo de doutrinação" arrependido e renegando não só o seu passado boêmio, mas também suas posições político-ideológicas – e o fazem apelando principalmente a dois sonetos tardios do vate, os que se abrem com os versos "Meu ser evaporei na lida insana" e "Já Bocage não sou!... À cova escura" (ver *Obras completas de Bocage*, cit., t. I, p. 35-6). Desconsidero essa linha interpretativa, apesar do respeito que tenho por alguns de seus defensores, e não apenas porque ambas as peças

são de publicação póstuma e a segunda, ao que se sabe, ter sido *ditada* ao morgado de Assentiz, que esteve ao pé do poeta em seus últimos dias; não a compartilho porque, *dado o expresso conteúdo dos dois sonetos*, a autocrítica bocagiana – pois é de autocrítica que se trataria – haveria de ser descabida. Aliás, comentando esse "arrependimento", biógrafo credibilizado observa: "[...] Bocage, à exceção de uma ou outra produção grosseira e de valor literário discutível, não teria muito do que se arrepender. [...] *O seu arrependimento parece desproporcional às suas culpas*" (itálicos meus); leia-se com atenção o que também diz, na fonte aqui citada, o mesmo biógrafo sobre os dois sonetos mencionados (ver Adelto Gonçalves, *Bocage: o perfil perdido*, cit., p. 370-5). Em intervenção anterior, o mesmo biógrafo, considerando o soneto "Já Bocage não sou!...", argumenta – a meu juízo, com inteira razão – que a atribuição da sua autoria a Bocage "é pouco crível. Tão bem medido está o poema que impossível seria imaginar que tivesse saído da mente do poeta à beira da morte, ainda que Bocage fosse famoso por seus improvisos. Além disso, esse poema não consta das edições de 1805 e 1810 dos *Improvisos de Bocage*. Foi o morgado de Assentiz quem disse ter anotado o poema ditado por Bocage, mas Assentiz tinha a mania dos improvisos à hora da morte. Morreu aos 78 anos de idade, mas ainda com fôlego para escrever um soneto também medido em que lamentava que a morte lhe roubasse a 'sensação forte do amor'. Por isso, muitos duvidam da autenticidade desse poema em que Bocage se compara a Aretino, um poeta satírico italiano, que nasceu em Arezzo em 1492 e morreu em Veneza em 1556. *O que leva a duvidar da autenticidade do soneto é a maneira como o poeta renega a sua obra. Por isso, é mais provável que esse soneto seja trabalho de algum poeta afinado com a ordem estabelecida que quisesse fazer com que a imagem de Bocage que ficasse para a posteridade fosse a de um homem religioso e arrependido de seu passado de ousadias e inconsequências*"; Adelto Gonçalves, "A casa onde nasceu Bocage e outras verdades que não pegam", em Maria Luísa Malato Borralho (org.), *Leituras de Bocage*, cit., p. 84 (itálicos meus).

[184] Talvez a primeira tradução conhecida de Bocage seja um drama de d'Arnaud (*Eufêmia ou o triunfo da religião*), de 1793; mas seus principais trabalhos nesse domínio são dos anos 1799-1804: é quando traduz muito da literatura greco-latina (Ovídio e Virgílio, mas ainda, entre outros, Ausônio) e da francesa (sete fábulas de La Fontaine e textos de Voltaire e Louis Racine); igualmente do francês, traduz a obra de Richard Castel (*As plantas*) e materiais de J. Delille, D. Lacroix e P. F. Rosset; para o teatro, verte Dubois-Fontanelle (*Erícia, ou A vestal*) e Metastásio (*Atílio Régulo*) – ver o volume das suas *Obras completas*, citado na nota 168, *supra*. Sobre traduções de Bocage e acerca de juízos de censores sobre elas, ver Cristina Marinho, "Triunfos da religião e da natureza: *Discordia Concors*", em Maria Luísa Malato

Borralho (org.), *Leituras de Bocage,* cit.; sobre traduções bocagianas, ver João A. Oliva Neto, "Introdução: Bocage e a tradução poética no século XVIII", em Ovídio, *Metamorfoses* (São Paulo, Hedra, 2007) e Bruno V. G. Vieira, "Bocage e Filinto: duas maneiras de traduzir os clássicos", *Boletim de Estudos Clássicos,* Coimbra, Apec/CECH/Universidade de Coimbra, n. 60, 2015. Ver também Victor Emmanuel T. Mendes Abalada, "O ocaso do texto ou Bocage, tradutor, e a crise da ópera séria na virada do XVIII para o XIX", *XVI Encontro Regional da Anpuh/Rio, Memória e patrimônio,* Rio de Janeiro, Unirio, 19-23 jul. 2010, e ainda, com atenção especial a texto de Ovídio, Márcio Thamos, "Do hexâmetro ao decassílabo – equivalência estilística baseada na materialidade da expressão", *Scientia Traductionis,* Florianópolis, PCET/Universidade Federal de Santa Catarina, n. 10, 2011.

[185] Sobre frei Veloso, há dados biográficos na obra *A Casa Literária do Arco do Cego,* referida na nota imediatamente seguinte, e em Ronaldo Vainfas e Lúcia B. P. Neves (orgs.), *Dicionário do Brasil joanino (1808-1821)* (Rio de Janeiro, Objetiva, 2008).

[186] Sobre essa *Oficina,* que existiu entre 1799 e 1801, ver Ana P. Tudela et al. (orgs.), *A Casa Literária do Arco do Cego: bicentenário, 1799-1801 – "Sem livros não há instrução"* (Lisboa, Imprensa Nacional-Casa da Moeda, 1999) e Christian F. Moraes dos Santos, "A Calcografia do Arco do Cego e a disseminação de saberes no império português do século XVIII e início do século XIX", *Confluenze. Rivista di Studi Iberoamericani,* Bolonha, Dipartimento di Lingue, Letterature e Culture Moderne/Università di Bologna, v. 6, n. 1, 2014.

[187] Adelto Gonçalves, *Bocage: o perfil perdido,* cit., p. 272. Acrescenta o mesmo biógrafo que a habitação se localizava no "Beco de André Valente, 11, hoje 25, travessa da Rua Formosa, atual Rua do Século"; pagava o poeta "o aluguel anual de 21$600 reis para ocupar quatro compartimentos pequenos, que incluíam um espaço de entrada, um quarto de dormir – que deve ter sido aquele em que morreu –, cozinha e um vão de escada [...]. Era uma habitação reservada a pessoas de baixa condição econômica. De qualquer modo, [Bocage] estava situado numa área nobre, onde residiam as principais pessoas da capital"; Adelto Gonçalves, *Bocage: o perfil perdido,* cit., p. 309-10. A partir de 1808, o Beco de André Valente passou a ter a designação que mantém até hoje: Travessa de André Valente (o imóvel em que residiu Bocage é objeto, no momento em que redijo este texto, de um processo de restauração).

[188] Escreve o seu mais rigoroso biógrafo: "Esquecidos por seus contemporâneos, os ossos do poeta, como os de Camões [...], perderam-se para sempre por causa da incúria das autoridades. O cemitério das Mercês [no qual Bocage foi enterrado], desativado desde 1834, desapareceu de todo em

1897, quando a área foi vendida ao proprietário de uma oficina de carruagens. As ossadas das últimas 69 lousas – inclusive a de n. 36, que seria a do poeta – teriam sido levadas para a vala comum do cemitério do Alto de São João ou dos Prazeres ou até servido como entulho para o aterro junto ao Tejo, no Cais do Sodré. O responsável pelas obras de reforma da oficina de carruagens teria ainda tentado salvar os restos de Bocage, mas, sem o apoio da Câmara Municipal, nada pôde fazer"; Adelto Gonçalves, *Bocage: o perfil perdido*, cit., p. 378.

[189] Desses textos em prosa, que acompanharam principalmente as sucessivas edições das suas *Rimas*, diz seu mais recente editor que "são considerações relevantes, pois encerram as suas concepções teóricas sobre a poesia, as dificuldades que enfrentou, as opções perfilhadas, o seu frágil estatuto de escritor, a guerra que lhe foi movida pelos seus êmulos no seio da Academia de Belas-Letras, as linhas de força que regem as suas traduções e as suas agudas carências no domínio da luta pela sobrevivência"; Daniel Pires, "Introdução" a *Obras completas de Bocage*, cit., t. I, p. 16.

[190] Ver Rafael S. Gomes, "Bocage e a poesia de circunstância", *Cadernos do CNLF, Anais do XVI Congresso Nacional de Linguística e Filologia*, Rio de Janeiro, Cifefil/Uerj, v. 16, n. 4, t. III, 2012.

[191] Algumas delas apontadas pelo seu biógrafo tantas vezes aqui citado – por exemplo, a participação do poeta num evento organizado por Pina Manique, em fins de 1801, de homenagem ao príncipe regente, o futuro D. João VI, com uma intervenção que o estudioso reputou amostra de "poesia cortesã", ou a redação de um drama num só ato, *A virtude laureada*, provavelmente de fins de 1804 (Adelto Gonçalves, *Bocage: o perfil perdido*, p. 291-2, 293 e 345). Tais episódios, e outros menos expressivos, igualmente sem maiores implicações, não me parecem embasar a hipótese de que, após a sua libertação (1798), "o poeta estava não só regenerado, como um homem francamente a favor do poder estabelecido e da ordem" (idem, p. 296-7).

[192] Refiro-me especialmente aos sonetos "Tu, que, em torpes desejos atolados...", "Nos campos o vilão sem sustos passa...", "Liberdade, onde estás, quem te demora?" e aquele sobre Napoleão, "Por ocasião dos favoráveis sucessos...", estes dois últimos de edição póstuma (ver em *Obras completas de Bocage*, cit., t. I, p. 181, 189, 190 e 192).

[193] Ouça-se um desses analistas: "A forma como Bocage equacionou a sociedade na sua poesia constituiu um paradigma para os revolucionários liberais de 1820, os Vintistas, e para os republicanos que, no dia 5 de outubro de 1910, derrubaram o regime monárquico"; Daniel Pires, "Estudo introdutório", cit., p. 10.

O *vintismo* remete à chamada *revolução liberal* de 1820, com seus líderes e ideólogos à frente do processo que decorreu entre 1820 e 1823;

veja a nota 107, *supra*. Quanto à república, ver, além de fontes já citadas, Joel Serrão e A. H. Oliveira Marques (orgs.), *Nova história de Portugal*, v. 9: *Da monarquia para a república* (Lisboa, Presença, 1991) e Fernando Catroga, *O republicanismo em Portugal: da formação ao 5 de outubro* (Lisboa, Casa das Letras, 2010).

[194] Saraiva e Lopes, por exemplo, registram em "idílios [e] epístolas" bocagianos o "mais soporífero convencionalismo arcádico"; criticam ainda "perífrases arrastadas [...]; visão hiperbólica do próprio transe poético, das paixões, do ciúme, dos lances trágicos e das paisagens tempestuosas [...]" e o "recurso à interjeição, à reticência à anáfora, à apóstrofe, à onomatopeia [...], à antítese amplificante [...]" (Saraiva e Lopes, *História da literatura portuguesa*, cit., p. 658-9).

Ainda que não tenha expressamente o *estilo* de Bocage como objeto, o brilhante, provocativo e polêmico ensaio "Parnaso de Bocage, rei dos brejeiros", de Alcir Pécora, coligido em seu livro *Máquina de gêneros* (São Paulo, Edusp, 2001), parece-me indispensável numa pesquisa especificamente estilística referida à obra do poeta. Em várias das fontes que já citei, o estilo de Bocage é abordado (ver, por exemplo, as pistas fornecidas por Hernâni Cidade em seu *Bocage*, cit., esp. p. 89-106, e o prefácio do mesmo analista à sua edição, também citada, das *Obras escolhidas* do poeta, esp. p. XXXVIII-XXXIX); aqui, refiram-se apenas as poucas indicações contidas em Maria Luísa Malato Borralho, "Os sons *pinceis febeus*. Para uma retórica da música e do sublime", em idem (org.), *Leituras de Bocage*, cit., e o pequeno estudo sobre o emprego da adjetivação pelo poeta, de José G. Paredes, *Conheça Bocage por outro lado* (Lisboa, Chiado, 2015). E, para o estudo do estilo bocagiano, do ponto de vista técnico-formal, haveria que levar em conta os recursos de metrificação de Bocage que incidem sobre o ritmo dos poemas – ver a observação de Antonio Candido acerca da opção preferencial do poeta pelo decassílabo sáfico (Antonio Candido, *O estudo analítico do poema*, São Paulo, Associação Editorial Humanitas, 2006, p. 88).

[195] Hernâni Cidade, *Bocage*, cit., p. 106.

[196] Ver Teresa D. Carvalho, "Bocage: retratos, fantasmas, (des)encantos", *Humanitas*, Coimbra, Faculdade de Letras/Universidade de Coimbra, 62, 2010.

[197] Ver Daniel Pires, "Inocêncio Francisco da Silva, editor de Bocage", em Maria Luísa Malato Borralho (org.), *Leituras de Bocage*, cit. O *Dicionário bibliográfico português*, obra mais importante de Inocêncio, teve seus 23 volumes reeditados pela lisboeta Imprensa Nacional-Casa da Moeda, em 1973.

[198] Daniel Pires, "Estudo introdutório", cit., p. 30-1. Observo ao eventual leitor que o artifício, evocado aqui por Daniel Pires, de burlar a censura

indicando locais de edição falsos, foi muito usado à época – ver Maria T. E. Payan Martins, *Livros clandestinos e contrafações em Portugal no século XVIII* (Lisboa, Colibri, 2012).

Remeto agora a apenas a três fontes, dentre inúmeras (ver a nota 109, *supra*), para abordagens da censura portuguesa: Graça A. Rodrigues, *Breve história da censura literária em Portugal* (Lisboa, Ministério da Educação e Ciência/Instituto de Cultura e Língua Portuguesa, 1980); Cândido de Azevedo, *A censura de Salazar e Marcelo Caetano* (Lisboa, Caminho, 1999); José Manuel Tengarrinha, *Imprensa e opinião pública em Portugal* (Coimbra, Minerva Coimbra, 2006).

Note-se ainda que:

Cochinchina: corresponde à região no sul do Vietnã, onde os portugueses aportaram em 1516; a designação foi usada no século XVI para distingui-la de Cochin, cidade da Índia, que ocuparam pouco antes; a designação *Indochina*, posterior, surge com a dominação francesa;

período republicano: da Proclamação da República (1910) à *ditadura militar*, instaurada pelo golpe de 28 de maio de 1926 e vigente até 1933, quando se impõe ao povo português o *Estado Novo*, a mais longa ditadura europeia, chefiada por Antônio de Oliveira Salazar e enfim sob as ordens de Marcelo Caetano, derrubada pelos eventos do 25 de abril de 1974.

[199] Pato Moniz, em 1813 e 1814, publicou em dois volumes as *Verdadeiras inéditas obras poéticas de Manuel Maria du Bocage*, e o já mencionado Inocêncio, em 1853, organizou uma primeira edição das *Obras completas* de Bocage, em seis volumes. Escritores românticos, da primeira geração (como Almeida Garret e Alexandre Herculano) ou de período um pouco posterior (como os irmãos Castilho e Camilo Castelo Branco), voltaram as vistas – com miradas distintas – para o legado bocagiano. Mas só no último quartel do século XIX o trabalho editorial de Teófilo Braga (*Obras poéticas de Bocage*, oito volumes, 1875-1876) repôs à luz, enriquecido com uma biografia do poeta, o que Inocêncio já coligira na sua edição de 1853. No século XX, o mais relevante esforço para a exposição da obra bocagiana deve-se a Hernâni Cidade, que dirigiu a elaboração da *Opera Omnia* do vate (Lisboa, Bertrand, 6 v, 1969-1973).

Sobre Pato Moniz, destacado maçom e liberal combativo, amigo e admirador de Bocage, sempre há referências em obras relativas ao processo político que redundou na "revolução de 1820" e no "vintismo"; contudo, desconheço uma obra que aborda a sua biografia; mas Inocêncio, no seu citado *Dicionário bibliográfico português*, concede-lhe generoso espaço (na edição de 1973, ver o t. VI, p. 304-13).

[200] Pense-se na obra de Ferdinand Denis, de 1826, *Resumo da história literária de Portugal seguido do resumo da história literária do Brasil* (ed. bras.: Rio de Janeiro, Makunaíma, 2018), em que Bocage é referenciado em poucas, mas

generosas (apesar de alguns erros históricos) páginas. A um documento publicado em Londres, em 1834, do viajante inglês William Beckford, que esteve por três vezes em Lisboa, atribuiu-se a primazia de uma alusão a Bocage – Adelto Gonçalves, em *Bocage: o perfil perdido*, cit., p. 150-4, problematiza essa alusão. Saiba-se ainda que, numa carta de Turim, datada de 25 de outubro de 1831, publicada em Asti, na Tipografia de Fratelli Paglieri, em 1860, Vegezzi-Ruscala dá relevante trato a Bocage – ver Giovenale Vegezzi-Ruscala, *Notizie intorno agli scritti di Manuel Maria Barbosa du Bocage. Poeta portoguese. Lettera del Cav. Giovenale Vegezzi-Ruscala al Marchese Damaso Pareto*. Também sabemos que, nos anos 1880, já M. Menéndez Pelayo referia-se a Bocage (*Historia de los heterodoxos españoles, Historia de las ideas estéticas en España*).

[201] Mas nem sempre estrangeiros, inclusive aqueles de algum modo vinculados a Portugal, dedicaram atenção a Bocage – por exemplo, num livro que se tornou referência para muitos estudiosos de literatura (livro escrito durante a estância do autor em Portugal, onde exerceu por anos o magistério com grande influência, após ter dado a sua colaboração à propaganda nazista no quadro da Segunda Guerra, posto que tenha sido nos anos 1930/1940 um fiel apoiante de Adolf Hitler), nosso vate é muito parcamente citado. O livro que tenho em mente aqui é o celebrado *Análise e interpretação da obra literária (Introdução à ciência da literatura)*, de W. Kayser (Coimbra, Armênio Amado, 1963). O passado político, nada episódico, de Kayser como militante do *Partido Nacional-Socialista dos Trabalhadores Alemães – Nationalsozialistische Deutsche Arbeiterpartei/ NSDAP*) – não deve impedir o reconhecimento de seu mérito como crítico e teórico da literatura – ver, da sua lavra, o sugestivo estudo sobre *O grotesco* (São Paulo, Perspectiva, 2009).

[202] Até em suas últimas edições, a notável *História da literatura portuguesa*, cit., de Saraiva e Lopes, a que remeto com tanto respeito, nas suas páginas dedicadas a Bocage apenas alude à sua "Carta [sic] a Marília"; em alguns autores brasileiros, livres da coerção censória portuguesa, também praticamente nada se diz e/ou colige sobre/da erótica bocagiana (ver Massaud Moisés, *A literatura portuguesa*, cit., e Antônio Soares Amora, *Presença da literatura portuguesa*, cit., p. 291, ainda que este mencione, a secas, na sua bibliografia, a existência das *Poesias eróticas, satíricas e burlescas*).

Já a postura de Hernâni Cidade variou ao longo do tempo: em *Bocage* (ed. original, 1936; a ed. por mim citada é de 1986), há um inteiro silenciamento da erótica (na antologia preparada para este livro não figura nenhum verso do que, à p. 21, o grande ensaísta chama de "poesia fescenina"); nas *Obras escolhidas* que preparou para a editora Artis, de Lisboa, dirigida a um público restrito, no v. 3, 1970, ele colige algo do que designa por "poesias de sensualidade desbragada"; no volume único das *Obras escolhidas*, RBA/Círculo de Leitores, 2005, reúne textos da erótica sob duas rubricas: "sensualidade sem pornografia" e "poesia de sensualidade desbragada" – procedimento similar ao que adotou na *Opera Omnia*, dirigida por ele, num volume dentre os seis editados pela Bertrand (Lisboa, 1969-1972). Enfim, vencida a censura do salazarismo pela *Revolução dos Cravos* (1974), Daniel Pires publicou as *Poesias eróticas, satíricas e burlescas* no v. 7 de *Bocage: Obra completa*, que então preparou para as Ed. Caixotim, do Porto.

[203] Antes do fim da censura, peças da erótica bocagiana foram reunidas em *edição legal* na *Antologia da poesia portuguesa: erótica e satírica*, preparada (seleção, prefácio e notas) pela poetisa açoriana Natália Correia (Lisboa, Afrodite/Fernando Ribeiro de Melo, 1965 – edição mais recente: Lisboa, Ponto de Fuga, 2019); cumpre salientar que essa obra teve, entre outros, o mérito de resgatar o legado erótico-poético português da Idade Média ao século XX, recorrendo a fontes credíveis. O livro foi imediatamente proibido/apreendido pelas autoridades e rendeu um rumoroso processo contra a poetisa que o organizou e seu editor (para conhecer do processo e de algumas das suas implicações, ver, na citada edição mais recente, os "textos introdutórios", p. 11-71). Diga-se agora de passagem que, há pouco, escritos de Bocage foram retomados na antologia homoerótica organizada por Victor Correia, *Antologia de Poesia Portuguesa – desde a Idade Média até ao século XXI* (Lisboa, Ponto de Fuga, 2022).

No âmbito português, a profunda mudança no trato da literatura até então qualificada como pornográfica relacionou-se à movimentação democrática (operários, estudantes, intelectuais, estratos republicanos e católicos, além dos comunistas e socialistas) que pôs em xeque a ditadura salazarista nos anos 1962-1968 e criou condições para uma revitalização da esquerda – ver, entre larga bibliografia, uns poucos títulos: José Mattoso (org.), *História de Portugal*, José Medeiros Ferreira (coord.), v. 8: *Portugal em transe: 1974-1985* (Lisboa, Estampa, 1986); Antônio Barreto (org.), *A situação social em Portugal: 1960-1995* (Lisboa, Instituto de Ciências Sociais/Universidade de Lisboa, 1996); Irene F. Pimentel, *História da oposição à ditadura: 1926-1974* (Porto, Figueirinhas, s.d.); Dawn L. Raby, *A resistência antifascista em Portugal: 1941-1974* (Lisboa, Salamandra, s.d.); Fernando Rosas e J. M. Brandão de Brito (orgs.), *Dicionário de história do Estado Novo*, v. 1-2 (Venda Nova, Bertrand, 1996). Também será útil a consulta à cronologia elaborada por Pedro R. de Almeida em *Salazar: biografia da ditadura* (Lisboa, Avante!, 1999). Destaque-se, ainda, a incidência, em Portugal, de movimentos feministas, que contribuíram com vigor para a mudança referida; sobre tais movimentos, ver, dentre diferenciada documentação, Manuela Tavares, *Movimentos de mulheres em Portugal: décadas de 70 e 80* (Lisboa, Horizonte, 2000) e Lígia Amâncio et al. (orgs.), *O longo caminho das mulheres: feminismos 80 anos depois* (Lisboa, D. Quixote, 2007).

Para a mudança assinalada contribuiu, em escala europeia, a ressonância da obra de Georges Bataille, de 1957, *O erotismo* (2. ed. bras.: trad. Fernando Scheibe, Belo Horizonte, Autêntica, 2020), como assinalou Sarane Alexandrian em 1989, em sua *História da literatura erótica* (ed. bras.: trad. Ana Maria Scherer e José Laurênio de Mello, Rio de Janeiro, Rocco, 1993); nesta, o ensaísta francês inscreve a erótica bocagiana na "idade de ouro da literatura erótica" (objeto da sua análise às p. 161-220) – e o faz depois de intentar a distinção entre o obsceno, o erótico e o pornográfico.

Distinções desse gênero são sempre polêmicas – mas não é este o espaço para problematizá-las. A larguíssima bibliografia que expressa o interesse internacional referido oferece subsídios para fazê-lo – ver alguns títulos: Peter Michelson, *The Aesthetics of Pornography* (Nova York, Herder & Herder, 1971); Rousas J. Rushdoony, *The Politics of Pornography* (New Rochelle, Arlington House, 1974); Piero Lorenzoni, *Erotismo e pornografia nella letteratura italiana* (Foligno, Il fornichiere, 1976); A. Saraiva, *O que é o erotismo* (Lisboa, Presença, 1977); S. Floch, *L'obscène* (Pau, Faculté des Lettres/Université de Pau et des Pays de l'Adour, 1983); François Moreau e Alain-Marc Rieu (orgs.), *Eros philosophe: discours libertins des Lumières* (Paris, H. Champion, 1984); Eliane R. Moraes e Sandra M. Lapeiz, *O que é pornografia* (São Paulo, Brasiliense, 1984); Audre Lorde, "Use of the Erotic: The Erotic as Power", em idem, *Sister Outsider: Essays and Speeches* (Nova York, The Crossing Press Feminist Series, 1984); Robert Darnton, *Edição e sedição: o universo da literatura clandestina no século XVIII* (trad. Myriam Campello, São Paulo, Cia. das Letras, 1992); Octavio Paz, *A dupla chama: amor e erotismo* (São Paulo, Siciliano, 1994); Adauto Novaes (org.), *Libertinos libertários* (São Paulo, Cia. das Letras, 1996); G. Almansi, *L'estetica dell'osceno* (Turim, Einaudi, 1996); C. J. Scheiuer, *The Essencial Guide to Erotic Literature* (Ware/Hertfordishire, Wordsworth, 1996); Hunt Lynn (org.), *A invenção da pornografia: obscenidade e as origens da modernidade (1500-1800)* (São Paulo, Hedra, 1999); Jean-Marie Goulemot, *Esses livros que só se leem com uma só mão; leitura e leitores de livros pornográficos no século XVIII* (São Paulo, Discurso Editorial, 2000); Drucilla Cornell, *Feminism and Pornography* (Oxford, Oxford University Press, 2000); Jean-Jacques Pauvert, *La littérature érotique* (Paris, Flammarion, 2000); Marc André Bernier, *Libertinage et figures du savoir: rhétorique et roman libertin dans la France des Lumières (1734-1751)* (Quebec, Les Presses de l'Université Laval, 2001); Julie Peakman, *Mighty Lewd Books: the Development of Pornography in Eighteenth-century England* (Londres, Palgrave, 2003); Ruwen Ogien, *Penser la pornographie* (Paris, PUF, 2003); J.-C. Abramovici,

Obscenité et classicisme (Paris, PUF, 2003); G. Molinié, *De la pornographie* (Paris, Mix, 2006); Dominique Maingueneau, *O discurso pornográfico* (trad. Marcos Marcionilo, São Paulo, Parábola, 2010); Nicola Catelli et al. (orgs.), *Verba tremula: letteratura, erotismo, pornografia* (Bolonha, Bononia University Press, 2010); Susan Sontag, "A imaginação pornográfica", em Susan Sontag, *A vontade radical* (trad. João Roberto Martins Filho, São Paulo, Cia. das Letras, 2015). Cumpre lembrar que, precedendo o interesse internacional antes referido, a obra (1947) de Theodor W. Adorno e Max Horkheimer, *Dialektik der Aufklärung: Philosophische Fragmente* (ed. bras.: *Dialética do esclarecimento*, trad. Guido Antonio de Almeida, Rio de Janeiro, Zahar, 1985), apresentou uma original análise de Sade, que em alguma medida influenciou minha leitura do *divino marquês* – ver meu ensaio, de 1986, republicado sob o título "Sade e a contraface do liberalismo" em J. P. Netto, *Democracia e transição socialista: escritos de teoria e política* (Belo Horizonte, Oficina de Livros, 1990).

[204] Note-se que Daniel Pires, mesmo reproduzindo os materiais que não são da lavra de Bocage ou aqueles de autoria duvidosa, esforça-se por identificar seus verdadeiros autores, sempre com a cautela própria a um pesquisador cuidadoso – a sua edição das *Poesias eróticas, burlescas e satíricas* oferece ao leitor interessado também alguma informação sobre a literatura libertina/licenciosa de autores portugueses contemporâneos de Bocage.

[205] Daniel Pires, "Estudo introdutório", cit., p. 32.

[206] Ibidem, 32-3 (itálicos meus).

[207] Uma leitura compatível com a de Daniel Pires é a de Teresa Motta-Demarcy, "Bocage, poème en forme de lettre. *Les Lettres des demoiselles Olinda et Alzira*", em Anne-Marie Quint, *Au fil de la plume: l'épistolaire dans le monde lusophone* (Paris, Presses Sorbonne Nouvelle, 2003). Contudo, leia-se, por exemplo, a interpretação diferenciada e alternativa de Alcir Pécora no ensaio recolhido em seu *Máquina de gêneros*, já referido.

Para a questão da mulher na obra bocagiana, ver o sucinto e competente texto de Rui Sousa, *Perspectivas sobre o feminismo em alguns poemas de Bocage* (Lisboa, CLEPUL/Universidade Nova, 2012) e Flávia G. Ribeiro, "A representação feminina em Bocage: a tonalidade dependente do receptor", *Mafuá. Revista de Literatura em Meio Digital*, Florianópolis, UFSC, n. 31, 2019.

[208] E é a tal ideia que pode conduzir uma leitura apressada e superficial do seguinte parágrafo de Daniel Pires: "Tendo em consideração o teor daqueles textos ["Pavorosa ilusão da Eternidade" e "Cartas de Olinda e Alzira"], colocam-se várias questões: quem compõe um manifesto iluminista que encerra muitas das reivindicações libertadoras – só duzentos anos mais tarde reconhecidas – escreve igualmente poesia pornográfica? Quem reivindica o

direito ao prazer – quer da mulher, quer do homem –, numa sociedade que obliterava o corpo, poderá subscrever poemas brutais como 'A Ribeirada'? Poderá ser o autor de escritos nos quais a sensualidade é unilateral – em função do homem – e tantas vezes primária, circunscrita ao meramente instintivo? Poderá ainda redigir poemas em que as prostitutas são humilhadas e encaradas como seres infra-humanos?" ("Estudo introdutório", cit., p. 33).

[209] Há breves considerações – no entanto, mais que procedentes – sobre a passagem do mecenato ao sistema de produção (literária) para o mercado em Sérgio-Paulo Rouanet, *Mal-estar na modernidade* (São Paulo, Cia. das Letras, 1993) – ver esp. p. 138.

[210] Para além da bibliografia citada na nota 203, *supra*, um tratamento específico do "espírito libertino" é oferecido por Bento Prado Jr. em "A filosofia das Luzes e as metamorfoses do espírito libertino" e por Luiz R. Monzano em "Origens do discurso libertino" – nesse texto, ressalta-se com rigor a particularidade da literatura libertina do século XVIII (ambos os ensaios se encontram em Adauto Novaes (org.), *Libertinos libertários* (São Paulo, Cia. das Letras, 1996). Veja-se ainda P. Nagy, *Libertinage et révolution* (Paris, Gallimard, 1975); Peter Cryle e Lisa O'Connell (orgs.), *Libertine Enlightenment: Sex, Liberty and License in the Eighteenth Century* (Nova York, Palgrave Macmillan, 2003); Michel Delon, *Le savoir-viver libertin* (Paris, Hachette, 2004); Stéphanie Genaud, *Le libertinage et l'histoire politique de la séduction à la fin d'Ancien Régime* (Oxford, Voltaire Foundation, 2005); Daniel W. Ferreira, "Erotismo, libertinagem e pornografia: notas para um estudo genealógico das práticas relacionadas ao corpo na França moderna", *História da Historiografia*, Ouro Preto, Edufop, n. 3, set. 2009; Rosana A. Nunes, "O deísmo e o Santo Ofício: a perseguição aos libertinos em Portugal no final do século XVIII", *XIV Encontro Regional da Anpuh-Rio*, Rio de Janeiro, Unirio, 19-23 jul. 2010 e "Discursos libertinos, iluminismo e cultura religiosa no mundo luso-brasileiro ao final do século XVIII", *Vária história*, Belo Horizonte, PPG-História, Fafich/UFMG, v. 35, n. 69, 2019 e Nicole Gengoux et al. (orgs.), *Libertinage et philosophie à l'époque classique (XVIe-XVIIIe siècles)* (Paris, Garnier, 2020).

[211] O *Index Librorum Prohibitorum*, outro fruto do Concílio de Trento, que teve sua primeira versão preparada em 1559, só foi efetivamente abolido em 1966, durante o papado de Paulo VI.

[212] O processo tipicamente capitalista de profissionalização do escritor emerge – como há pouco assinalei – já na Inglaterra do século XVII; em Portugal, dadas as condições específicas do seu atraso e heteronomia econômicos, só se afirma na segunda metade do século XIX: há suficientes indicações de que o primeiro escritor português significativo que passou

a viver como dependente da sua produção literária (ou, como disseram Saraiva e Lopes, *História da literatura portuguesa*, cit., p. 811, "obrigado a viver do que escreve") terá sido Camilo Castelo Branco – ver Alexandre Cabral, *Dicionário de Camilo Castelo Branco* (Lisboa, Caminho, 1989) e Fernando de Castro Brandão, *Camilo Castelo Branco: uma cronologia* (Lisboa, Horizonte, 2007); ver também Fernando Guedes, *O livro e a leitura em Portugal: subsídios para a sua história (séculos XVIII-XIX)* (Lisboa, Verbo, 1987).

A profissionalização do escritor já foi tratada diversa e amplamente em larga bibliografia e por autores situados em diferentes perspectivas analíticas; para abordagens distintas da que se utiliza aqui, ver R. Chartier e H. J. Martin (orgs.), *Histoire de l'édition française: les temps des éditeurs (1830-1900)* (Paris, Fayard, 1990). Vale também o exame do pequeno, mas qualificado, artigo de Regina Zilberman, "Institucionalização da autoria e reificação do escritor", *Lumina*, Juiz de Fora, Facom/UFJF, v. 4, n. 1, jan.-jun. 2001.

No que toca à reprodutibilidade técnica das obras de arte singulares, permanece como leitura indispensável o justamente célebre ensaio de Walter Benjamin, de 1935-1936, "A obra de arte na era da sua reprodutibilidade técnica" – das várias edições em português, recorra-se ao volume editado sob esse título pela L&PM, de Porto Alegre, em 2018, com tradução de Gabriel Valladão Silva.

[213] Há, no marco da indústria cultural do tardo-capitalismo, um nicho específico constituído pela *indústria da pornografia*. Escrevendo em 2015, o advogado Brenno Tardelli (*Justificando: mentes inquietas pensam Direito*, São Paulo, ed. eletr. de 7 jan. 2015) dizia que "recente estudo divulgado pela organização *Treasures* [...] trouxe números impressionantes da indústria [pornográfica] que movimenta mais de R$ 100 bilhões por ano. Estima-se que ultrapassou o tráfico de drogas e alcançou a 2ª posição no *ranking* de lucratividade para o crime organizado, ficando apenas atrás do tráfico de armas". Dois anos depois, a publicista Larissa Naedard observava: "Estima-se que a indústria pornográfica movimenta aproximadamente 97 bilhões de dólares por ano pelo mundo todo"; "Pornografia, patriarcado e capitalismo: o que está por trás de uma das indústrias mais rentáveis do mundo", *Coyote*, Londrina, 8 nov. 2017.

E, mais recentemente, fica-se sabendo que "a indústria pornográfica fatura mais que a *Major League Baseball*, a *NFL* e a *NBA* juntas; a cada 39 minutos um novo filme pornô é lançado; *MindGeek*, dona da Pornhub, Brazzers e YouPorn e RealityKings, está no Top 3 das empresas com maior consumo de banda no mundo, sendo as outras duas *Google* e *Netflix*; *Xvideos* é maior que *CNN*, *Dropbox* e *New York Times* juntos; *Pornhub* tem mais acessos mensais do que *Netflix*, *Amazon* e *Twitter* juntos e a cada segundo são gastos 3 mil dólares em pornografia" (matéria redacional do *Portal Paranaense de Notícias – Paranashop* – de 31 jan. 2022). Sobre questões pertinentes à difusão contemporânea de pornografia, há sugestões em Melissa T. Borges e Rafael de Tílio, "Consumo de pornografia midiática e masculinidade", *Periódicus*, Salvador, Grupo de Pesquisa CUS/UFBA, n. 10, v. 1, nov. 2018/abr. 2019, com boa bibliografia.

[214] Para compreender *valor de uso* e *valor de troca*, ver Karl Marx, *O capital: crítica da economia política*, Livro I: *O processo de produção do capital* (trad. Rubens Enderle, São Paulo, Boitempo, 2013), p. 113-24. A concepção marxiana da mercadoria como unidade que sintetiza valor de uso e valor de troca é didaticamente exposta em J. P. Netto e Marcelo Braz, *Economia política: uma introdução crítica* (São Paulo, Cortez, 2012), esp. p. 92-3.

[215] Ou se considera "pornográfico" o Drummond de *O amor natural* (Rio de Janeiro, Record, 1992), tão direto no emprego de *bundas*, da *doce bunda* e da *bunda de mil versões* (p. 23, 24-5, 38, 39-40, 58), da *língua* que *lambe* (p. 32), do *talo rígido* (p. 34), do *sessenta e nove* (p. 43, 45), da *sublime puta encanecida* (p. 53), direto também no uso do verbo *comer* (ver o perfeito soneto à p. 55) e na alusão à *vara* (p. 70)?

Bocage
Breve cronologia da vida e da obra

1765
Manuel Maria (de nome completo, Manuel Maria de Barbosa l'Hedois du Bocage) nasce a 15 de setembro, em Setúbal, um dos seis filhos – dois varões e quatro mulheres – de José Luís Soares de Barbosa (1728-1802), formado em Cânones pela Universidade de Coimbra, e de Mariana Joaquina Xavier l'Hedois Lestof du Bocage (1725-1775). Os outros filhos do casal foram o primogênito Gil Francisco (1762-1834, como o pai, advogado formado em Coimbra), Maria Agostinha (1759-?), Ana Maria das Mercês (1760-?), Maria Eugênia (1768, falecida muito jovem) e Maria Francisca (1771-1841).

O poeta tinha como avô materno o normando Gilles Hedois Bocage – homem do mar que a partir de inícios de 1700 serviu à marinha portuguesa, chegando ao posto de vice-almirante após combater, em 1711, a incursão do corsário René Duguay-Trouin (1673-1736) no Rio de Janeiro – e era sobrinho neto da francesa Anne-Marie Fiquet La Page du Bocage (1710-1802), escritora de quem traduziu textos (já adulto, o poeta dominava o latim, o francês, o espanhol e o italiano). Informações sobre a genealogia do poeta e sua família são oferecidas por Adelto Gonçalves, *Bocage: o perfil perdido*, cit., esp. p. 8-9 e 17-82.

Não há informações seguras acerca da infância e dos primeiros estudos de Bocage.

1781-1783
Assenta praça no Regimento de Infantaria sediado em Setúbal.

1783-1784
Frequenta, como aluno regularmente matriculado, a Companhia dos Guarda-Marinhas, em Lisboa – cursa cadeiras técnicas (estudos de navio, manejo de armas, manobras, desenho e arquitetura naval), aritmética, geometria e francês.

1784
Em junho, é dado como desertor dos estudos.

1786
Apesar da deserção, obtém, por mercê régia, a nomeação como guarda-marinha para a Índia. Em abril, embarca em Lisboa com destino ao Oriente. Faz escala no Rio de Janeiro, onde passa alegres semanas, bem acolhido por Luís de Vasconcelos Sousa Veiga e Faro (1742-1809), vice-rei do Brasil. Na companhia de Francisco da Cunha e Meneses (1747-1812), governador da capitania de São Paulo então nomeado para um alto cargo na Índia, embarca para Goa; ali chega em outubro, depois de uma escala na Ilha de Moçambique.

1787-1789
Matricula-se na Aula Régia da Marinha estabelecida em Goa. Promovido em fevereiro de 1789 a tenente por méritos em ação bélica, reconhecidos por Cunha e Meneses, é alocado à guarnição de Damão, aonde chega em abril de 1789. Bocage, porém, surpreendentemente, permanece pouquíssimo tempo em Damão: em companhia de outro militar (o alferes Manuel José Dionísio), deserta dois dias após sua chegada. Esse episódio é mal conhecido – sabe-se apenas que Bocage esteve por algum tempo em Macau e depois regressou a Lisboa.

1790...
Em agosto, Bocage está de retorno a Lisboa. Abre-se então um período de mais de um lustro – que se concluirá com a sua prisão em 1797 – no qual a vida boêmia dará a tônica da existência do poeta.

Viverá então sem emprego fixo e sem rendimentos regulares, sobrevivendo instavelmente graças a traduções e com o auxílio de amigos de esbórnia, com a proteção de alguns admiradores da alta roda (que logo conquistou) e de maçons. Ganhará popularidade com suas sátiras, chistes e polêmicas e se tornará personalidade ímpar das noites lisboetas, esbanjando nelas seu talento e arruinando a saúde em excessos de alcoolismo e tabagismo – sem, entretanto, interromper seu exercício poético de excelência. É nos botequins e cafés que se torna figura conhecida: frequenta especial, mas não exclusivamente, aqueles da zona do Rossio – o Nicola e o Botequim das Parras; neste, o proprietário José Pedro da Silva (1766-1862), amigo e admirador do poeta, cria um espaço (o "Agulheiro dos Sábios") em que se reúnem intelectuais boêmios e livre-pensadores, logo objeto da vigilância policial de Pina Manique (ver, neste livro, a nota 144, da "Apresentação").

No ano em que regressa a Lisboa, fora criada a Academia de Belas-Letras, conhecida como Nova Arcádia; Bocage é incorporado a ela pela mediação do padre José Agostinho de Macedo (1761-1831), polígrafo vaidoso que manteve com ele relações ora de confiança, ora de conflito raivoso. Na associação, assumiu o pseudônimo arcádico de Elmano Sadino (anagrama de seu primeiro nome e referência ao Sado, rio que banha Setúbal). Entre 1793-1794, em meio a dissensões com acadêmicos, que satiriza e fustiga em versos que caem no gosto popular, o poeta abandona a instituição que, por seu turno, acaba por expulsá-lo.

1791
É editado o primeiro volume das *Rimas* de Bocage.

1793
São editadas suas primeiras traduções de textos franceses, com recepção pública extremamente favorável.

1794
Sai em segunda edição o primeiro volume das *Rimas* de Bocage, revisado e ampliado.

1795-1797
Desses anos parece datar a iniciação maçônica de Bocage, provavelmente na Loja Fortaleza, uma das fundadoras do Grande Oriente Lusitano.

1797-1798
Em 1797, é editada a *História de Gil Braz de Santilhana*, de Alain-René Lesage (1668-1747), parcialmente traduzida por Bocage.

Em agosto de 1797, Pina Manique – com o texto da "Epístola a Marília" circulando clandestinamente – determinou a prisão de Bocage, sob a acusação de ser autor "de papéis ímpios, sediciosos e críticos". A casa em que vivia, com o amigo André da Ponte do Quental da Câmara e Sousa (1768-1845), açoriano que viria a ser avô de Antero de Quental (1842-1891), foi invadida pela polícia. Bocage, já posto de sobreaviso, buscara refúgio na corveta *Aviso*, da frota mercante e que rumaria para o Brasil; nela foi preso (a 10 de agosto, segundo Hernâni Cidade) e encarcerado no Limoeiro, estabelecimento penitenciário do Estado.

Passou 43 dias no "segredo", uma cela exígua, especial para presos de alta periculosidade; conforme Daniel Pires, "a falta de higiene, a alimentação precária e intermitente, bem como a angústia provocada pela incerteza relativamente ao seu futuro, afetaram sobremaneira a sua saúde frágil". Amigos e admiradores se mobilizaram para retirá-lo das garras de Pina Manique; um adversário político do chefe policial, muito bem situado nas esferas do poder – José de Seabra da Silva (1732-1813), então ministro do reino –, conseguiu, cerca de quatro meses depois, arrancá-lo do Limoeiro e transferi-lo para o Palácio dos Estaus, onde funcionava o Tribunal do Santo Ofício. Essa operação permitiu alterar a situação de Bocage: deixou de ser acusado de cometer um "delito contra o Estado" para ser incriminado por "erro contra a religião" – o Santo Ofício, com poderes reduzidos pela legislação pombalina, desde 1774 estava proibido de torturar. Bocage foi condenado à "doutrinação" e, pois, entregue aos cuidados dos beneditinos (Convento de São Bento) e dos oratorianos (Hospício das Necessidades).

No fim de 1798, foi libertado; nesse ano, veio à luz o segundo volume das suas *Rimas*.

1799-1801

De 1799 a 1801, existiu em Lisboa uma instituição governamental, a Oficina Tipográfica, Calcográfica, Tipoplástica e Literária do Arco do Cego, dedicada a publicar obras de caráter científico, tematizando de preferência aspectos da natureza das colônias portuguesas (notadamente o Brasil) que interessavam a atividades comerciais. A Oficina editou 83 obras, das quais 47 resultaram de traduções. Sua direção coube a um botânico brasileiro, o franciscano José Mariano da Conceição Veloso (1742-1811); esse cientista, amigo de Bocage, propiciou ao poeta a única oportunidade que ele teve em vida de um emprego regular e formal – garantiu-lhe, de 1799 a 1801, um salário decente e compatível com sua atividade, aliás profícua, de tradutor e de revisor de textos e provas tipográficas. Nesses poucos anos, Bocage pôde trabalhar num ambiente seguro e dispor de uma modesta residência (um diminuto quarto andar alugado no prédio hoje de número 25 da Travessa de André Valente, no Bairro Alto), onde acolheu e manteve a irmã Maria Francisca e a filha pequena que a acompanhava (a menina faleceu em 1805; Maria Francisca viveu ali até 1810).

1802-1805

Desativada a Oficina do Arco do Cego, Bocage encontrou-se novamente em situação financeira instável, tendo de viver com magros rendimentos auferidos de seus textos e de trabalhos eventuais – e tal situação agravou-se sobremaneira a partir de 1804, quando, com a deterioração da sua saúde, somente amigos e a solidariedade maçônica amenizaram suas grandes dificuldades. Bocage, porém, continuou trabalhando até 1804, escrevendo novos poemas e traduzindo:

reeditou o segundo volume das suas *Rimas* e também o terceiro volume veio à luz, após ficar retido na mesa censória por um ano – é que o poeta o dedicara à marquesa de Alorna (Leonor de Almeida Portugal de Lorena e Lencastre, 1750-1839, de nome arcádico *Alcipe*), ilustre poetisa perseguida por Pina Manique, e louvara o frade Francisco Manuel do Nascimento (1734-1819, de nome arcádico *Filinto Elísio*), intelectual brilhante que, fugindo do Tribunal do Santo Ofício, exilara-se em Paris.

Sabe-se, hoje, que, mais uma vez, em novembro de 1802, o poeta, agora acusado de atividades maçônicas, foi objeto de uma investigação policialesca que não resultou em nada, o que provavelmente indica que a simpatia manifestada por figuras então poderosas em relação a Bocage (repetindo o que se passara em 1797 – recorde-se, anos antes, o ministro José de Seabra da Silva e, nesse caso de 1802, o embaixador francês, como aventa Adelto Gonçalves) tenha levado as autoridades a moderar seus intentos repressivos; observe-se que, desde o ano anterior, Pina Manique movimentou-se, porém evitando prisões e jogando em processos de cooptação – no sentido de neutralizar a ação rebelde do poeta e outros intelectuais. É desse período o retrato de Bocage que lhe pinta Henrique José da Silva (1772-1834) – antes, já fora retratado, em 1797, por Máximo Paulino dos Reis (1778-1865) e, em 1801, por Domingos José da Silva (1784-1843).

Em 1802, torna-se pública a polêmica de Bocage com José Agostinho de Macedo: o poeta reage à maledicência de Macedo escrevendo a sátira *Pena de Talião*, de ampla divulgação, embora só impressa postumamente (1812).

O último ano da vida de Bocage, 1805, foi muito triste: uma dilatação da aorta, que já o atormentava havia anos, transformara-se em aneurisma – e o poeta, sob os cuidados da irmã Maria Francisca e do médico Manuel Joaquim de Oliveira, passa seus derradeiros meses prostrado em casa. À proximidade do desfecho esperado, amigos o visitam e até mesmo antigos desafetos o procuram e se reconciliam com ele.

Bocage expira na manhã de 21 de dezembro, um sábado de inverno particularmente rigoroso. É enterrado, num domingo chuvoso, em cemitério do próprio Bairro Alto – o cemitério da igreja das Mercês, desativado em 1834. Do poeta haveria de restar, materialmente, apenas a lousa de número 36; vários manuscritos que deixou escaparam das mãos de Maria Francisca – surrupiados por visitantes (provavelmente, diz-se, José Agostinho de Macedo).

Edições póstumas
Da sua produção, dois novos volumes de suas poesias foram editados, em 1812-1813, e, em 1814, graças ao empenho de Nuno Álvares Pato Moniz (1781-1826), polígrafo maçom, amigo do poeta. E logo depois vieram inúmeras

coletâneas, pouco confiáveis, quase sempre iniciativas de caráter puramente oportunista e comercial.

O primeiro esforço para uma edição da sua obra elaborada com escrúpulos foi realizado por Inocêncio Francisco da Silva: *Poesias de Manuel Maria de Barbosa du Bocage, Coligidas em nova e completa edição* (Lisboa, Tipografia de António José Fernandes Lopes, 1853), 6 v.; sob anonimato, Silva editará em 1854 as *Poesias eróticas, burlescas e satíricas*. Seguiu-se-lhe, cerca de um quarto de século depois, sob a responsabilidade de Teófilo Braga, a edição das *Obras poéticas de Bocage* (Porto, Imprensa Portuguesa, 1875-1876), 8 v. Quanto a edições inclusivas e credíveis, há que se destacar, no século XX, aquela dirigida por Hernâni Cidade – Bocage, *Opera Omnia* (Lisboa, Bertrand, 1969-1973), 6 v. E é do presente século a exemplar edição de Daniel Pires, *Obras completas de Bocage* (Lisboa, Imprensa Nacional/Casa da Moeda, 2017-2018), t. I-III.

Referências bibliográficas

Referências bibliográficas do "Prefácio"

ADORNO, Theodor. *Teoria estética*. Lisboa, Edições 70, 1982.

ARISTÓFANES. *As aves*. Lisboa, Edições 70, 2006.

ARRANJA, Álvaro. *Bocage: a liberdade e a Revolução Francesa*. Setúbal, Centro de Estudos Bocageanos, 2003.

BAUDRILLARD, Jean. *The Ecstasy of Communication*. Cambridge, MIT Press, 1988.

_____. "Paroxysm". In: *Jean Baudrillard: Selected Writings*. Stanford, Stanford University Press, 2001, p. 276-91.

_____. *Passwords*. Londres, Verso, 2003.

BENJAMIN, Walter. "The Work of Art in the Age of Mechanical Reproduction". In: *Illuminations*. Londres, Fontana, 1973, p. 219-53.

COELHO, Jacinto do Prado. *Problemática da história literária*. Lisboa, Ática, 1972.

CORREIA, Natália. *Antologia de Poesia Portuguesa Erótica e Satírica*. Lisboa, Afrodite, 1965. Reeditado pela Ponto de Fuga em 2019.

FREUD, Sigmund. *Moisés e o monoteísmo*. Lisboa, Círculo dos Leitores, 1990 (1939).

_____. *Uma recordação de infância de Leonardo da Vinci*. Lisboa, Círculo dos Leitores, 1990.

_____. *Três ensaios sobre a teoria de sexualidade*. São Paulo, Companhia das Letras, 2016 (1905).

_____. *O chiste e sua relação com o inconsciente*. Trad. Fernando Costa Matos, São Paulo, Companhia das Letras, 2017 (1905).

HAN, Byung-Chul. *The Agony of Eros*. Cambridge, MIT Press, 2012.

JOYCE, James. *Ulisses*. Lisboa, Relógio d'Água, 2013 (1922).

LAWRENCE, D. H. *O amante de Lady Chatterley*. Lisboa, Público, 2002 (1928).

LOPES, Óscar. *Ler e depois*. Porto, Inova, 1970.

PLATÃO. *O banquete*. Lisboa, Relógio d'Água, 2018.

SARAIVA, Antônio José; LOPES, Óscar. *História da literatura portuguesa*. Porto, Porto Editora, 2017 (1955).

SENA, Jorge de. *Amor e outros verbetes*. Lisboa, Edições 70, 1992.

ZELDIN, Theodore. *História íntima da humanidade*. Lisboa, Texto, 2017

Referências bibliográficas da "Apresentação"

A bibliografia pertinente à vida e à obra de Bocage – especialmente a de extração acadêmica – é amplíssima e parte dela aparece arrolada na "Apresentação" deste volume. Aqui só estão relacionadas umas poucas fontes em que se encontram peças da erótica bocagiana.

BOCAGE, M. M. B. du. *Poesias eróticas, burlescas e satíricas*. São Paulo, Escriba, 1969.

_____. *Poesias eróticas, burlescas e satíricas*. Braga, Publicações Mocho, 1979 (reprodução de uma edição datada de 1878, que se indica – decerto para enganar a censura – ter sido impressa originalmente em Bruxelas).

_____. *Poesias eróticas, burlescas e satíricas*. Lisboa, Dinalivro, 1986.

_____. *Poemas eróticos*. São Paulo, Epopeia, 1987 (seleção e prefácio de Fernando Segolin).

_____. *Poesias eróticas, burlescas e satíricas*. Lisboa, Europa-América, 1991.

_____. *Antologia de poesia erótica*. Lisboa, D. Quixote, 2003 (organização e prefácio de Fernando Pinto do Amaral).

_____. *Poesias eróticas, burlescas e satíricas*. Lisboa, Tugaland, 2011.

REFERÊNCIAS BIBLIOGRÁFICAS

_____. *Poesias eróticas, burlescas e satíricas*. Sintra, Zéfiro, 2012.

BUENO, Alexei (org.). *Antologia pornográfica:* de Gregório de Mattos a Glauco Mattoso. Rio de Janeiro, Nova Fronteira, 2011, coleção Saraiva de Bolso.

CORREIA, Natália (org.). *Antologia de poesia portuguesa erótica e satírica (dos cancioneiros medievais à atualidade)*. Lisboa, Ponto de Fuga, 2019.

GARCIA, José Martins. *Poesia portuguesa erótica e satírica*: séculos XVIII e XIX. Lisboa, Afrodite, 1975.

LOBO, Domingos (org.). *Exaltação do prazer:* antologia da poética portuguesa erótica, burlesca e satírica do século XVIII. Lisboa, Vega, 2007.

Índice onomástico

A
Addison 43
Adorno, Theodor 173
Afonso V 182
Alcibíades 9
Alcoforado, Sóror Mariana 208, 213
Almada, Antão Vasques de 197
Almeida, Nicolau Tolentino de 49, 235
Alorna, marquesa de 45, 233
Alvarenga, Silva 238
Anastácio, Vanda 46
Aretino 63, 243
Ariosto, Ludovico 161
Aristófanes 7
Azevedo, Álvares de 176

B
Bakhtin, Mikhail 193
Bandarra 217
Barbosa, Domingos Caldas 49-50
Barbosa, José Luís Soares de 255
Barros, João de 27, 29
Barros, Martinho 140

Beckford, William 248
Berardinelli, Cleonice 28
Bernardes, José Augusto C. 28
Bilac, Olavo 176
Bingre, Francisco J. 49
Bocage, Anne-Marie Fiquet La Page du 255
Bocage, Mariana Joaquina Xavier l'Hedois Lestof du 255
Boileau-Despréaux, Nicolas 235
Botelho, Sebastião Xavier 160
Boyer, Jean-Baptiste de 104
Braga, Teófilo 23-4, 175
Branco, Camilo Castelo 253
Brito, Ana Maria Monteiro de 152

C
Cabral, Manuel Villaverde 21, 34
Cabral, Pedro Álvares 25
Caetano, Marcelo 207, 247
Camões, Luís de 24, 28-32, 48, 192, 194-7, 244
Campelo, Antônio 27
Cardoso, Jerônimo 27

Carpeaux, Otto Maria   193
Carvalho, Rômulo de   239
Carvalho, Teotônio Gomes de   42
Castro, Armando de   21, 178
Castro, Gertrudes Margarida da Cunha d'Eça de   240
Catarina II   136
Cavaleiro, Estêvão   27
Cervantes Saavedra, Miguel de   161
Céu, Sóror Violante do   208, 213
Cézanne, Paul   15
Cidade, Hernâni   21, 37, 46-8, 55, 248, 257
Coelho, Jacinto do Prado   11
Constâncio, Maria Margarida Rita Solano   71
Constâncio, Pedro José   65, 71, 131, 133, 137, 139
Corneille   43
Correia, Natália   11, 139, 176, 249
Costa, Daniel Rodrigues da   239
Costa, Manuel da   217
Courbet   15

D
Diniz, D.   24
Dionísio, Manuel José   256
Drummond de Andrade, Carlos   195, 254

E
Elísio, Filinto   47, 175, 238, 259
Encina, Juan del   28
Engels, Friedrich   234
Erasmo   184, 190
Étaples, Lefèbvre d'   184
Eurípides   171

F
Falcon, Francisco   21
Faria, Severim de   205
Faro, Luís de Vasconcelos Sousa Veiga e   256
Ferreira, Antônio   29
Figueiredo, Manuel de   43
Fourier, Jean Baptiste Joseph   234
França, José-Augusto   21, 35
Francisca, Maria   57
Freire, Francisco José   42
Freud, Sigmund   9, 10, 13, 171
Furtado, Celso   180

G
Gama, José Basílio da   238
Gama, Vasco da   25
Garção, Correia   43, 238
Gedeão, Antônio   239
Góis, Damião de   27
Gonçalves, Adelto   10, 21, 46, 51
Gouveia, André de   27
Grade, Fernando   176
Guin, Ursula K. Le   172
Gutenberg   64

H
Han, Byung-Chul   16
Henriques, Afonso   24
Henriques, José Anselmo Correia   137
Herculano, Alexandre   44, 178
Holstein, Frederico Guilherme de Sousa   152

J
Jackson, Kenneth David   192
Jazente, abade de   43

João I, D. 179, 182, 197
João II, D. 25
João III, D. 25-7, 189
João IV, D. 38, 179, 216
João V, D. 35-6, 40-2, 136, 140, 208, 227-8, 230
João VI, D. 223, 245
José da Silva, Antônio 36
José I, D. 39, 221, 224
Joyce, James 14-5, 18

K
Kant, Emmanuel 222

L
Lawrence, D. H. 14-15, 18
Leão X 63
Leite, Antônio Bersane 53
Lencastre, Leonor de Almeida Portugal de Lorena e 233, 259
Lesage, Alain-René 257
Lobo, Francisco Rodrigues 36
Lopes, Fernão 186, 197
Lopes, Óscar 21, 26, 28, 31-2, 35-6, 37, 39, 42-3
Louçã, Francisco 171
Lousada, Maria A. 45, 47
Luís de Menezes, D. 206
Luís XIV 235
Lukács, György 185, 193
Lunardi, Vicenzo 239
Lusitano, Amato 27

M
Macedo, José Agostinho de 50-1, 237, 239, 257, 259
Macedo, Ribeiro 205, 225
Macho, C. K. 59

Maior, Caetano José da Silva Souto 140
Maldonado, João Vicente Pimentel 136
Manet 15
Manique, Diogo Inácio de Pina 11, 45, 47, 50, 54-5, 160, 224, 227, 230, 233, 238-9, 241, 245, 256-9
Manuel I, D. 25-7, 181
Marecos, Ana Gertrudes 240
Maria I, D. 39, 222, 225, 232
Marx, Karl 234
Mascarenhas, D. João de 206
Matos, João Xavier de 43
Melanchton, Phillip 184
Melo, D. Francisco Manuel de 36-7, 210, 213-4
Melo, Sebastião José de Carvalho 39, 223
Meneses, Francisco da Cunha e 256
Meneses, Francisco Xavier de 39
Merquior, José Guilherme 23, 48, 218
Methuen, John 199
Miranda, Sá de 29
Mondotegui, Jacques Filipe de 152
Moniz, Nuno Álvares Pato 49, 60, 197, 247, 259
Montalvo, Garci Rodríguez de 30, 163
Morais, Cristóvão de 27
Mourão-Ferreira, David 175

N
Napoleão III 15
Nascimento, Francisco Manuel do 175, 259
Negrão, Manuel Nicolau Esteves 42

O

O'Neill, Alexandre 176
Oliveira, Fernão de 27
Oliveira, Francisco Xavier de 39
Oliveira, Manuel Joaquim de 259
Orta, Garcia de 27
Orta, Teresa Margarida da Silva e 208

P

Paula, Antônio José de 56
Pedro II, D. 40
Pereira, Duarte Pacheco 27
Péricles 9
Pessoa, Fernando 39, 217
Petrarca 195
Picasso 15
Pinto, Fernão Mendes 29
Pinto, José Nicolau de Massuelos 174
Pires, Daniel 21, 60-2
Pires, José Cardoso 214
Platão 8, 10, 171
Pombal, marquês de 24, 34, 39, 40, 182, 219, 221, 224, 230, 232
Possolo, Francisca 46
Prestes, Antônio 29

Q

Quental, Antero de 32, 181, 194, 242, 257
Quita, Reis 43

R

Reis, Máximo Paulino dos 259
Resende, André de 27
Resende, Garcia de 188
Reuchlin, Johann 184
Ribeiro, Antônio 29
Ribeiro, Bernardim 29
Roover, Raymond de 184
Russo, Renato 196

S

Sá, Victor de 21
Sade, marquês de 11-2, 15, 172
Sadino, Elmano 257
Sadoletto 184
Safo 63
Salazar, Antônio de Oliveira 247
Salzedo, Lourenço de 27
Sanches, Ribeiro 39
Santos, José Carlos Ary dos 176
Saraiva, Antônio José 21, 26, 28, 31-2, 35-7, 39, 42-3
Saramago, José 39
Schlegel, Friedrich 30
Sebastião, D. 26, 183
Semedo, Belchior Manuel Curvo 49
Sena, Jorge de 11
Silva, Antônio Diniz da Cruz e 42-3
Silva, Correia da 225
Silva, Domingos José da 259
Silva, Henrique José da 259
Silva, Inocêncio Francisco da 21, 58, 60, 62, 136, 160, 260
Silva, José de Seabra da 55, 242, 258, 259
Silva, José Pedro da 256
Silva, Manuel Teles da 199
Sócrates 8
Sodré, Nelson Werneck 199
Sousa, André da Ponte do Quental da Câmara e 54, 257

Sousa, Daniel de 239
Sousa, José Luís de Vasconcelos e 51

T
Tardelli, Brenno 253
Taylor-Johnson, Sam 16
Telles, Gilberto Mendonça 177
Trier, Lars von 16

V
Vasconcelos, Luís Mendes de 205
Vatsyayana 12
Vegezzi-Ruscala, Giovenale 248
Veloso, Caetano 196

Veloso, José Mariano da Conceição 56, 258
Verney, Luís Antônio 39
Viana, Antônio Manuel Couto 176
Vicente, Gil 28-9, 186, 188-190
Vieira, Antônio 36-8, 214, 216, 218
Voltaire 222

W
Wagner 16
Wallerstein 33
Woolf, Virginia 14

Z
Zola, Émile 15

Sobre o organizador

José Paulo Netto, Professor Emérito da Universidade Federal do Rio de Janeiro (UFRJ), com títulos de *honoris causa* recebidos na América Latina e na Europa, é amplamente reconhecido pelo seu trabalho como ensaísta e tradutor na área das ciências sociais: para a Boitempo, organizou antologias e edições de autores clássicos como Karl Marx, Friedrich Engels e Györg Lukács. Dirige ainda a coleção Biblioteca Lukács e publicou recentemente *Karl Marx: uma biografia* (2020). Iniciou-se, porém, na imprensa de Minas Gerais, nos anos 1960, como crítico literário e estudioso da estética. Depois de seu retorno (em 1979) de anos de exílio, só episodicamente exercitou a crítica literária. O longo ensaio que abre esta antologia de Bocage marca o seu regresso ao trato das questões da história da literatura.

"O que a razão desnega, não existe."
Bocage

Tanto os ditames da razão quanto os da emoção nos levam invariavelmente à conclusão de que, 217 anos após sua morte, o poeta Bocage permanece vivo e verdadeiro, como mostram os poemas e reflexões deste livro, publicado em 2022, composto em Sabon LT Std, corpo 10,5/13,5, e impresso em papel Pólen Natural 80 g/m² pela gráfica Rettec, para a Boitempo, com tiragem de 3 mil exemplares.